民法典
居住权制度适用的
困境与出路

郭红伟 著

上海三联书店

序

    居住权制度是一项古老的法律制度,自罗马法便有之,属于"人役权"之一种。因为它在"长子继承制"下是一种必然要产生的制度,同时它也是辅助财产自由处分与兼顾第三人利益的一种平衡制度。自新中国成立以来,由于各种原因,法律并没有明文规定这种物权制度。但是,其影子却时常出现在各级法院关于夫妻离婚的一些判决中。从法律规范体系的构造看,我国早就有遗嘱继承和遗赠,按照常理,这种制度会伴随着出现。遗憾的是,在《中华人民共和国民法典》(以下简称《民法典》)出台之前,这种制度却未能随之。《民法典》之物权编明确规定其为一种物权,虽不是我国《民法典》的创新,但对我国却有着重大的意义:从宏观上说,方便了人们的生活和对财产的处分;从微观的民法视角看,它不仅丰富了他物权种类,而且对于继承法是重要的补充和完善,使人们对所有权的移转更加方便。

    在《民法典》颁布后,也有不少学者研究和探讨居住权问题,但需要注意的是:(1)居住权虽然是《民法典》规定的一种物权,但在"负担行为"与"处分行为"区分的情况下,以合同约定居住权并非不可,但它仅仅具有相对性,不能对抗第三人。这便是合同约定居住权与《民法典》之物权性质的居住权的本质区别。即使在《民法典》之前,只能说我国没有物权性质的居住权,但不能笼统地说我国没有居住权。因为我国早就有合同法,而按照契约自由的原则,双方约定一个居住权且仅仅在双方当事人之间产生效力,未尝不可。即使在《民法典》规定居住权的今天,也不能排除债权意义(仅仅用合同约定)上的居住权。(2)注意居住权与其他他物权之间的关系,例如在设定了居住权之后,通行地役权、用水地役权等是否当然设立? 等等。这些都是需要在研究中注意的问题。

本书作为《民法典》出台后研究居住权制度适用的系统性学术专著,从理论与实践两个维度,对《民法典》物权编居住权进行了系统的论述。在理论层面,作者结合总则编、物权编、合同编、婚姻家庭编、继承编的相关条款,对法典新设居住权条款进行体系化梳理,对居住权制度适用的条件与规则构造作了深入的理论探讨,指明居住权制度适用的前提条件,从主体、客体、规则三个维度消解了制度适用的"内部"障碍;在婚姻家庭、继承等关系中,针对"遗嘱设立居住权""以房养老""盘活闲置农房"等社会焦点问题,通过具体模式的构建实现了居住权制度适度扩张。在实践层面,结合居住权益保障的司法实践演变以及立法目的,对比居住权与住宅权的价值追求,划定了居住权制度适用的"外部"限制边界,实现了理论研究与司法实践的良性互动。作者收集整理《民法典》实施前后的典型案例,将裁判规则提炼为制度适用的具体路径。例如在居住权制度适用的扩张章节,不仅区分了物权性质的居住权、基于抚养、赡养等婚姻家庭关系享有的法定居住权利、债权性质的居住请求权,更通过实证素材探讨了财产权利保护与居住利益保障的价值选择。这种"以案释法"的写作手法,既避免了抽象理论的艰涩表述,又为法律人提供了可借鉴的思维工具。尤为值得关注的是,书中明确合同、遗嘱、裁判设权方式的适用场景,既紧扣《民法典》物权编、继承编的制度创新,又通过"老年人居住权益保障案""父母拒绝成年子女'啃老'案"等新型判例,揭示了不同居住权益保障路径的选择逻辑。这种区分既保持了学术专著应有的知识密度,又通过案例导引增强了可读性。书中还特别关注法律适用中的疑难问题,如遗嘱方式如何参照适用居住权条款、公共租赁住房能否设立居住权等,均通过对比学说观点与裁判尺度给出了务实建议。总之,作者注重理论与实务的有机融合,既有对法律条文要义的精准阐释,也包含对裁判规则的现实观察;既可作为法学研习者的理论参考,也能为司法实务工作者提供切实帮助。

青年学者具有对法学研究和探讨的热情,对于民法规范的任何有益探讨都在推动民法学术研究的进步,同时也会产生商榷或者共鸣,这恰恰是学科进步不可或缺的环节。相信该书出版后会引起学界和实务界的关注,同时也相信,本书也会随着新情况、新问题的出现不断而推陈出新,止于至善。

是为序。

李永军

目　录

前　言

　　《中华人民共和国民法典》（以下简称《民法典》）第 366 条至第 371 条设置了我国居住权制度的总体架构，包括居住权的权利主体、权利客体、设立方式、登记、转让、消灭等物权性内容，以及居住权合同的书面形式、一般性条款等债权性内容。但是，审视《民法典》颁布以来的司法实践，居住权制度的适用"遭遇"诸多困境。应在明确我国居住权制度的特色与功能，剖析居住权制度适用困境的基础上，形塑居住权制度适用的条件与规则，构建居住权制度适用中的有限扩张与适当限制机制。这可以在增强居住权制度适用的灵活性、延长其"生命力"的同时，适当约束无限扩张可能带来的权利滥用问题。本书主要从五个部分展开：

　　第一部分是我国居住权制度的特色与功能。我国居住权制度虽主要继受于大陆法系，但具有中国特色，实现了该制度的本土化建构。我国居住权制度的特色体现为，居住权是一项用益物权，具有多重法律属性。也即，我国《民法典》规定的居住权是人役性"松动"、用益性"增强"的居住权；其不同于身份权下的居住权利，是一项财产权；亦不同于基于债权租赁权产生的居住权利，是一项物权。

第二部分是我国居住权制度适用的困境及原因分析。困境主要包括以下几个方面：一是适用主体范围不明。原因在于居住权的法律属性定位存在争议，即部分学者固守传统居住权的人役性，居住权的权利主体限于自然人，而部分学者主张完全放开居住权的用益性，居住权制度适用自然人与非自然人；二是适用客体范围模糊。因为适用客体的认定存在争议，"典型住宅说""住宅及附属设施说""住宅区分说"争锋不断；三是适用规则不清。究其原因，适用规则的规范解释路径存在异化现象，体现为意思自治主导设权的规则发生偏移与权利冲突消解的规整漏洞；四是适用领域过窄。主要归咎于居住权制度的功能定位存在偏差：坚守家庭成员居住利益保障主义存在现实诟病及居住权制度适用法律关系存在局限性。

第三部分是居住权制度适用的条件与规则构造，旨在消解适用主体范围不明、适用客体范围模糊、适用规则不清等现实困境。该部分创造性提出建立居住利益为中心的设权条件，以居住利益为前提创立适用主体的双向限制机制，明确居住权的权利人为特定自然人，设权主体为民事主体；居住利益主导下，依据住宅的用途构建类型化的适用客体识别体系，认定住宅用途的普通商品类住宅、产权保障类住宅、综合功能类住宅、农村自建类住宅为居住权制度适用的客体，以消解适用主体范围不明、适用客体范围模糊困境。进而区分设权方式以确立居住权制度适用的类型化规则，设置合同方式设权的利己与利他并行规则，即为他人设权规则与为自己设权规则；构筑遗嘱方式设权下继承与遗赠分置规则,即遗嘱继承方式设权规则与遗赠方式设权规则并行;践行裁判方式设权下确认、给付与形成的三层逻辑规则,即在确立裁判设权方式的基础上,明确确认性法律文书、形成性法律文书、给付性法律文书设权规则;区分合同、遗嘱、裁判设权方式,确立居住权与所有权冲突的消解规则;区分先居后抵与先抵后居情势,明确居住权与抵押权冲突的消解规则,消解适用规则不清困境。

　　第四部分是居住权制度适用的扩张,解决居住权制度适用领域过窄困境。本部分对裁判方式设立亲属间居住权制度进行系统化设计,建构父母子女、(外)祖孙抚养关系中扩张适用的路径,打造夫妻、兄弟姐妹扶养关系中扩张适用的可能出路,探寻父母子女、(外)祖孙赡养关系中扩张适用的具体制度策略。建立居住权制度适用继承关系的特殊制度,具体而言,创设特定法定继承人的居住权保留制度,赋予生活有特殊困难的、缺乏劳动能力的、无房可住的法定继承人必留居住权,为胎儿设置预留居住权。砌筑遗产管理人法定登记义务认定规则与追责机制,明确遗产管理人的法定登记义务,确立违反登记义务的损害赔偿责任规则。证成居住权制度适用以房养老的正当性,剖析居住权制度适用以房养老的优势,进而区分老年人与家庭成员、老年人与金融机构签订居住权合同的不同情形,建构居住权制度适用以房养老的区分模式。证成居住权制度适用盘活闲置农房的正当性,剖析居住权制度适用盘活闲置农房的优势,进而区分闲置农房的种类,建构居住权制度适用的区分模式。证成居住权制度适用合资建房的正当性,剖析居住权制度适用合资建房的优势,进而区分合资建房情形,建构居住权制度适用合资建房的区分模式。由此,可以消解适用领域过窄之困境,实现居住权制度保障特定主体居住利益、促进住宅多元利用功能。

第五部分是居住权制度适用的限制。居住权制度扩张适用是有限度的,应当适当收张,不宜肆意妄为。居住权制度适用于私权领域,但政府保障社会弱势群体的住房利益,需要行使公权力实现,故居住权制度应限制适用。公共租赁住房不得设立居住权,以实现公共租赁住房制度目的,否则会阻碍公共租赁住房退出机制运行;公房上不得设立居住权,否则会增加政府财政负担,诱发社会不公和贪污腐败;拆迁安置房上不得设立居住权,意在保护私房被拆迁人的合法权益,维护现有住房保障制度。

绪　论

第一节　选题背景与意义

一、选题背景

居住权滥觞于罗马法，最初用以保障与家主有家庭关系、准家庭关系①自然人的居住利益。周枏教授即指出，"随着社会的发展，到了共和国末叶，无夫权婚姻和奴隶的解放日多，每遇家长亡故，那些没有继承权又缺乏或丧失劳动能力的人的生活就成了问题。因此，丈夫和家主就把一部分家产的使用权、收益权、居住权等遗赠给妻或被解放的奴隶，使他们生有所靠，老有所养，这些权利，优帝一世时统称为人役权"。②出于保障"妻或被解放的奴隶"能够依靠住宅"生有所靠，老有所养"之目的，居住权不因权利

---

① 准家庭关系指被解放的奴隶（亦称"解放自由人"）与原来的主人（亦称"恩主"）之间的关系。原因在于，奴隶被解放后，被解放的奴隶与原来的主人之间仍存在权利义务关系，体现为前者仍须跟未解放前一样服从后者，而后者掌握前者的生杀之权并对前者负有保护、抚养义务。参见周枏：《罗马法原论（上册）》，商务印书馆 2014 年版，第 263 页。
② 周枏：《罗马法原论（上册）》，商务印书馆 2014 年版，第 407 页。

人的人格变更或权利人不行权而消灭,权利人有权出租住宅给第三人,但不得进行无偿的使用借贷,①居住权高度的人身性、保障性得以显现。居住权分离了所有权的占有、使用权能,在保障特定主体居住利益的同时,实现了住宅的物尽其用,得到后世多国立法的青睐。欧洲的俄罗斯、德国、法国、奥地利、马耳他、意大利、瑞士、西班牙、葡萄牙等国家或地区,美洲的巴西、阿根廷、秘鲁、智利、美国路易斯安那州、加拿大魁北克省等国家或地区,非洲的埃塞俄比亚、阿尔及利亚等国家或地区以及亚洲的日本、中国澳门均在立法上明确规定居住权,并依据社会发展需求,采用不同的立法技术对传统居住权进行改造。

回顾我国,《民法典》出台前,作为大陆法系国家民法体系中一项重要的物权制度,居住权制度在西法东渐时却没有被我国民法所采纳,彼时民事基本立法上居住权规定阙如。但自 1990 年"范某某诉张某某离婚案"始,②法院维护婚姻家庭关系中弱势成员居住利益的案例却屡见不鲜,此后婚姻家庭、继承、物权等领域"居住权""居住权利"纠纷案件不断增加,社会民众保障居住利益之呼声此起彼伏。对此,学界主张借用居住权制度,保障老人、儿童、离婚后生活困难的配偶等弱势群体的居住利益,并促进住宅的利用。③为回应实践需求,立法者曾尝试移植域外的居住权制

---

① 参见曲可伸:《罗马法原理》,南开大学出版社 1988 年版,第 209 页。
② 上海市卢湾区人民法院(1990)卢法民字第 1367 号民事判决书。
③ 参见钱明星:《关于在我国物权法中设置居住权的几个问题》,《中国法学》2001 年第 5 期,第 13 页;梁慧星:《中国民法典编纂的几个问题》,《山西大学学报(哲学社会科学版)》2003 年第 5 期,第 13 页;刘阅春:《居住权的源流及立法借鉴意义》,《现代法学》2004 年第 6 期,第 154 页。

度,在原《中华人民共和国物权法》(以下简称《物权法》)中设置
居住权条款。①然而,居住权生存发展的"土壤"和"环境"是人役
权和用益权制度,我国既有物权体系却没有区分人役权、地役权,
亦未构置"人役权—用益权—使用权"框架。此境遇下,单一地移
植人役权制度中的居住权制度,势必引发居住权制度构建不完
整、不系统、不合理的风险,且易导致我国物权体系内部的紊
乱。②打破原有物权体系设置人役权制度,进而构建居住权制度
者,亦将承担较大的立法和效益丧失成本。诚如全国人大法工委
所言,"居住权的适用面很窄,基于家庭关系的居住问题适用婚姻
法有关扶养、赡养等规定,基于租赁关系的居住问题适用合同法
等有关法律的规定,这些情形都不适用草案关于居住权的规定。
而且,居住权大多发生在亲属朋友之间,一旦发生纠纷,可以通过
现行有关法律规定的救济渠道加以解决",③2007年施行的原《物
权法》最终未予规定,居住权制度入法"昙花一现"。2008年施行
的原《中华人民共和国合同法》(以下简称《合同法》)、2010年施
行的原《中华人民共和国侵权责任法》(以下简称《侵权法》)、
2013年施行的原《中华人民共和国劳动合同法》(以下简称《劳动
合同法》)等民事基本立法均未规定居住权。唯一出现"居住权"
字眼条款者,是1997年无锡市出台的原《无锡市房屋居住权处理

① 2002年《关于〈中华人民共和国物权法〉(征求意见稿)的说明》设置了8个居住权条款,
开始构建我国的居住权制度。
② 参见陈信勇、蓝邓骏:《居住权的源流及其立法的理性思考》,《法律科学(西北政法学院
学报)》2003年第3期,第68页。
③ 全国人民代表大会常务委员会法制工作委员会民法室:《物权法立法背景与观点全集》,
法律出版社2007年版,第49页。

办法》(以下简称《居住权处理办法》)和 2001 年最高法发布的原
《婚姻法司法解释(一)》。然而,《居住权处理办法》是无锡市人
大发布的房产地产权属管理类法规,法律位阶是设区的市地方性
法规,适用范围有限。其规定的居住权并不是一项单纯的用益物
权,而是家庭成员基于义务人法定义务而享有的居住保障权、政
府保障的公民住宅权以及个人投资获得居住房屋权利的"混合
体",没有区分出公权上的住宅权与私权上的居住权,难以充分发
挥用益物权性质的居住权之效用。《婚姻法司法解释(一)》第 27
条第 3 款虽保障离婚中经济困难一方的居住利益,却适用离婚关
系,范围有限。其他社会关系中,《婚姻法司法解释(一)》第 27 条
第 3 款显然无法作为解决居住权纠纷的依据。鉴于民事基本立
法上居住权条款是缺失的,彼时继续聚焦作为用益物权的居住
权,显然与立法者之意图不符,学界转而从国际法、宪法、社会保
障法出发研究居住权,却导致"住宅权"①"居住权"②"住房
权"③"适足住房权"④长期混用。

　　2017 年,习近平总书记在党的十九大报告中提出,"坚持房
子是用来住的、不是用来炒的定位,加快建立多主体供给、多渠道
保障、租购并举的住房制度,让全体人民住有所居"。⑤为实现此

① 参见金俭:《中国住宅法研究》,法律出版社 2004 年版,第 55 页。
② 参见金俭:《论公民居住权的实现与政府责任》,《西北大学学报(哲学社会科学版)》2011
　年第 3 期,第 143 页。
③ 参见王宏哲:《住房权研究》,中国法制出版社 2008 年版,第 4 页。
④ 参见张清、严婷婷:《适足住房权实现之国家义务研究》,《北方法学》2012 年第 4 期,第
　82 页。
⑤ 习近平:《决胜全面建成小康社会　夺取新时代中国特色社会主义伟大胜利——在中国
　共产党第十九次全国代表大会上的报告》,共产党员网,https://www.12371.cn/2017/
　10/27/ARTI1509103656574313.shtml,2023 年 6 月 22 日访问。

政策要求,《中华人民共和国民法典(草案)》在原《物权法》的基础上增加"居住权"这一新型用益物权。①2021年1月1日起施行的《民法典》最终设置了6条居住权条款,涵盖居住权的物权性内容和债权性内容,前者如居住权的定义、设立方式、居住权的登记、居住权的消灭、转让、继承等,后者如居住权合同的形式、一般条款。至此,居住权制度构建完成。出于"加快建立多主体供给、多渠道保障、租购并举的住房制度,让全体人民住有所居"之政策目的,《民法典》第366条至第371条确立居住权为一项用益物权,我国居住权制度的功能将不再局限于保障婚姻家庭成员的居住利益,而是囊括促进住宅多元利用。基于此,我国《民法典》规定的居住权理应具有用益性、开放性,而非抱守罗马法、大陆法系传统居住权的人役性、封闭性。②然而,审视《民法典》第366条至第371条,居住权原则上"无偿设立"、居住权"不得转让、继承"、居住权原则上"不得出租""居住权人死亡"时居住权消灭、"遗嘱方式"设立居住权等规定表明,立法者持有保守的态度,坚持了传统居住权的人役性、人身性。"无论是从我国政策要求的视角,还是新时代住房体系的发展视角,居住权人役性的立法定位过于僵化和保守"。③庆幸的是,居住权虽只具有占有、使用权能,第368条、第369条却采用"但是当事人另有约定的除外"表述。换言之,另有约定的情形下,居住权的设立可以是有偿的、居住权人可

① 王晨:《关于〈中华人民共和国民法典(草案)〉的说明》,全国人大网,http://www.npc.gov.cn/npc/c30834/202005/50c0b507ad32464aba87c2ea65bea00d.shtml,2023年6月22日访问。
② 参见房绍坤:《民法典用益物权规范的修正与创设》,《法商研究》2020年第4期,第38页。
③ 金俭、罗亚文:《〈民法典〉居住权:立法意旨、功能演化及制度重构——基于人役性向用益性转变之视角》,《烟台大学学报(哲学社会科学版)》2023年第2期,第22页。

以出租住宅,居住权具有用益性。

现实的问题是,《民法典》规定的居住权兼具人役性、用益性背景下,居住权制度应如何适用,才能充分实现"让全体人民住有所居"的价值追求,这一路径尚不明晰。居住权不得继承,居住权人死亡是居住权消灭的一种情形。居住权制度适用于自然人自不待言,但《民法典》没有明确规定居住权的权利主体限于自然人,而是采用"居住权人"表述。居住权章节中"当事人""名称和住所"字眼亦赫然在目,使得居住权制度适用法人、非法人组织存在解释空间。学界对此却看法不一,"自然人说"与"民事主体说"持有截然不同的主张,居住权制度能否适用法人、非法人组织亟需明确。①居住权制度适用的客体是"他人住宅",我国社会却存在类型繁多、功能各异的住宅、住房,包括但不限于商品房、商住两用房、经济适用房、共有产权房、两限房、公共租赁住房、公转私房、拆迁安置房、房改房、酒店式公寓、公寓式酒店、人才公寓、村民自建房、民宿、酒店,居住权制度是否适用所有类型住宅、住房尚不明晰。居住权制度适用的效果之一是空虚所有权产生——住宅所有权人在居住权存续期限内不得占有、使用住宅,②且居住权的设立充分体现意思自治原则,没有限定当事人之间必须存在婚姻家庭关系、继承关系、劳动关系等基础法律关系。当事人之间设立居住权是否以"满足生活居住的需要"为目的无从查知,居住权制度或沦为当事人设立虚假居住权逃避强制执行的工具。③居住

---

① 参见申卫星:《〈民法典〉居住权制度的体系展开》,《吉林大学社会科学学报》2021 年第 3 期,第 51 - 61 页。

② 参见李双元、温世扬主编:《比较民法学》,武汉大学出版社 1998 年版,第 370 页。

③ 参见何马根、吉卓烨:《居住权排除强制执行的实证分析和规则构建》,《法律适用》2022 年第 5 期,第 66 页。

权制度如何避免成为当事人实现非法目的之工具，存在讨论空间。

此外，考察域外立法实践，部分国家或地区已然在婚姻家庭、继承领域设置了家庭成员法定居住权、生存配偶居住权、生存配偶终身所有权，①权利人依循法律规定有权终身居住特定住宅。我国《民法典》却没有采用此立法设置，居住权需通过合同、遗嘱方式自由设立，而特定家庭成员只能基于抚养义务、扶养义务、赡养义务对义务人的住宅享有居住的权利，居住利益难以得到充分保障。此境遇下，居住权制度能否参照域外实践，在婚姻家庭、继承领域扩张适用，以有效保障婚姻家庭关系、继承关系中弱势家庭成员的居住利益，并与国际居住权立法趋势保持一致，值得考虑。凡此种种，皆阻碍我国居住权制度的准确适用，妨碍居住权制度功能的实现，亟须解决。

二、选题意义

在党的十九大提出的"加快建立多主体供给、多渠道保障、租购并举的住房制度，让全体人民住有所居"政策要求下，我国民法体系设置了居住权制度，确立居住权是一项用益物权，既传承了罗马法、大陆法系居住权的人役性，又增添了实现住宅多元利用的用益性。然而，《民法典》规定的居住权条款只有 6 条，共计不到 300 字，居住权制度的基本骨架虽得以确立，但制度内容上却存在诸多缺陷。加之最高人民法院尚未出台居住权相关司法解释，2021 年自然资源部拟定的《关于印发〈居住权等登记办法（试行）〉》（征求意见稿）至今仍未出台，凭借《民法典》居住权 6 条款

① 参见申建平：《继承法上配偶法定居住权立法研究》，《求是学刊》2012 年第 4 期，第 69 页。

显然无法达致居住权制度的准确适用,毋论及制度功能的实现。此境遇下,结合罗马法传统居住权理论、域外国家的居住权理论、我国现有的用益物权理论,研究我国居住权制度的适用,分析居住权制度适用的主体范围不明、客体范畴不清、居住权制度适用领域争议等理论困境及成因,以明确我国居住权特有的性质、属性以及居住权制度的功能,可以消解学界争议,助力居住权制度的本土化,对于实现居住权制度与用益物权制度的融合以及我国物权体系内部的稳定与统一,具有重要的理论意义。同时,依循我国现有立法,参照域外立法实践,确立我国居住权制度适用的设权条件、主体条件、客体条件、规则以及居住权制度适用的扩张与限制,可以摆脱居住权制度适用遭遇的困境,指引居住权制度的准确适用,具有显著的实践意义。最终,通过扫除我国居住权制度适用的理论与实践障碍,促进"加快建立多主体供给、多渠道保障、租购并举的住房制度,让全体人民住有所居"政策要求的实现,具有重大的现实意义。

第二节　研究现状与存在的问题

一、研究现状

（一）国内研究现状

国内学者对我国居住权制度适用的研究,以保障私主体民事权益、促进社会主义市场经济发展、完善中国特色社会主义法律体系为主要目的。[①]2007 年原《中华人民共和国物权法》(以下简

---

① 参见孙国华、朱景文主编:《法理学》(第 5 版),中国人民大学出版社 2021 年版,第 297 页。

称《物权法》)出台期间,立法者曾考虑居住权入法,彼时多数学者对此展开论证,但原《物权法》最终并未设置居住权条款。《民法典》编纂期间,居住权入法已成定局,学界开始聚焦居住权制度,探讨我国立法上应如何设置居住权条款。《民法典》出台后,学界开始研究《民法典》居住权条款的理解、续造以及居住权制度的适用。因而,国内学者对居住权制度的研究,存在典型的三大阶段。

第一个阶段:原《物权法》编纂期间。学界聚焦居住权的渊源、发展、内涵、价值、功能、法律关系的构造,以及我国原《物权法》应否规定居住权。①彼时反对设置居住权制度者,除考虑我国缺乏设置居住权制度的用益权、人役权体系架构外,多着眼居住权的保障性——保障老年人、离婚或丧偶的配偶、保姆的生活居住,②认为居住权制度主要适用于婚姻家庭领域,其保障功能通过既有民事立法即可实现,无需再增设此权利。赞同设置居住权制度者除关注居住权的保障性外,还强调居住权的用益性——满足住宅的多样利用需求,③主张居住权制度扩张适用到婚姻家庭领域之外的商业投资领域。原《物权法》最终没有设置居住权制

---

① 参见王富博:《居住权研究——我国物权立法的继受与创新》,中国政法大学 2006 年博士学位论文,第 2 - 65 页。

② 反对设置居住权制度的主张见以下文章。参见房绍坤:《居住权立法不具有可行性》,《中州学刊》2005 年第 4 期,第 72 - 74 页;陈信勇、蓝邓骏:《居住权的源流及其立法的理性思考》,《法律科学(西北政法学院学报)》2003 年第 3 期,第 68 页;梁慧星:《我为什么不赞成规定"居住权"?》,载梁慧星主编:《民商法论丛》(第 32 卷),法律出版社 2005 年版,第 569 页。

③ 支持设置居住权制度的主张见以下文章。参见申卫星:《视野拓展与功能转换:我国设立居住权必要性的多重视角》,《中国法学》2005 年第 5 期,第 77 页;钱明星:《关于在我国物权法中设置居住权的几个问题》,《中国法学》2001 年第 5 期,第 13 页;刘阅春:《居住权的源流及立法借鉴意义》,《现代法学》2004 年第 6 期,第 154 页;曾大鹏:《居住权基本理论问题反思——评居住权的否定理由》,《河北法学》2006 年第 11 期,第 106 页。

度,学界转而从国际法、宪法、社会保障法出发研究"居住权",导致物权性质居住权的研究出现了较长的"真空期"。

第二个阶段:《民法典》编纂期间。在"加快建立多主体供给、多渠道保障、租购并举的住房制度,让全体人民住有所居"的政策要求下,①居住权"入典"已成定局,居住权制度研究呈现"爆发式"增长,但主要聚焦居住权的性质、功能、权利主体、设立方式、权能等理论问题,以及《民法典》物权编中居住权条款应如何设置、居住权相关条款如何表述、婚姻家庭编、继承编应否设置居住权条款等立法设计问题。

其间,关于居住权的性质,存在三种典型观点。有学者在《"居住权"之定位与规则设计》一文中提出,我国立法上应设置专注于用益性的可转让的用益物权,以完全摒弃人役性的居住权。②有学者在《论民法典物权编中居住权的若干问题》一文中主张,居住权应确立为用益物权中的人役权,居住权的功能、设立主体、设立方式亦应突破传统人役权的界限。③有学者在《人役权制度的构建——兼议我国〈民法典物权编(草案)〉的居住权规定》一文中却主张,我国立法上规定的居住权应为传统人役权,并构建以居住权为中心的完整人役权制度和规则。④

---

① 王晨:《关于〈中华人民共和国民法典(草案)〉的说明》,全国人大网,http://www.npc.gov.cn/npc/c30834/202005/50c0b507ad32464aba87c2ea65bea00d.shtml,2023 年 6 月 22 日访问。

② 参见鲁晓明:《"居住权"之定位与规则设计》,《中国法学》2019 年第 3 期,第 223 页。

③ 参见王利明:《论民法典物权编中居住权的若干问题》,《学术月刊》2019 年第 7 期,第 91 页。

④ 参见陈华彬:《人役权制度的构建——兼议我国〈民法典物权编(草案)〉的居住权规定》,《比较法研究》2019 年第 2 期,第 48 页。

关于居住权能否用于投资收益,多数学者持肯定观点,如有学者在《中国民法典应如何规定居住权?》一文中指出,"居住权的人役权属性以及由此推出的不可移转原则并非金科玉律,只有破除这一概念枷锁才能满足不断发展的社会需求"。①有学者在《从用益权到居住权:罗马法人役权的流变史》一文中提出,我国立法上设置的用益物权居住权,"基于用益物权的定位对意定人役权进行现代更新,涤除人身专属性内容,发挥其权益分割的经济功能"。②有学者在《居住权的司法困境、功能嬗变与立法重构》一文中提出,居住权依其适用领域不同,可分为家庭保障性居住权、社会保障性居住权、投资性居住权和消费性居住权,居住权可用于投资收益。③

关于居住权的权利主体,主要存在"自然人说""民事主体说"。"自然人说"认为,居住权的权利主体限于自然人。如有学者在《论民法典物权编中居住权的若干问题》一书中提出,居住权的权利主体限于自然人。④"民事主体说"却认为,居住权的权利主体为自然人、法人、非法人组织。如有学者在《居住权的司法困境、功能嬗变与立法重构》一文中提出,居住权的权利主体可以是自然人、法人、非法人组织。"有的地方政府拥有土地,但缺乏资金开发住房,此时可以引进房地产开发商出资,进行住房合作开发。在此种住房合作开发模式中,若为房地产开发商设置 30—50 年的长期居住权……则既维护了政府的房地产权益,也满足

① 申卫星、杨旭:《中国民法典应如何规定居住权?》,《比较法研究》2019 年第 6 期,第 65 页。
② 汪洋:《从用益权到居住权:罗马法人役权的流变史》,《学术月刊》2019 年第 7 期,第 112 页。
③ 参见曾大鹏:《居住权的司法困境、功能嬗变与立法重构》,《法学》2019 年第 12 期,第 51 页。
④ 参见王利明:《论民法典物权编中居住权的若干问题》,《学术月刊》2019 年第 7 期,第 91 页。

了开发商的投资利益及住房市场的需求"。[1]有学者在《中国民法典应如何规定居住权?》一文中持相同观点,"公司等企业也可以设立或者购买居住权,并作为多样化的员工福利交由高级管理人员或者其他员工行使,以增强在人才市场的竞争力"。[2]其他主张多聚焦于此,不再赘述。

第三个阶段:《民法典》出台后。学界研究的焦点转为我国《民法典》居住权条款的理解以及居住权制度的适用,对居住权的权利主体、权利客体、登记效力、设立方式、法定居住权等争议较大。具体而言:

一是,居住权的权利主体争议。多数学者认为,居住权的权利主体为自然人。如有学者在《物权法(第五版)》一书中提出,居住权人限于自然人。[3]有学者在《我国〈民法典〉居住权设立规则的解释与适用》一文中主张,"从制度目的和功能视角出发,法人、非法人组织等不能作为居住权人"。[4]有学者在《〈民法典〉居住权制度的社会功能研究》一文中提出相同观点。[5]然而,部分学者持相反观点,认为居住权的权利主体不限于自然人,还包括法人、非法人组织。如有学者在《〈民法典〉居住权制度的体系展开》一文中认为,"法人、非法人组织等取得居住权后,完全可以交由特定的自然人实际行使,如企业将其享有居住权的住宅作为工作福利

---

① 曾大鹏:《居住权的司法困境、功能嬗变与立法重构》,《法学》2019 年第 12 期,第 58 页。

② 申卫星、杨旭:《中国民法典应如何规定居住权?》,《比较法研究》2019 年第 6 期,第 78 页。

③ 参见崔建远:《物权法》(第 5 版),中国人民大学出版社 2021 年版,第 343 页。

④ 焦富民:《我国〈民法典〉居住权设立规则的解释与适用》,《政治与法律》2022 年第 12 期,第 145 页。

⑤ 参见付子堂、付承为:《〈民法典〉居住权制度的社会功能研究》,《甘肃政法大学学报》2022 年第 1 期,第 1 页。

分配给员工居住"，①权利主体不限于自然人。有学者在《民法典居住权规定所涉实务问题之研究》一文中持相同观点，"自然人、法人或者其他组织可以成为合同型居住权的主体，当事人之间是否具有人身关系和特定的关系在所不论"。②有学者在《用益权制度的本土化构建》一文中亦认为，在投资性居住权中，权利主体可以是法人或非法人组织。③

　　二是，居住权的客体分歧。依循《民法典》第 366 条，居住权的客体是"他人住宅"。然而，实践中住宅种类繁多，何种类型的住宅可以成为居住权的客体，却争议犹存。主要存在"典型住宅说""住宅及附属设施说""住宅区分说"。"典型住宅说"主张，居住权的客体主要是社会中典型的住宅，而非典型的商住两用房、公寓、酒店、民宿等住宅，并非必然成为居住权的客体。具有代表性的观点由学者在《中华人民共和国民法典物权编理解与适用（下册）》一书中提出。"住宅及附属设施说"认为，居住权的客体为住宅及附属设施。如有学者在《物权法（第五版）》一书中提出，居住权的客体是"一切属于住宅并与之一起占有的院子、花园、附属小屋，以及建筑物的其他附属物等"。④有学者在《我国〈民法典〉设立居住权的必要性及其制度构造》一文中持有相同观点，"一幢房屋中的某一层或者某一套房屋中的某个部分、某个单独的房间"⑤均

---

① 申卫星：《〈民法典〉居住权制度的体系展开》，《吉林大学社会科学学报》2021 年第 3 期，第 53 页。
② 马强：《民法典居住权规定所涉实务问题之研究》，《法律适用》2022 年第 5 期，第 118 页。
③ 参见李迪昕：《用益权制度的本土化构建》，《学习与探索》2022 年第 5 期，第 87 - 93 页。
④ 崔建远：《物权法》（第 5 版），中国人民大学出版社 2021 年版，第 343 页。
⑤ 辜明安、蒋昇洋：《我国〈民法典〉设立居住权的必要性及其制度构造》，《西南民族大学学报（人文社会科学版）》2020 年第 2 期，第 112 页。

可成为居住权的客体。有学者在《论民法典中的居住权》一文中亦认为，居住权的客体包括行使居住权所必需的住宅附属设施。①"住宅区分说"主张，应考量住宅的功能、是否存在权利负担、用途等因素，区分认定何种类型的住宅是居住权的客体。最具代表性的观点由学者在《解释论视角下的居住权客体》一文中提出，普通的商品住宅（包括存量房、预售商品房）、取得政策性住房完全产权的住宅、公寓住宅（包括商务公寓、服务型公寓、酒店式公寓）、农村村民自建房、存在私权限制的住宅可以成为居住权的客体，而政策性、被查封的住宅依其法律状况不得或限制成为居住权的客体。②

三是，居住权的登记效力争议。《民法典》第 371 条没有明确遗嘱设立居住权时登记的效力，学界对此争议较大。有学者在《民法典物权编条文理解与司法适用》一书中提出，"包含有居住权设立内容的遗嘱首先应当采用书面的形式，之后居住权还必须进行登记，这样居住权才能有效设立"，③遗嘱方式设权适用登记生效主义。有学者在《中国民法典新规则要点》一书中持相同看法，"遗嘱生效后，还须进行居住权登记，否则不能取得居住权"。④有学者在《论民法典中的居住权》一文中提出不同的主张，"通过遗嘱方式设立居住权的，可以参照《民法典》第 230 条规定，自遗嘱生效即继承开始时，居住权设立，而不以办理登记为设立

---

① 参见房绍坤：《论民法典中的居住权》，《现代法学》2020 年第 4 期，第 88 - 91 页。
② 参见王荣珍：《解释论视角下的居住权客体》，《比较法研究》2021 年第 6 期，第 47 - 56 页。
③ 中国审判理论研究会民事审判理论专业委员会编：《民法典物权编条文理解与司法适用》，法律出版社 2020 年版，第 386 页。
④ 杨立新、李怡雯：《中国民法典新规则要点》，法律出版社 2020 年版，第 236 页。

条件。否则，实行登记生效主义，则继承人拒绝办理登记的，遗嘱设立的居住权将落空，其也违背了遗嘱的意愿"，①遗嘱设权时采用登记宣示主义。有学者在《中华人民共和国民法典物权编理解与适用（下册）》一书中亦明确提出，"我国《民法典》第 230 条规定：'因继承取得物权的，自继承开始时发生效力。'因而，被继承人死亡后，继承人即取得居住权。此时登记并非居住权的设立要件。因而，以遗嘱设立居住权的，不适用《民法典》第 368 条'居住权自登记时设立'的规定"②。然而，有学者在《论我国居住权的设立方式与登记效力》一文中却提出，遗嘱设权时，应区分遗嘱继承、遗赠两种方式，遗嘱继承方式设权适用登记对抗主义，而遗赠方式设权时适用登记生效主义。③

四是，居住权的设立方式分歧。《民法典》第 367 条、第 371 条明确居住权的设立存在合同、遗嘱两种方式。裁判方式能否设立居住权，却争议较大。有学者在《论裁判方式设立居住权》一文中提出，④裁判方式可以设立居住权。有学者在《〈民法典〉居住权类型之比较研究》一文中持相似观点，"法院裁判设立的居住权，是指审判机关通过判决设立的居住权……在第 1090 条明确规定'离婚时，如果一方生活困难，有负担能力的另一方应当给予适当帮助。具体办法由双方协议；协议不成的，由人民法院判决'。其中，离婚双方对帮助的形式协商不成，由人民法院通过判

① 房绍坤：《论民法典中的居住权》，《现代法学》2020 年第 4 期，第 85 页。
② 最高人民法院民法典贯彻实施工作领导小组主编：《中华人民共和国民法典物权编理解与适用（下册）》，人民法院出版社 2020 年版，第 897 页。
③ 参见屈然：《论我国居住权的设立方式与登记效力》，《法学杂志》2020 年第 12 期，第 97 页。
④ 参见付一耀：《论裁判方式设立居住权》，《社会科学研究》2022 年第 6 期，第 55 页。

决确定,被认为对人民法院可以在婚姻家庭领域通过生效文书设立居住权即配偶居住权予以肯认"。①然而,有学者在《民法(第八版上册)》一书中却提出,"我国《民法典》规定了两种居住权的设立方式,即第 367 条规定的采用订立合同的方式设立居住权,以及第 371 条规定的以订立遗嘱的方式设立居住权。目前我国法上的居住权只能通过这两种民事法律行为设立",②否定裁判方式设立居住权。

五是,法定居住权分歧。域外部分国家或地区在立法上明确规定特定自然人享有居住权,我国立法上却没有作此规定。对于法定居住权,学界主要存在"裁判设立说""法律规定说"。"裁判设立说"主张,法定居住权是基于裁判方式设立的居住权。如有学者在《民法典意定居住权与居住权合同解释论》一文中指出,"《民法典》第 367 条第 1 款规定:'设立居住权,当事人应当采用书面形式订立居住权合同。'第 371 条规定:'以遗嘱方式设立居住权的,参照适用本章的有关规定。'无论基础法律关系是居住权合同还是遗嘱这一单方死因行为,《民法典》物权编的居住权在性质上都属于意思自治范畴内的意定居住权,而非法定居住权"③。有学者在《中国物权法研究》一书中持相似观点,"依据裁判方式取得居住权的根据在于法律的规定,而不在于当事人的意志,因此它属于法定居住权的物权取得方式"④。"法律规定说"则认为,法定居住权指法律规定的居住权,《民法典》可以引入法定居住权

---

① 马强:《〈民法典〉居住权类型之比较研究》,《中国应用法学》2022 年第 4 期,第 148 页。

② 王利明:《民法(第八版上册)》,中国人民大学出版社 2020 年版,第 438 页。

③ 汪洋:《民法典意定居住权与居住权合同解释论》,《比较法研究》2020 年第 6 期,第 109 页。

④ 杨立新:《中国物权法研究》,中国人民大学出版社 2018 年版,第 569 页。

概念,并在相关条款中予以明确。如有学者在《〈民法典〉居住权:
立法意旨、功能演化及制度重构——基于人役性向用益性转变之视
角》一文中提出,"应当在婚姻家庭编及继承编中纳入法定居住权的
概念""法定居住权的引入利于保障家庭弱势群体或特定主体的居住
权益"。[①]有学者在《论裁判方式设立居住权》一文中提出,《民法
典》第229条规定的裁判方式,只是法定居住权设立方式的依据,
而非法定居住权的法律依据。相反,法定居住权的具体类型,应回
归《民法典》婚姻家庭编,以《民法典》第1043条为法定居住权设立
的一般性条款,进而结合婚姻家庭编的其他条款,在夫妻关系、父
母子女关系、其他家庭关系中确立法定居住权的具体类型。[②]

　　六是,居住权制度的续造,学界聚焦居住权伴随债之关系。
居住权伴随债之关系,亦称物上之债,指与物权一样依附特定客
体的债,[③]如原《物权法(草案)》规定的住宅所有权人保障居住权
人使用住宅的义务、居住权人合理使用住宅的义务。我国《民法
典》第366条至第371条却没有作出规定,而是完全交由住宅所
有权人、居住权人自由约定。对此,部分学者展开研究,存在典型
的三种观点。有学者在《中华人民共和国民法典物权编解读》一
书中主张,"在义务方面,当事人可以协商约定双方的义务,如不
得改变房屋的结构、用途,保管房屋的义务,承担房屋的日常负担
及返还房屋等"。[④]有学者在《中华人民共和国民法典物权编理解

① 金俭、罗亚文:《〈民法典〉居住权:立法意旨、功能演化及制度重构——基于人役性向用
　益性转变之视角》,《烟台大学学报(哲学社会科学版)》2023年第2期,第19页。
② 参见付一耀:《论裁判方式设立居住权》,《社会科学研究》2022年第6期,第55页。
③ 参见常鹏翱:《债权与物权在规范解释中的关系》,《法学研究》2012年第6期,第87页。
④ 黄薇主编:《中华人民共和国民法典物权编解读》,法律出版社2020年版,第546页。

与适用(下册)》一书中明确提出,现有立法未明确规定居住权人的修缮、维护事项,"一般认为,居住权人有权改良和修缮房屋及其附属设施,但应当以'必要'为限,超出此范围便是对房屋所有权的侵害。同时,在享有权利的同时,居住权人也负有义务维护房屋及其附属设施"①。有学者在《〈民法典〉居住权制度的体系展开》一文中提出,"居住权制度关于居住权伴随债之关系的规范缺失,为应予规定而未规定的情形,属于开放式规范漏洞"②,应予填补。

七是,居住权制度的适用领域争议。多数学者主张,居住社会保障领域。如有学者在《中华人民共和国民法典物权编解读》一书中指出,居住权具有社会保障功能,应适用于社会保障领域。③有学者在《〈民法典〉视野下居住权制度的理解与适用》一文中持相同观点。④相关学者分别在《〈民法典〉物权编用益物权制度立法得失之我见》⑤《我国保障房居住权的现实性、独立性与合理性》⑥《居者有其屋语境下的居住权研究》⑦中提出相似观点。然而,有学者在《〈民法典〉视域中居住权制度价值功能及其适用

---

① 最高人民法院民法典贯彻实施工作领导小组:《中华人民共和国民法典物权编理解与适用(下册)》,人民法院出版社 2020 年版,第 901 页。

② 申卫星:《〈民法典〉居住权制度的体系展开》,《吉林大学社会科学学报》2021 年第 3 期,第 51 - 61 页。

③ 参见黄薇主编:《中华人民共和国民法典物权编解读》,中国法制出版社 2020 年版,第 541 页。

④ 参见孙茜:《〈民法典〉视野下居住权制度的理解与适用》,《法律适用》2020 年第 1 期,第 26 页。

⑤ 参见陈小君:《〈民法典〉物权编用益物权制度立法得失之我见》,《当代法学》2021 年第 2 期,第 3 页。

⑥ 参见关涛:《我国保障房居住权的现实性、独立性与合理性》,《烟台大学学报(哲学社会科学版)》2022 年第 5 期,第 30 页。

⑦ 参见肖业忠:《居者有其屋语境下的居住权研究》,《理论学刊》2022 年第 4 期,第 125 页。

限制》一文中却提出,社会弱势群体的住房保障应由政府提供,被保障人不应直接取得财产性质的居住权物权,居住权制度限制适用社会保障领域,而应适用婚姻家庭领域。①此外,部分学者提出,居住权制度可适用于投资收益领域。如有学者在《民法典时代的宅基地"三权分置"实现路径》一文中提出,居住权制度可用于投资收益,在盘活闲置农房上存在较大的适用空间。②有学者在《宅基地"三权分置"政策的经营型居住权实现路径》一文中提出相同观点。③有学者在《〈民法典〉视域下居住权的养老功能与实现路径》一文中提出,居住权制度可用于投资收益,如在以房养老领域,老年人在满足其生活居住需要的基础上,可以通过居住权获取经济收益。④

　　八是,居住权制度适用权利冲突消解规则。居住权制度适用中,居住权与所有权、债权、抵押权的冲突不可避免,少数学者已开始着手研究。关于居住权与所有权的冲突,学者主要研究居住权与住宅受让人所有权的冲突。关于居住权与债权的冲突,学者主要研究居住权与被执行债权之间的冲突。关于居住权与抵押权的冲突,学者主要研究居住权对抵押权实现的影响。如有学者在《民法典居住权规定所涉实务问题之研究》一文中指出,居住权

---

① 参见胡尔西旦·卡哈尔、金俭:《〈民法典〉视域中居住权制度价值功能及其适用限制》,《法律适用》2021年第12期,第67页。
② 参见刘灿:《民法典时代的宅基地"三权分置"实现路径》,《法学论坛》2022年第1期,第109页。
③ 参见綦磊:《宅基地"三权分置"政策的经营型居住权实现路径》,《江汉论坛》2022年第12期,第120页。
④ 参见何丽新、朱欣蕾:《〈民法典〉视域下居住权的养老功能与实现路径》,《厦门大学学报(哲学社会科学版)》2022年第2期,第129页。

与所有权冲突时,"要区分登记与交付、合同订立顺序、第三人是否明知等情况并衡量各方当事人的利益予以处理"。①有学者在《设立居住权房屋的执行困境及其破解路径》一文提出,应强化居住权的物权优先效力、细化居住权主体认定、完善居住权设立真实性识别和审查、创新居住权与执行效果的平衡实现机制。②有学者在《居住权排除强制执行的实证分析和规则构建》一文中认为,应从"物权实现的接近性、权利成立的时间顺序、权利实现的可能性、是否存在恶意串通损害债权人利益之情形四个方面构建冲突解决规则"。③

（二）域外研究现状

居住权源于罗马法,是一项人役权,具有保障婚姻家庭关系中弱者居住利益的功能。欧陆国家或地区认识到居住权制度的益处,依循罗马法构建了完整的人役权体系,并以此为基础设置了符合本国或地区情势的居住权制度,对居住权制度的适用亦存在差异。最具代表性的是法国和德国。法国几乎完整地移植了罗马法的人役权制度,《法国民法典》规定的居住权是效力减弱的使用权,使用权是效力减弱的用益权,形成了"用益权—使用权—居住权"效力层层递减的权利关系架构。法国居住权制度的权利主体是自然人,且权利人的家庭成员可与权利人共同居住。居住权制度适用的客体是住宅,且居住权制度不适用于投资收益领

---

① 马强:《民法典居住权规定所涉实务问题之研究》,《法律适用》2022年第5期,第145页。
② 参见刘德健:《设立居住权房屋的执行困境及其破解路径》,山东大学2002年硕士学位论文,第1页。
③ 何马根、吉卓烨:《居住权排除强制执行的实证分析和规则构建》,《法律适用》2022年第5期,第66页。

域,体现为居住权人不可出租住宅,不可转让居住权。①同时,法国立法上还设置了生存配偶的居住权,即配偶一方死亡时,有继承权的生存配偶实际占有属于夫妻双方,或属于死者遗产的住宅为主要住宅时,对住宅享有终身居住权。②《德国民法典》则确立居住权为限制的人役权,③居住权不得转让、继承,以保障特定主体居住利益为目的,且不得用于投资收益。该国的居住权制度适用主体为自然人,客体为建筑物或建筑物的一部分,且权利人的家庭成员、符合身份的服侍人员、护理人员可以被接纳共同居住。随着社会经济的进一步发展,德国通过《德国新住宅所有权法》单行法在传统人役权之外,创设了继续性居住权,④此权利可以转让、继承,适用投资收益领域。

与之形成鲜明对比的是,亚洲的国家或地区却鲜有设置居住权制度者。主要原因是,在西法东渐的过程中,考虑到东西方国家习惯不同,⑤"特别是东方国家的家族职能、妇女作为男子的依附的观念的影响,使得这种为解决养老、离婚或丧偶的配偶的生活而设的居住权在当时的现实中确无存在的必要"。⑥当前,我国

① 《法国民法典》第 625—636 条作出专门设置,参见《法国民法典》,罗结珍译,北京大学出版社 2010 年版,第 188-189 页;刘阅春:《居住权的源流及立法借鉴意义》,《现代法学》2004 年第 6 期,第 155 页。
② 《法国民法典》第 764 条,参见《法国民法典》,罗结珍译,北京大学出版社 2010 年版,第 214 页;单平基:《〈民法典〉草案之居住权规范的检讨和完善》,《当代法学》2019 年第 1 期,第 3-15 页。
③ 《德国民法典》第 1093 条,参见《德国民法典(第五版)》,陈卫佐译注,法律出版社 2020 年版,第 449 页;史尚宽:《物权法论》,中国政法大学出版社 2000 年版,第 223 页。
④ 参见陈华彬:《论我国民法典〈物权编(草案)〉的构造、创新与完善》,《比较法研究》2018 年第 2 期,第 39-51 页。
⑤ 参见王泽鉴:《用益物权·占有》,中国政法大学出版社 2001 年版,第 73 页。
⑥ 钱明星:《关于在我国物权法中设置居住权的几个问题》,《中国法学》2001 年第 5 期,第 15 页。

澳门地区以及日本设置的居住权制度较为典型,但二者却存在较大差异。我国澳门地区确立居住权是一种特殊的使用权,居住权的权利主体为自然人,权利人的配偶、扶养的子女、其他扶养的血亲、有事实婚姻关系的人、为其服务或共同居住人服务的自然人可以共同居住;①居住权制度适用的客体为住宅;居住权制度不适用于投资收益领域。日本设置的居住权具有典型的人身性,是一项法定居住权。日本居住权制度适用的主体限于被继承人的配偶,客体为建筑物,且不适用于投资收益领域,②但经居住建筑物所有权人同意的,配偶可以使第三人使用建筑物以获取收益。

英美法系中,美国存在与大陆法系居住权功能相似的终身所有权(Life Estate),指"基于法律规定、当事人的行为或当事人之间协议而产生的仅于特定人的生存期间内有效的完全所有权"。③具体分为四种类型,分别是以受让人的生存为存在基础的终身所有权(Life Estates Measured by the Life of the Grantee)、以其他人的生存为存在基础的终身所有权(Life Estates Measured by the Life of Someone Other than the Life Tenant)、普通法上遗孀对亡夫财产的终身所有权(Common Law Life Estate by Dower)、普通法上鳏夫对妻子财产的终身所有权(Common Law Life Estate

---

① 《澳门民法典》第 1411—1416 条,参见赵秉志:《澳门五大法典:澳门民法典》,中国人民大学出版社 1999 年版,第 356 页;申卫星:《从"居住有其屋"到"住有所居"——我国民法典分则创设居住权制度的立法构想》,《现代法学》2018 年第 2 期,第 105 - 108 页。

② 《日本民法典》第 1028—1041 条,参见《日本民法:条文与判例(下册)》,王融擎编译,中国法制出版社 2018 年版,第 1217 - 1220 页。

③ 马新彦:《美国财产法与判例研究》,法律出版社 2001 年版,第 58 - 60 页。

by Curtesy)。相较于居住权,终身所有权同样可以保障特定主体的居住利益,只是期限是终身的。终身所有权的内容并未受到影响,权利人享有所有权的完整权能,[①]且终身所有权可用于投资收益。对比之下,大陆法系的居住权只占有所有权的占有、使用权能,部分国家虽规定居住权人可以出租住宅,但居住权不得转让、继承,前文提到的德国长期居住权是个例外。此外,目前域外研究还聚焦生存配偶居住权、[②]高龄配偶居住权、家庭暴力中配偶居留权、[③]居住权作为遗产分割、[④]居住权与使用权的关系、自由居所权[⑤]等主题。

从域外研究现状来看,学者对居住权的研究已然超脱物权领域,开始向婚姻家庭、继承领域延伸,并设定了特定家庭成员的法定居住权。值得注意的是,居住权制度的适用并未向政府住房保障之公权领域扩张。

二、存在的问题

我国《民法典》第 366 条至第 371 条对居住权的内容作出简

---

① 参见冯桂:《美国财产法——经典判例与理论探究》,人民法院出版社 2010 年版,第 65 页。

② See Benjamín Aguilar Llanos, *Habitation Rights of the Surviving Spouse or, If It's the Case, the Surviving Cohabiting Partner*, Asociacion Civil Themis 163, 163 - 175(2014); O. H. Bortnik, T. V. Stepanenko, *Certain Aspects of the Right on Free Choice of Residence*, 2013 Law and Safety 18, 18(2013).

③ See Laura Gyeney, *The Right of Residence of Third Country Spouses Who Became Victims of Domestic Violence in the Scope of Application of the Free Movement Directive: Legal Analysis of the NA Case*, 2018 Pecs Journal of International and European Law 82, 85 - 100(2018).

④ See Jeni-Mariana Miricescu, *The Right to Housing as a Right of Succession and as a Dismemberment of the Right to Private Property*, 2019 Annals of the Constantin Brancusi University of Targu Jiu Juridical Sciences Series 73, 73 - 77(2019).

⑤ See O. H. Bortnik, T. V. Stepanenko, *Certain Aspects of the Right on Free Choice of Residence*, 2013 Law and Safety 18, 18 - 23(2013).

单规定,难以为居住权制度的准确适用提供全面的立法支撑。学界已然认识到此点,对《民法典》居住权相关条款进行解释,希冀弥补立法上的缺陷。然,现有研究大多从居住权入法的政策背景出发,通过居住权制度实现政策要求,却忽略了居住权本身的性质、属性,以及居住权制度的应然功能和适用领域。

（一）制度功能与政策要求简单对应

我国民法体系纳入居住权制度的政策背景是,党的十九大提出了"加快建立多主体供给、多渠道保障、租购并举的住房制度,让全体人民住有所居"的政策要求。①据此,多数学者主张,我国居住权制度具有社会住房保障功能,国家可直接利用居住权制度解决社会弱势群体的住房保障问题。然而,我国在《民法典》用益物权编设置居住权章节,确立居住权为一项用益物权财产权,体现的是住宅所有权人对财产的自由处分。其虽具有保障特定主体居住利益的功能,但仍处于私权领域,是平等主体之间设立的一项民事权利。与之不同的是,社会住房保障却体现为国家政府对社会弱势群体的"社会保障"义务,属于公权领域,并非发生在平等的私主体之间。故而,认定我国居住权制度具有社会住房保障功能,显然将居住权制度的功能与政策要求简单对应,忽视了居住权财产权的性质以及居住权本身的价值。事实上,党的十九大提出的政策要求,主要依靠住房保障制度实现,而非单独依靠居住权制度。是以,居住权制度功能的认定,除结合政策要求外,

---

① 王晨:《关于〈中华人民共和国民法典(草案)〉的说明》,全国人大网,http://www.npc.gov.cn/npc/c30834/202005/50c0b507ad32464aba87c2ea65bea00d.shtml,2023 年 6 月 22 日访问。

还应考量居住权自身的特性,以及居住权制度与现有其他制度的关系。

(二)制度适用条件与适用规则研究不足

现有居住权制度适用的研究,关注居住权制度能否适用非自然人、适用的客体条件为何、能否适用于社会住房保障领域、投资收益领域,以及制度适用中的权利冲突等问题。然而,制度适用条件与适用规则的研究却存在明显不足。关于制度适用的条件众说纷纭,缺乏有效的判断标准。如我国现有的住宅、住房类型各异、功能不一,是否所有满足居住功能的住宅、住房都可成为居住权制度适用的客体,抑或限于部分典型的住宅,目前尚未形成有效的判断标准。关于居住权制度的适用规则,学界多聚焦设权适用规则,制度适用的权利冲突消解规则却研究较少,相关成果屈指可数。

第三节 研究思路与研究方法

一、研究思路

本书比较域外居住权制度作出总结,进而结合我国《民法典》居住权条款,先从应然层面分析我国居住权制度的特色与功能,而后从实然层面分析我国居住权制度适用的困境及原因。以此为基础,本书采用法解释学研究方法、比较研究法、文献研究法、案例研究法、历史研究法,借鉴域外理论与实践,解释我国《民法典》居住权相关条款,以消解困境。至于部分困境仍难以解决的,本书根据我国居住权制度的功能,针对性提出制度建构路径,以实现居住权制度的准确适用,达致居住权制度功能的实现。

二、研究方法

（一）法解释学研究方法

法解释学研究方法是最基本、最传统的研究方法，法律解释是法律适用不可或缺的前提。不能准确地解释法条和法律概念，就不能妥当地适用法律来裁决案件。本书研究居住权制度的适用，采用文义解释、体系解释、目的解释、当然解释等法解释学研究方法，对《民法典》居住权相关条款进行解释，进而明确居住权制度适用的主体条件、客体条件、权利冲突规则等内容，以实现居住权制度的准确适用。

（二）比较研究法

居住权滥觞于罗马法，后世欧陆国家在继受过程中结合本国国情，扩展了居住权制度的功能。我国本土法律文化中并不存在居住权，民法体系中亦无人役权或用益权框架，但我国《民法典》居住权条款是继受罗马法、大陆法系居住权制度设置的。本书采用比较研究法，比较研究法国、德国、意大利等国家的居住权立法和理论，明确我国居住权制度的特色、功能与不足，进而针对性地提出解决我国居住权制度适用困境的具体路径。

（三）文献研究法

通过知网（CNKI）、读秀、北大法律信息网（北大法宝）、Westlaw、HeinOnline等资料库，对居住权（无论是本体论方面的研究，还是方法论方面的研究）及相关知识点进行检索搜集，分类整理并阅读、总结。同时，经由文献研究法对相关专著、硕博论文、新闻报道、会议纪要、会议论文集等进行梳理，为实现我国居住权制度的准确适用提供理论基础。

（四）案例研究法

案例研究法是法学学者特别重视的方法，且经常得到运用。德国学者卡尔·拉伦茨认为："法教义学及法院实务两者处于一种特殊的相互关系……事实上，一系列构成今日现行法'坚实部分'的法概念及裁判基准，均系以司法裁判及法教义学的合作为基础，才发展出来的。"①本书在对居住权的理论进行分析的基础上，重点采用案例研究法对已有相关判例进行归纳、汇总与分析，总结不同法院对同类案件的态度和观点，以便归纳和分析我国居住权制度适用面临的主要困境及成因，并针对性提出消解路径，避免理论研究与司法实践脱节。

（五）历史研究法

历史研究法是通过分析整理相关事物发展过程的史料来追溯研究对象过去、分析现状，并预测未来发展方向的一种研究方法。本书采用历史研究法，分别从域外居住权制度、我国大陆居住权制度两个方面进行历史梳理研究。对于域外居住权制度的历史研究，本书以时间和地域两个维度进行历史梳理。时间维度梳理从罗马法创设居住权，到后世欧陆国家予以继受和发展；地域维度梳理，本书分别研究欧洲、美洲、非洲、亚洲国家或地区的居住权立法进程。我国大陆居住权制度的历史研究，本书以原《物权法》编纂、《民法典》编纂为时间节点，进行梳理研究。

---

① ［德］卡尔·拉伦茨：《法学方法论》，陈爱娥译，商务印书馆 2003 年版，第 112－113 页。

三、可能的创新

相较于已有研究,本书聚焦居住权制度的适用,通过《民法典》居住权相关条款的解释,解决居住权制度适用面临的理论与实践困境,可能存在以下创新。一是,提出居住利益理论,以此指引确立居住权制度适用的主体条件、客体条件、适用规则以及制度适用的扩张与限制。二是,居住利益理论下,确定居住权制度适用的主体是存在居住利益的特定自然人,排除不存在居住利益的法人、非法人组织,以及追求非法利益而不存在居住利益的自然人。此理论下,本书进一步提出,以"不动产登记的用途为住宅"为标准,判断现有住宅、住房能否成为居住权制度适用的客体。三是,通过《民法典》居住权相关条款的解释,确立合同、遗嘱、裁判方式的居住权设权规则,以及居住权与所有权、抵押权冲突的消解规则。四是,通过裁判方式设立亲属间居住权的系统化、架构居住权制度适用继承关系的特殊制度、建构居住权制度适用以房养老的模式,进而实现居住权制度在婚姻家庭关系、继承关系、以房养老中的扩张适用。五是,划定居住权制度适用的边界,即区分民事主体之间的居住利益保障与政府对弱势群体的住房利益保障,明确居住权制度只适用私权领域,而不应扩张适用公权领域。

第一章 我国居住权制度的特色与功能

相较于域外国家或地区的立法,我国《民法典》的人役权、用益权的制度架构缺位,立法者依循现有物权体系对居住权制度进行本土化构造,表现为我国居住权条款置于《民法典》物权编用益物权分编,明确居住权为一项用益物权。这具有鲜明的中国特色。谛视大陆法系居住权制度,我国居住权显然具有人役性"松动"和用益性"增强"双重特性。加之居住权条款的设置恰逢党的十九大提出"加快建立多主体供给、多渠道保障、租购并举的住房制度,让全体人民住有所居"政策要求。职是之故,我国除继受罗马法或大陆法系居住权制度保障弱势婚姻家庭成员居住利益的功能,还发展出保障其他特定主体居住利益和促进住宅多元利用的功能。明确我国居住权制度的特色与功能,便于分析制度适用面临的系列困境及具体成因,能为相关解决方案指明方向。

第一节 我国居住权制度的特色

我国《民法典》规定的居住权是私权领域的民事权利,与公权领域的住宅权存在本质区别。私权领域内,居住权是一项财产权,与身份权下的居住权利不同;居住权不同于租赁权下的居住权利,是一项物权;居住权不同于传统居住权,是一项人役性松动、用益性增强的居住权。我国居住权制度继受了传统居住权制度保障婚姻家庭弱势成员居住利益的功能,并突破婚姻家庭领域限制,拓展到其他领域,但不保障社会弱势群体的住房利益。此外,我国在住宅所有权上设立用益物权居住权,可以改变"土地所有权——土地他物权"的单一用益物权格局,促进住宅的多元利用。

一、居住权的中国式定位

域外国家或地区设立居住权制度者,通常在人役权或用益权架构下确立居住权为一项使用权或限制的人役性,但我国缺乏此种架构。《民法典》直接规定居住权为一项用益物权,在国际居住权立法大环境和趋势下属于重大创新。然而,由于我国居住权制度的设置不免考虑实现政策目的之因素,学界对居住权是一项纯粹的私权利,还是附加社会住房保障功能的权利,存在较大分歧,亟须明确。

(一)居住权定义的分歧与评价

《民法典》出台前,我国学界长期混用"住宅权"①"居住权"②"住房权"③"适足住房权"④,彼时居住权具体指私权领域民事主

---

① 参见金俭:《中国住宅法研究》,法律出版社 2004 年版,第 55 页。
② 参见金俭:《论公民居住权的实现与政府责任》,《西北大学学报(哲学社会科学版)》2011年第 3 期,第 143 页。
③ 参见王宏哲:《住房权研究》,中国法制出版社 2008 年版,第 4 页。
④ 参见张清、严婷婷:《适足住房权实现之国家义务研究》,《北方法学》2012年第 4 期,第 82 页。

体的一项财产权,还是公权领域公民获得适足或充分住房的基本
人权,众说纷纭。立法和司法实践中,居住权的定义同样存在较
大的差别。例如,1997 年无锡市出台的《居住权处理办法》规定,
居住权不是纯粹的财产权,而是婚姻家庭领域身份权下的居住权
利、公权领域公民基本人权以及私权领域财产权的"混合体"。①
然而,2001 年最高法发布的《婚姻法司法解释(一)》的第 27 条第
3 款明确表示,"离婚时,一方以个人财产中的住房对生活困难者
进行帮助的形式,可以是房屋的居住权或者房屋的所有权",居住
权则指一项财产权。2018 年全国人大常委会发布的《民法典各
分编(草案)》明确居住权为一项用益物权,居住权理应被界定为
一项财产权。然,囿于居住权长期与公权领域公民基本人权混淆
使用,居住权易被理解为一项兼具财产属性与社会保障属性的权
利。加之原《物权法》编纂期间,居住权被界定为一项纯粹的财产
权而没有被立法者采纳。党的十九大提出"加快建立多主体供
给、多渠道保障、租购并举的住房制度,让全体人民住有所居"政
策要求下,居住权最终入法,多数学者据此主张居住权是一项保
障社会弱势群体住房利益的权利。②《民法典》出台后,多数学者

---

① 居住权的性质在不同条款中存在差异,如《无锡市房屋居住权处理办法》第 1 条明确表
示,办法出台的目的是调整家庭成员之间的房屋居住权关系,保护房屋居住人和房屋所
有权人的合法权益,维护社会安定。此款规定中居住权为身份权。《无锡市房屋居住权
处理办法》第 2 条规定:"本办法适用于家庭成员之间因分居而涉及的国家、集体所有房
屋的居住权处理。机关、团体、企业、事业单位(以下简称单位)与个人共同投资、建造房
屋的居住权处理,也适用本办法",居住权为财产权。《无锡市房屋居住权处理办法》第 5
条采用"租住下列房屋的家庭成员对房屋享有共同居住权"表述、第 6 条采用"家庭成员
的共同居住权,可以由家庭成员协商一致"表述,表明居住权是使用权。
② 参见单平基:《〈民法典〉草案之居住权规范的检讨和完善》,《当代法学》2019 年第 1 期,
第 3 - 15 页;王利明:《论民法典物权编中居住权的若干问题》,《学术月刊》2019 年第 7
期,第 91 - 100 页;曾大鹏:《居住权的司法困境、功能嬗变与立法重构》,《法学》2019 年
第 12 期,第 51 - 65 页。

仍持相同观点,主张居住权可用于完善现有政府住房保障制度,保障社会弱势群体的住房利益,以解决现有住房保障制度存在的问题。①居住权事实上被界定为私权领域财产权与公权领域公民基本人权的混合型用益物权。

然而,自罗马法以降,居住权一直是具备物权之占有、使用权能的财产权,其虽用于保障特定主体的居住利益,但居住权的设立却基于住宅所有权人的自由意志,是民事权利的自由行使,居住权归属私权领域。居住权体现个人对财产的处分,当事人之间订立居住权合同达成物权合意,或遗嘱人实施单方法律行为设立遗嘱,并通过居住权登记对外公示,实现物权的变动。②居住权的核心价值是,"在物权法定原则的基础上最大程度地发挥房屋的财产属性实现物尽其用"。③与之相反,公民获得适足或充分住房的人权却是住宅权,属于公权领域,具体指公民有权获得可负担的、适宜于人类居住的、具有良好物资设备和基础设施的、具有安全、健康、尊严并不受歧视的住房权利。④住宅权的价值在于,公民通过住宅权的行使,要求政府承担住房保障义务,以满足其生存居住的需要。居住权与住宅权均具有保障弱势主体居住利益

---

① 参见孙茜:《〈民法典〉视野下居住权制度的理解与适用》,《法律适用》2020 年第 1 期,第 26 页;陈小君:《〈民法典〉物权编用益物权制度立法得失之我见》,《当代法学》2021 年第 2 期,第 3 页;肖业忠:《居者有其屋语境下的居住权研究》,《理论学刊》2022 年第 4 期,第 125 页;关涛:《我国保障房居住权的现实性、独立性与合理性》,《烟台大学学报(哲学社会科学版)》2022 年第 5 期,第 30 页。
② 参见[德]鲍尔、[德]施蒂尔纳:《德国物权法(上册)》,张双根译,法律出版社 2004 年版,第 70 - 71 页。
③ 胡尔西旦·卡哈尔、金俭:《〈民法典〉视域中居住权制度价值功能及其适用限制》,《法律适用》2021 年第 12 期,第 72 页。
④ 参见金俭:《中国住宅法研究》,法律出版社 2004 年版,第 57 - 58 页。

的功效,但前者最早出现在罗马时期,是保障与家主有家庭关系、准家庭关系自然人的居住利益,①至今仍以保障家庭关系成员居住利益为主;后者通说源于 1948 年 12 月 10 日联合国大会颁布的《世界人权宣言》的第 13 条第(1)款,体现为要求国家政府对社会弱势群体进行"社会保障"。二者保障的主体范围存在差异。故而,上述主张界定居住权为一项兼具私权领域财产权与公权领域公民基本人权的混合型用益物权,显然是对居住权、住宅权的属性认识存在偏差,合理性不足。坚持居住权具有社会住房保障功能,易导致私权公权化、公权私权化。

（二）《民法典》中居住权的界定

罗马法上,居住权是一项人役权,是为特定自然人的生活利益而占有、使用他人住宅的权利,具有很强的人身性。②与之形成鲜明对比,地役权是为特定不动产的利益而设立的权利。③我国《民法典》第 366 条规定居住权是为了满足特定主体生活居住需要而设立的权利。按照罗马法人役权、地役权的界分,我国《民法典》规定的居住权应属于一项人役权。这与我国《民法典》第 372条规定的地役权存在本质差别。我国《民法典》第 371 条规定的地役权是为了提高自己的不动产的效益,而利用他人的不动产的

---

① 参见周枏:《罗马法原论(上册)》,商务印书馆 2014 年版,第 407 页。
② 参见陈晓敏:《大陆法系所有权模式历史变迁研究》,中国社会科学出版社 2016 年版,第 31 - 32 页。
③ 《法学阶梯》I.2.5.5:"但如果对某人遗赠或以某种方式设立了居住权,人们既不认为它是使用权,也不认为它是用益权,而是一种专门的权利。对享有居住权的人,为了事物的功利,根据马尔切勒的意见发布了朕的决定,朕允许他们不仅自己在房屋中过活,而且也可将之租予他人"。参见[古罗马]优士丁尼:《法学阶梯》,徐国栋译,中国政法大学出版社 2000 年版,第 147 页。

权利。罗马时期,居住权人可以出租住宅,有学者认为,居住权应理解为用益权。①但从规范意义上的居住权产生的过程来看,罗马法上首先产生占据物权之占有、使用、收益权能的用益权,而后出现占据占有、使用权能的使用权,规范意义上的居住权最后出现。故而,居住权是以用益权为基础,并不断分割其权能得出的,即"用益权—使用权—居住权"。后世国家继承居住权者,多延续此种设置,但主要采取两种做法,一是确立居住权为一项使用权,二是认定居住权是具有物权之占有、使用权能的独立的权利。②反观我国,《民法典》出台前,原《物权法》仅包含总则、所有权、用益物权、担保物权、占有共五个章节,并无人役权体系架构。但原《物权法》第 152 条宅基地使用权条款表明,宅基地使用权占据物权的占有、使用权能,与居住权存在相似之处,居住权确立为用益物权或是可行的。尽管有学者主张居住权具有不得转让、不得继承等特性,与用益物权不符,③但根据用益物权理论,居住权可以确立为一项用益物权。

依循用益物权理论,用益物权占据物权的占有、使用、收益、处分(针对用益物权本身而非权利客体)权能。我国《民法典》第366 条确立了居住权的占有、使用权能,居住权虽不具有收益权能,但我国用益物权体系内已然存在不具有收益权能的宅基地使用权先例,居住权亦可确立为用益物权。此外,结合我国《民法

---

① 参见[德]马克斯·卡泽尔、[德]罗尔夫·克努特尔:《罗马私法》,田士永译,法律出版社 2018 年版,第 307 页。

② See O. H. Bortnik, T. V. Stepanenko, *Certain Aspects of the Right on Free Choice of Residence*, 2013 Law and Safety 18, 18 - 23(2013).

③ 参见郑玉波:《民法物权》,三民书局 1992 年版,第 181 页。

典》第 369 条当事人另有约定时可以出租住宅的规定,居住权人事实上可通过出租的方式获取收益。"第 369 条第 1 句'不得转让、继承'尽管排除了居住权合同或者补充协议事先作概括性授权的可能性,但并未从根本上否定居住权的可移转性"。①可见,居住权占据物权的占有、使用、受限的处分权能,确立为用益物权存在合理性。"物权法是规范物的归属和利用的法律规范",②我国在《民法典》物权编用益物权分编设置居住权章节,意在强调住宅的归属以及住宅的利用,居住权的设立正是居住权人对住宅利用的体现。由此亦可看出,居住权是纯粹的私权领域的权利,不涉及公权领域国家政府的权力或义务,不具有国家政府负有的公民住房保障功能。

二、居住权的多重法律属性

我国在物权体系设置了居住权制度,并于《民法典》第 366 条至第 371 条规定居住权为一项用益物权。对比传统的人役权居住权,我国物权体系中的居住权虽具有人身性,权利人却不限于家庭成员。在"加快建立多主体供给、多渠道保障、租购并举的住房制度,让全体人民住有所居"的政策要求下,居住权还具有其他法律属性。

(一) 人役性"松动"的居住权

罗马法创设的人役权着眼于人和物的关系,是为特定主体的

---

① 申卫星:《〈民法典〉居住权制度的体系展开》,《吉林大学社会科学学报》2021 年第 3 期,第 51 - 61 页。
② 房绍坤:《物权法的变革与完善》,北京大学出版社 2019 年版,第 328 页。

利益而设定的权利,这与强调土地与土地关系的地役权存在显著差别。罗马法上的人役权包括用益权、使用权、居住权、奴畜使用权。①其中,最典型的是用益权、使用权、居住权。比较用益权与居住权,用益权占据物权的占有、使用、收益权能,"重"物的"利用",因而远在罗马时期,学界即出现用益权可以转让的观点。如有学者提出,"用益权人既可本人对用益物实现收益,亦可将它让与他人收益,将此收益或出卖。因为出租给人也是收益,恰如出卖人的收益一样"②。后世多国承继用益权制度者,亦看重其收益权能,规定用益权是可以转让的。③反观罗马法居住权,《法学阶梯》I.2.5.5虽明确表示居住权人可以出租住宅,④但出租住宅属于债权行为,居住权自身只分离出所有权的占有、使用权能,"重"特定主体的居住利益保障,具有高度人身性。普提利(Rutilius)指出,居住权保障权利人终身享有居住利益。⑤罗马时期,学者帕比尼安亦主张,居住权不得转移给继承人,也不因权利人不使用、人格减损等原因而消灭,⑥再次印证罗马法居住权的高

---

① 参见周枏:《罗马法原论(上册)》,商务印书馆 2014 年版,第 414 页。

② [古罗马]优士丁尼:《民法大学·学说汇纂(第七卷·用益权)》,米健译,法律出版社 1998 年版,第 10 页。

③ 如《阿根廷共和国民法典》第 2870 条直接规定用益权可以转让,"用益权人可以出租用益权,或者有偿地或无偿地让与用益权的行使;但财产即使因替换者的过失或懈怠而发生减损,他仍直接对所有权人负责,保证人亦同。用益权人成立的合同,在用益权终止时终止"。参见《最新阿根廷共和国民法典》,徐涤宇译注,法律出版社 2007 年版,第 599 页。

④ 参见[古罗马]优士丁尼:《法学阶梯》,徐国栋译,中国政法大学出版社 2000 年版,第 147 页。

⑤ 参见[古罗马]优士丁尼:《民法大学·学说汇纂》(第七卷·用益权),米健译,法律出版社 1998 年版,第 106 页。

⑥ 参见[古罗马]优士丁尼:《民法大学·学说汇纂》(第七卷·用益权),米健译,法律出版社 1998 年版,第 105 页。

度人身性。后世多国立法实践中,居住权高度人身性特征亦有例可循。①此外,罗马法上居住权的设立表现为,"丈夫和家主就把一部分家产的使用权、收益权、居住权等遗赠给妻或被解放的奴隶,使他们生有所靠,老有所养"。②罗马法居住权无偿设立,居住权人通常是与所有权人有亲属关系、准亲属关系③的自然人。是以,罗马法居住权的人役性体现为,居住权人主要是家庭成员、居住权不得转让、继承,以及居住权以遗赠的方式无偿设立。

回顾我国,《民法典》第369条"居住权不得转让、不得继承"字眼表明,我国居住权制度承继了罗马法居住权的人身性,居住权以保障特定主体居住利益为目的。当事人之间另有约定时,居住权人可以出租住宅,与罗马法中居住权人可以出租住宅相通。然而,《民法典》第366条、第371条"合同约定""遗嘱方式"字眼表明,居住权的设立方式除了遗赠方式外,还包括合同、遗嘱继承方式,相较于罗马法居住权的设立方式有所扩充,表明居住权的人役性在设立方式上有所"松动"。第367条明确列出居住权合同一般应包含的条款,"当事人的姓名或者名称和住所"规定表明,居住权人、住宅所有权人之间无需存在婚姻家庭关系,意即我国《民法典》规定的居住权人原则上可以是任何自然人。相较于

---

① 如《瑞士民法典》第776条第2款规定,"居住权不得让与和继承",参见《瑞士民法典》,戴永盛译,中国政法大学出版社2016年版,第273页。
② [古罗马]优士丁尼:《法学阶梯》,徐国栋译,中国政法大学出版社2000年版,第147页。
③ 准亲属关系指被解放的奴隶(亦称"解放自由人")与原来的主人(亦称"恩主")之间的关系。原因在于,奴隶被解放后,被解放的奴隶与原来的主人之间仍存在权利义务关系,体现为前者仍须跟未解放前一样服从后者,而后者掌握前者的生杀之权并对前者负保护、抚养义务。二者并非亲属,却存在准亲属关系。参见周柟:《罗马法原论(上册)》,商务印书馆2014年版,第263页。

罗马法上居住权的权利主体,我国的居住权范围上有所扩充,居住权的人役性在权利主体上亦是"松动"的。进一步来讲,结合我国居住权制度设置的目的,居住权并非以保障家庭成员的居住利益为限,而是扩充到存在满足生活居住需要的主体,居住权的功能亦有所扩充。我国《民法典》第 368 条"居住权无偿设立,但是当事人另有约定的除外"规定表明,居住权并没有局限于传统居住权的无偿设立,而是确立当事人之间可以有偿设立,这与罗马法居住权存在显著区别。是以,比较罗马法居住权,我国《民法典》规定的居住权不得转让、继承,表明居住权具有人身性,但居住权的功能、设立方式、居住权人的范围却有所扩充,是人役性"松动"的居住权。

(二)用益性"增强"的居住权

罗马法上,居住权通常是无偿设立的,居住权人取得权利无需支付相应的对价,体现为家庭成员之间的关爱。[1]后世承继居住权制度者,亦强调居住权设立的无偿性。我国《民法典》规定的居住权,与传统居住权存在相通之处,居住权以遗嘱方式设立,是无偿的,体现遗嘱人对遗嘱继承人的关爱。存在差异的是,我国《民法典》第 368 条表明,以合同方式设立居住权的,当事人之间无需存在父母子女关系、夫妻关系、兄弟姐妹关系等婚姻家庭关系,居住权的权利主体可以是一切需要通过居住权满足生活居住需要的自然人。作为一项用益物权,居住权的设立着重体现住宅所有权人对住宅(财产)的自由支配,而非对家庭成员的关爱,因

---

[1] 参见[古罗马]优士丁尼:《法学阶梯》,徐国栋译,中国政法大学出版社 2000 年版,第 147 页。

而需遵循等价有偿原则。正因如此,《民法典》第 368 条表明,居住权可以有偿设立,居住权人获得居住权理应支付相应的对价,但住宅所有权人不要求支付的,可以无偿设立,居住权的用益性增强。传统居住权的设立,目的是保障权利人依靠住宅"生有所靠,老有所养",①居住权人死亡时权利才消灭。我国《民法典》规定的居住权却与之不同,第 367 条表明当事人之间可以自由约定居住权的存续期限,而非以居住权人的生存为期限,更符合所有权人自由支配财产的特性,用益性亦是增强的。"传统居住权由于当事人彼此的熟悉人身份,无论登记与否均不会对权利人构成太大影响,惟产生对抗第三人效力的问题,故采登记对抗主义即可",②我国《民法典》第 368 条要求居住权自登记时设立,通过登记公示居住权的设立,避免第三人遭受侵害,保护交易安全,③居住权的用益性增强不言自明。反观同为用益物权的土地承包经营权的设立、流转以及地役权设立,通常发生在熟人之间,遵循《民法典》第 333 条、第 341 条和第 374 条,土地承包经营权、土地经营权自土地承包经营权合同、流转合同生效时设立,地役权自地役权合同生效时设立,登记产生对抗善意第三人的效力即可,④而居住权设立的主体却不存在范围限制,需通过登记透明法律关系。

此外,欧陆国家承继居住权制度者,大都设立传统居住权,部分国家或地区甚至完全禁止居住权人出租住宅,居住权的用益性

① 参见周枏:《罗马法原论(上册)》,商务印书馆 2014 年版,第 407 页。
② 鲁晓明:《"居住权"之定位与规则设计》,《中国法学》2019 年第 3 期,第 236 页。
③ 参见王泽鉴:《民法物权 1 通则·所有权》,中国政法大学出版社 2001 年版,第 92 页。
④ 参见郭明瑞、房绍坤:《民法》(第四版),高等教育出版社 2017 年版,第 227 页。

受到绝对的限制,典型的是法国、意大利、西班牙。如《法国民法典》第 634 条明确表示,设立了居住权的住宅不得出租,且不存在例外情形。①《意大利民法典》第 1024 条规定,"使用的权利及居住的权利,不得用于转让或供出租"。②《西班牙民法典》第 525 条声明,不得以任何形式将使用权和居住权出租、出让给他人。③回顾我国,《民法典》第 369 条表明,设立了居住权的住宅原则上不得用于出租,但当事人另有约定的除外。从比较法视角来看,相较于欧陆国家的传统居住权立法,我国《民法典》规定的居住权之用益性显然更强。

（三）作为财产权的居住权

通常来讲,"财产权是通过对有体物和权利的直接支配,或者通过对他人请求为一定行为（包括作为和不作为）而享受生活中的利益的权利",④主要包括物权和债权。结合《民法典》第 114 条、第 323 条、第 366 条,居住权是居住权人独占性地占有、使用他人住宅的用益物权,属于财产权。与之形成鲜明对比的是,婚姻家庭关系中的特定家庭成员对义务人住宅享有的居住权利,其来源是抚养义务、扶养义务、赡养义务。学理上,婚姻家庭关系中由一定身份关系产生的权利为身份权。⑤依权利人的身份地位不同,包含配偶权、亲权、亲属权。我国《民法典》第 112 条因婚姻、家庭等产生的人身权利受保护条款明确表示,自然人因婚姻家庭

---

① 参见《法国民法典》,罗结珍译,北京大学出版社 2010 年版,第 189 页。
② 《意大利民法典》,陈国柱译,中国人民大学出版社 2010 年版,第 194 页。
③ 参见《西班牙民法典》,潘灯,马琴译,中国政法大学出版社 2013 年版,第 167 页。
④ 谢怀栻:《论民事权利体系》,《法学研究》1996 年第 2 期,第 72 页。
⑤ 参见谢怀栻:《论民事权利体系》,《法学研究》1996 年第 2 期,第 72 页。

关系等产生的人身权利受法律保护,则特定家庭成员因父母子女、夫妻、兄弟姐妹、祖孙身份关系而享有的居住住宅的权利,归属身份权。财产权居住权与身份权居住权利在性质、价值理念、客体、取得方式、存续期限上存在显著区别。一是,就性质而言,财产权居住权是居住权人独占性地占有、使用他人住宅的用益物权,而身份权居住权利是因一定的身份关系产生的权利,是抚养义务、扶养义务、赡养义务的体现——法定之债。二是,就价值理念而言,财产权居住权设立的目的是获取使用价值,居住权人占有、使用住宅,即可支配住宅的使用价值,[①]而身份权居住权利主要为了维护一定的身份关系,即父母子女关系、夫妻关系、兄弟姐妹关系、祖孙关系。二是,就权利客体而言,财产权居住权的权利客体是他人的住宅,身份权居住权利的客体却是要求父母子女、夫妻、兄弟姐妹、祖孙身份关系中义务人实施保障其居住利益的行为。四是,就权利的取得方式而言,《民法典》第366条、第371条明确合同、遗嘱两种设立方式,财产权居住权是住宅所有权人通过法律行为设立取得,结合第368条,居住权原则上登记时取得。身份权居住权利却需通过结婚、收养等行为形成父母子女等关系取得。五是,就权利的存续期限而言,财产权居住权的存续期限由当事人通过合同确定,或遗嘱人通过遗嘱确定,而身份权居住权利却以父母子女、夫妻、兄弟姐妹、祖孙身份关系的存续为前提,身份关系消灭的,身份权居住权利亦消灭。[②]可见,我国《民法典》规定的居住权是一项财产权,与特定家庭成员基于抚养义

---

① 参见崔建远:《物权:规范与学说(下册)》,清华大学出版社2011年版,第492页。
② 参见王利明等:《民法学(第六版)》,法律出版社2020年版,第157页。程啸执笔撰写。

务、扶养义务、赡养义务对义务人的住宅享有的身份权居住权利截然不同。值得注意的是,特定家庭成员享有基于身份权的居住权利,并不妨碍义务人以合同、遗嘱的方式在住宅上为其设立财产权居住权。

（四）作为用益物权的居住权

居住权人对他人的住宅享有居住权,有权占有、使用、居住他人的住宅,房屋的承租人基于租赁权,亦有权占有、使用、居住他人的住宅,二者存在诸多相似之处。"财产权是通过对有体物和权利的直接支配,或者通过对他人请求为一定行为(包括作为和不作为)而享受生活中的利益的权利"。①居住权对住宅的直接支配,以及房屋租赁权请求出租人交付房屋而生活居住,皆属于财产权。此外,居住权是物权,具有对抗第三人的效力。居住权存续期间,住宅所有权人将住宅转让给第三人的,居住权可以对抗受让人。租赁合同存续期间,基于《民法典》第725条所有权变动不破租赁条款,"买卖不破租赁",②住宅所有人将住宅转让给第三人的,房屋租赁合同的效力不受影响,承租人可以继续占有、使用住宅,此时租赁权实际产生对抗租赁合同之外第三人的效力。

然而,权利人基于用益物权居住权、租赁权居住权利皆可居住住宅,但二者存在显著差别。用益物权居住权存在特殊之处。一是,就权利性质而言,租赁权是请求权,即承租人请求出租人依照租赁合同的约定为一定行为或不为一定行为的权利,而居住权是居住权人直接占有、使用他人住宅的权利。二是,就权利的效

---

① 谢怀栻:《论民事权利体系》,《法学研究》1996年第2期,第72页。
② 参见王泽鉴:《民法学说与判例研究》(第7辑),中国政法大学出版社1998年版,第71页。

力而言,租赁权是相对权,除非出现"买卖不破租赁"情形,承租人无法对第三人主张权利。即便因第三人原因导致承租人无法继续居住,其只能请求出租人承担责任。反观居住权,其具有物权的效力。关于物权的效力,主要存在"物权的二效力说""物权的三效力说""物权的四效力说"。"物权的二效力说"认为,物权从本质上具有两种效力,当物权客体上存在多项权利时,物权具有优先于其他权利的效力,以及在物权实现过程中,物权具有直接追随客体排除他人干涉的效力。[①]"物权的三效力说"认为,物权具有排他效力、优先效力以及物权请求权保护。[②]"物权的四效力说"则认为,物权具有排他效力、优先效力、追及效力以及物权请求权保护。[③]为方便居住权与租赁权的比较,本书采用"物权的四效力说",居住权的效力体现为,设立了居住权的住宅上不得同时存在与居住权内容相矛盾的他物权,居住权与债权在同一住宅上发生冲突时,居住权的效力优先。三是,就权利的设立方式而言,用益物权居住权通过合同、遗嘱的方式设立,而租赁权仅能通过合同方式设立。四是,就权利的客体而言,租赁权的客体为行为,如交付住宅,而居住权的客体为住宅。五是,就权利的内容而言,租赁权的具体内容可以自由约定,而居住权却不得约定居住权的转让、继承。六是,就权利期限而言,租赁权的具有一定的期限,而居住权却可以永久存在。此外,居住权对住宅的利用更为多元,住宅所有权人可为他人设立居住权,亦可将所有权转让给他

---

① 参见[日]我妻荣:《新订物权法》,[日]有泉亨补订,罗丽译,中国法制出版社2008年版,第220-225页。
② 参见谢在全:《民法物权论(第二版上册)》,三民书局2003年版,第44-52页。
③ 参见崔建远:《物权法》(第五版),中国人民大学出版社2021年版,第36页。

人后为自己设立居住权,还可为一方主体设立居住权后,再将住宅转让给第三人,而承租人却不得随意转让租赁权,住宅的利用主体较为单一。①由此可见,居住权人有权占有、使用他人的住宅,房屋的承租人基于租赁权,亦有权占有、使用他人的住宅,但《民法典》规定的居住权与租赁权本质上是不同的。

第二节　我国居住权制度的功能

我国继受了罗马法、大陆法系居住权制度的主要功能,保障婚姻家庭关系为主的家庭成员的居住利益。除此之外,基于"让全体人民住有所居"的政策要求,我国《民法典》特别规定了居住权的合同、遗嘱设立方式、居住权的设立可以有偿、设立了居住权的住宅可以用于出租等物权性内容,凸显我国居住权制度具有满足特定主体生活居住利益、促进住宅多元化利用的功能。

一、我国对域外居住权制度功能的继受

罗马法居住权于特殊的社会背景中产生,具有维持家长制下家庭关系稳定和保障婚姻家庭弱势成员居住利益的功能,我国居住权制度只继受了保障婚姻家庭弱势成员居住利益的功能。后世大陆法系国家承继居住权制度,并对罗马法居住权制度的功能进行拓展,我国居住权制度亦部分继受。研究罗马法、大陆法系居住权制度的功能和我国的继受,便于下文比较分析,厘清我国

---

① 参见[法]弗朗索瓦·泰雷、[法]菲利普·森勒尔:《法国财产法(下册)》,罗结珍译,中国法制出版社 2008 年版,第 923 页。

居住权制度独有的功能。

（一）罗马法

罗马社会是"以家长奴隶制经济为基础的宗法社会"，①社会最基本的生产单位是奴隶制大家庭。作为社会的一个基本单位，罗马家庭由家长权支配下的家长、妻子、子女等成员构成，家长拥有对其他成员以及家庭所有财产具有支配力，一切由子女取得的财产均归家长所有。②家长死亡后，其人格能否得到延续，直接影响家庭的命运以及家长奴隶制经济的发展。因而，罗马社会中，为了维持奴隶制经济的稳定以及社会秩序，家长死亡后，继承人主要继承被继承人的人格，以绵延家祀，继承人成为家庭中新的家长。③与之相应，罗马法上的继承为概括继承，"继承人对于死亡者之权利及义务应为整个之继承，不得从中选择，故继承人之继承权利及义务为整个的，至于继承之权利不足偿还债务之时，则由继承人负担，不能推诿。此种继承，即罗马法之所谓概括继承也"。④概括继承以遗嘱继承为主，家主通常指定一名继承人概括继承遗产，并可以将部分家产的居住权以遗嘱的方式给予无继承权的家庭成员，以满足生活居住的需要。⑤我国居住权制度予以继受。依循我国《民法典》第 371 条，遗嘱人可以将居住权遗赠给无继承权的自然人，以满足其生活居住的需要。然而，罗马法居住权制度的产生，最初具有维持家长制下家庭关系稳定的功

---

① 周枬：《罗马法原论（下册）》，商务印书馆 2014 年版，第 487 页。
② 参见［英］巴里·尼古拉斯：《罗马法概论》，黄风译，法律出版社 2021 年版，第 75 页。
③ 参见周枬：《罗马法原论（下册）》，商务印书馆 2014 年版，第 488 页。
④ 丘汉平：《罗马法》（修订译本），中国方正出版社 2004 年版，第 262 页。
⑤ 参见江平、米健：《罗马法基础》（第三版），中国政法大学出版社 2004 年版，第 421 页。

能,即在不违背家长制、概括继承制的境遇下,被继承人可以自由处分自己的财产。我国虽不存在家长制,我国《民法典》规定的居住权却继受了罗马法居住权制度维护家庭关系稳定的功能。

"随着社会的发展,到了共和国末叶,无夫权婚姻和奴隶的解放日多,每遇家长亡故,那些没有继承权又缺乏或丧失劳动能力的人的生活就成了问题。因此,丈夫和家主就把一部分家产的使用权、收益权、居住权等遗赠给妻或被解放的奴隶,使他们生有所靠,老有所养,这些权利,优帝一世时统称为人役权"。[①]随着越来越多的"没有继承权又缺乏或丧失劳动能力的人"出现,为了满足家庭关系中弱势成员的生活居住需要,被继承人将部分家产的居住权遗赠给"妻或被解放的奴隶",继承人保留空虚所有权。居住权不得转让、不得继承,居住权之上不得再设立抵押权或其他权利负担,待居住权人死亡,所有权的圆满状态得以恢复。对于居住权的此种特性,我国予以继受,《民法典》第369条明确规定居住权不得转让、继承。第370条规定居住权人死亡时居住权消灭。是以,我国继受了罗马法居住权制度的主要功能,尤其是保障婚姻家庭弱势成员的居住利益。

(二)大陆法系

大陆法系设置居住权制度者,均继受了罗马法居住权制度,并根据本国实情对居住权制度的功能进行拓展。存在较大差异的是,罗马法居住权制度具有维持家长制下家庭关系稳定的功能,但随着家长制的灭亡,家庭分别财产制已然确立,[②]大陆法系

---

① 周枏:《罗马法原论(上册)》,商务印书馆2014年版,第407页。
② 参见杨大文:《中国诸法域夫妻财产制的比较研究》,《法学家》1996年第6期,第25页。

国家不存在家长制。剖析法国、德国、意大利、瑞士、葡萄牙等大陆法系主要国家的居住权制度,大陆法系居住权制度具有保障弱势成员居住利益的功能。例如,法国居住权制度确立居住权是一项特殊的使用权,居住权人可以与其家庭成员在住宅内居住,居住权不得转让、不得出租,旨在保障居住权人及其家庭的居住利益。与罗马法居住权制度有所不同的是,法国的居住权制度允许当事人合意约定居住权合同。①法国判例对人身性的要求亦有所缓和。②我国《民法典》第 366 条和第 367 条与此有异曲同工之妙。第 366 条和第 367 条明确居住权原则上以合同方式设立,当事人可以自由决定居住权期限、居住的条件、解决争议的方法等事项。德国确立居住权是一项限制的人役权,居住权保障权利人以及对符合身份的服侍和护理来说为必要的人员的居住利益,居住权不得转让、不得继承,居住权只可通过物权合意加登记的方式设立。③我国居住权制度予以继受,《民法典》第 368 条明确要求,当事人达成物权合意的,还需办理居住权登记。意大利居住权制度保障权利人及其家族成员的居住利益,居住权不得转让或供出租,具有人身性。④对此,我国《民法典》虽没有明确规定居住权人的家庭成员可以一同居住,但学界通说持肯定观点,与意大利的居住权制度存在相似之处。瑞士居住权制度原则上保

---

① 《法国民法典》第 632 条、第 634 条,参见《法国民法典》,罗结珍译,北京大学出版社 2010 年版,第 182、189 页。
② 参见尹田:《法国物权法(第二版)》,法律出版社 2009 年版,第 378 页。
③ 《德国民法典》第 1092 条、第 1093 条,参见《德国民法典(第五版)》,陈卫佐译注,法律出版社 2020 年版,第 449 页。
④ 《意大利民法典》第 1022 条、第 1042 条,参见《意大利民法典》,陈国柱译,中国人民大学出版社 2010 年版,第 187－194 页。

障权利人的居住利益,但居住权设立时没有作出特别要求的,其家属或家人可共同居住,但居住权不得让与、继承。^①其他大陆法系国家存在类似要求。我国《民法典》第 369 条同样要求居住权不得转让、继承,保障特定主体的居住利益。是以,大陆法系国家之间的居住权制度存在差别,但基本要求居住权不得转让、继承,权利具有人身性,且制度的功能是保障弱势主体居住利益,主要适用婚姻家庭领域。^②我国继受了大陆法系居住权制度的功能,通过《民法典》规定居住权不得转让、继承以及合同方式设立居住权,灵活保障婚姻家庭关系中弱势成员的居住利益。

值得注意的是,罗马法居住权制度要求居住权不得转让、继承,大陆法系居住权制度基本上完全继受。居住权不得转让、不得继承之特性引发居住权的封闭性,居住权原则上用以维护婚姻家庭关系中弱势成员的居住利益,适用范围过窄。同时,居住权不得流转,投资收益领域无适用空间。对此,德国在《德国民法典》之外,采用单行法的形式创设了继续性居住权。《德国新住宅所有权法》第 31 条至第 42 条详细规定了继续性居住权的定义、登记要件、权利内容、居住权人请求权、出让的限制、回复请求权、出租、强制拍卖等事项。其中,第 33 条、第 37 条表明,继续性居住权可以出让和继承、继续性居住权人可用租赁的方式出租房屋。^③相较于《德国民法典》规定的传统居住权,继续性居住权并

---

① 《瑞士民法典》第 776 条、第 777 条,参见《瑞士民法典》,戴永盛译,中国政法大学出版社 2016 年版,第 273 - 274 页。

② 参见陈信勇、蓝邓骏:《居住权的源流及其立法的理性思考》,《法律科学(西北政法学院学报)》2003 年第 3 期,第 68 页。

③ 参见沈四宝、王军主编:《国际商法论丛》(第九卷),法律出版社 2008 年版,第 346 - 350 页。

非一项人役权,而是一项独立的物权,可用于投资收益,能促进住宅的利用。[1]

二、我国居住权制度功能的解读

我国居住权制度继受了大陆法系传统居住权制度之保障婚姻家庭弱势成员居住利益的功能,并根据我国国情进一步拓展了居住利益的保障主体,但限于私权领域,且以当事人意思自治为基础。社会弱势群体的住房保障,属于公权领域国家政府的义务,并非我国居住权制度的功能。同时,《民法典》构建了用益物权新格局,确立居住权为一项用益物权,居住权制度还具有促进住宅多元利用的功能。

(一)保障特定主体居住利益

结合上文,大陆法系传统居住权制度的主要功能是保障婚姻家庭弱势成员的居住利益。我国继受了此制度,以《民法典》第366条至第371条为基础构建的居住权制度同样具有此功能,这是居住权"天然"具有之功能。另一重要的原因是,我国司法实践中一直存在婚姻家庭弱势成员居住利益保障需求,居住权之设置恰好能作出回应。剖析居住权案件主要民事案由分布表(表1),可以得出此结论。《民法典》出台前,我国并未设置居住权制度,司法实践中因婚姻家庭、继承纠纷引发的居住利益保障诉讼案件却不在少数。2007年10月1日原《物权法》出台至2021年1月1日《民法典》施行期间,共存在57164篇居住利益保障民事判决

---

[1] 参见孙宪忠:《德国当代物权法》,法律出版社1997年版,第254页。

书,婚姻家庭、继承纠纷案由的判决书有14710篇,占据总数的近26%,婚姻家庭、继承领域中居住利益保障需求巨大。此背景下,立法者于《民法典》物权编用益物权分编专设居住权章节,意在通过居住权制度保障婚姻家庭弱势成员的居住利益。家庭关系中未成年子女或者不能独立生活的成年子女、缺乏劳动能力或者生活困难的父母、夫妻中需要扶养一方,以及继承领域生存配偶,[1]均属于婚姻家庭关系中的弱势方。《民法典》出台后,我国居住权制度确实发挥了保障婚姻家庭弱势成员居住利益的功能。如在"卢某某与刘某某、王某居住权合同纠纷案"中,[2]原告卢某某是被告刘某某的母亲,被告刘某某与王某享有涉案住宅的所有权,原告、被告之间签订了关于原告居住被告部分房屋的协议,后双方争议成诉。法院确认协议有效,判决原告享有在被告新建住宅上"住到过世为止"的居住权利,保障了家庭关系中弱势方的居住利益。无独有偶,在"李俊朋、张海平居住权纠纷案"中,[3]原告、被告协议离婚,但二者婚前仅有一套住宅由被告单独居住,子女却由原告租房负责照料。为保障弱势一方的居住利益,法院判决原告享有住宅的居住权利。"王春明,王冰清与王正明居住权纠纷案"中,[4]法院采取相似做法。类似案件不胜枚举,我国居住权制度保障婚姻家庭弱势成员居住利益之功能不言自明。

① See Gina Orga-Dumitriu，*Same-Sex Spouse of a Citizen of the EU，Child under Algerian Kafala and Right of Residence：Innovation vs. Hermeneutical Difficulties? Coman and SM*，1 Acta Universitatis Lucian Blaga 77，77-88(2021).
② 重庆市第一中级人民法院(2021)渝01民终3623号民事判决书。
③ 山东省聊城市中级人民法院(2022)鲁15民终1059号民事判决书。
④ 陕西省汉中市中级人民法院(2022)陕07民终1483号民事判决书。

　　审视《民法典》第 366 条至第 371 条，我国居住权设置的目的是"满足生活居住的需要"，居住权设立的方式不限于"遗嘱方式"，还包括"合同约定"。"当事人的姓名或者名称和住所"字眼表明，居住权合同当事人不限于家庭成员，而是包含法人、非法人组织。我国居住权制度不限于保障婚姻家庭弱势成员的居住利益，婚姻家庭成员之外自然人的居住利益，亦可得到我国居住权制度的保障。具体表现为，通过居住权登记获得一项居住权用益物权后，居住权人可以排他地占有、使用住宅，以满足生活居住的需要，居住利益能够得到稳定保障。居住权是一项绝对权，任何组织或个人不得侵犯，所有权人不得干涉居住权人行使权利。此外，住宅所有权人可以设立长期居住权，甚至是终身居住权，居住利益得到长期的保障。上述效果依靠租赁制度是无法实现的。故而，我国居住权制度还具有保障婚姻家庭成员之外自然人居住利益的功能。至于婚姻家庭成员之外的自然人如何认定，后文将进一步展开论证。

　　值得注意的是，党的十九大提出"加快建立多主体供给、多渠道保障、租购并举的住房制度，让全体人民住有所居"。在此政策要求下，有学者提出，"我国的居住权制度，其功能主要立足于对家庭成员和社会弱势群体的扶养功能"。[①]有学者持相同观点，"从《民法典》第 366 条至第 371 条这 6 个条文规定来看，我国的居住权既沿袭为达到赡养、抚养或扶养目的的传统法律制度基础，又拓展了其

---

① 王利明：《民法（第八版上册）》，中国人民大学出版社 2020 年版，第 434 页。

社会保障属性"。①婚姻家庭弱势成员显然属于我国居住权制度的保障对象,毕竟自罗马法时起,居住权制度便一直具有此功能。然而,我国居住权制度却不宜具有保障社会弱势群体居住利益的功能。原因在于,"社会弱势群体是指由于社会条件和个人能力等方面存在障碍而无法实现其基本权利,需要国家帮助和社会支持以实现其基本权利的群体",②社会弱势群体的居住利益保障,准确来讲是住房利益保障,属于社会保障的重要组成部分,应由国家政府通过住房保障制度实现,③具体形式包括廉租房、经济适用房、公共租赁住房、限价房等。④我国居住权制度是私权领域的一项用益物权制度,其虽可用于保障特定主体的居住利益,却完全基于私主体的自由意志,而非政府施加的义务。故而,即便我国现有住房保障制度中存在廉租房法律保障立法衔接不到位、政府法律责任或问责机制规定模糊、廉租房建设标准规定不足、⑤二、三线城市推行限价房不积极、限价房质量堪忧、价格不"实惠"、申请条件审核难等问题,⑥导致其难以稳定地实现"夹心层"人群的住房利益保障,⑦却

① 最高人民法院民法典贯彻实施工作领导小组主编:《中华人民共和国民法典物权编理解与适用(下册)》,人民法院出版社 2020 年版,第 861 页。
② 钱大军、王哲:《法学意义上的社会弱势群体概念》,《当代法学》2004 年第 3 期,第 46 页。
③ 《我国建成世界上最大住房保障体系——努力实现全体人民住有所居》,中华人民共和国中央人民政府网,http://www.gov.cn/xinwen/2021-09/01/content_5634569.htm,2023 年 6 月 12 日访问。
④ 参见金红梅:《中国保障性住房制度的反思与重构》,《延边大学学报(社会科学版)》2017 年第 6 期,第 95 页。
⑤ 参见金俭:《中国住房保障——制度与法律框架》,中国建筑工业出版社 2012 年版,第 137-140 页。
⑥ 参见罗应光等编:《住有所居:中国保障性住房建设的理论与实践》,中共中央党校出版社 2011 年版,第 184-187 页。
⑦ 参见金俭:《中国住房保障——制度与法律框架》,中国建筑工业出版社 2012 年版,第 154 页。

不应通过私权领域的居住权制度解决。事实上,中华人民共和国国务院办公厅于 2021 年 6 月 24 日发布的《国务院办公厅关于加快发展保障性租赁住房的意见》已然指出,"新市民、青年人等群体住房困难问题仍然比较突出,需加快完善以公租房、保障性租赁住房和共有产权住房为主体的住房保障体系"。①社会弱势群体的住房保障,应通过现有住房保障制度自身的完善来实现。

表 1　居住权案件主要民事案由分布表

案由	物权纠纷	合同、准合同纠纷	婚姻家庭、继承纠纷	侵权责任纠纷	人格权纠纷
判决书(篇)	20224	16812	14710	941	224

(二)促进我国住宅多元利用

我国原有的不动产用益物权体系以土地为对象,呈现出"土地所有权——土地他物权"的格局,具有单一性,而住宅的利用完全由债法调整。《民法典》规定居住权,可以完善原有不动产用益物权体系——纳入住宅使用权,解决"房地一体"原则存在的弊端,②"形成以土地物权为主、辅之以房屋物权的不动产用益物权新格局"。③此境遇下,我国居住权制度具备促进住宅多元利用的功能。具体方式包括但不限于合作建房、合资购房、以房养老、居住分时度假酒店、居住酒店式公寓、宅基地"三权分置"改革。④例

---

① 《国务院办公厅关于加快发展保障性租赁住房的意见》(国办发〔2021〕22 号)。
② 参见刘霭:《解释论视角下宅基地使用权的继承性研究》,《华东政法大学学报》2019 年第 1 期,第 133 页。
③ 鲁晓明:《"居住权"之定位与规则设计》,《中国法学》2019 年第 3 期,第 229 页。
④ 参见曾大鹏:《居住权的司法困境、功能嬗变与立法重构》,《法学》2019 年第 12 期,第 51 页。

如,当事人可以约定合作建房,一方享有住宅所有权,另一方对其住宅享有居住权,以供长期生活居住,双方各取所需。此情形主要发生在农村,毕竟合作建房的前提是合作建房者享有宅基地使用权,"张焕旺与薛建等排除妨害纠纷案"的判决予以证成。①相关主体可以约定共同出资购买住宅,一方享有住宅所有权,另一方对住宅享有长期居住权,以满足生活居住的需要,住宅得到多元利用。《民法典》出台前,父母出资为子女购买住宅,父母年老后子女却不愿履行赡养义务的情形时有发生,父母通过诉讼方式寻求居住利益保障,常遭遇多种阻碍。我国居住权制度下,父母出资为子女购房,同时为自己办理居住权登记,老有所养得到保障,住宅得以充分利用。

展望域外实践,德国为实现住宅的多元利用,已然开发出"分时居住权"。消费者可与酒店签订居住权合同,约定一定年限内对度假酒店内某套住宅享有居住权,双方办理居住权登记。权利人付出较低的经济成本,即可安稳地享受度假生活,无需耗费大量资金购买住宅,有效摆脱了租赁权的不稳定性,酒店亦得到多元利用。②《德国民法典》第481条规定分时居住合同,为权利人在酒店公寓设立分时居住权"扫除"了制度障碍,便是居住权制度促进住宅价值多元利用的最好例证。③回顾我国,北京、上海、深圳等一线城市已开发出酒店式公寓,其价格低于一般商品房住宅,受到中等收入"夹心层"人群的青睐,却因土地使用权期限过

---

① 江苏省盐城市中级人民法院(2018)苏09民终764号民事判决书。
② 参见金俭、罗亚文:《〈民法典〉居住权:立法意旨、功能演化及制度重构——基于人役性向用益性转变之视角》,《烟台大学学报(哲学社会科学版)》2023年第2期,第19页。
③ 参见《德国民法典》(第五版),陈卫佐译注,法律出版社2020年版,第186页。

短问题而未能得到大规模开发建设,酒店式公寓的多元化利用受到限制。我国居住权制度下,当事人之间签订有偿的长期居住权合同并办理登记,所有权人可利用公寓获得长期稳定的收入,酒店式公寓得到充分利用。居住权人可以较低的成本满足长期稳定的生活居住需要。针对养老问题,居住权制度亦可提供制度支持,老年人可将唯一住宅以较低的价格出售给他人,并约定受让人按期支付一定的价款,同时为老年人办理居住权登记。如此,老年人在不改变原有生活居住环境的情形下,可依靠住宅满足养老需求,使得住宅得到充分利用。

第二章 我国居住权制度适用的困境及原因分析

我国居住权制度具有保障特定主体居住利益、促进住宅多元利用的功能。然而,适用过程中却面临适用主体范围不明、适用客体范畴模糊、适用具体规则不清、适用领域过窄等困境,制度功能得不到充分发挥。有鉴于此,宜分析上述系列困境成因,以便下文针对性提出消解之法。

第一节 我国居住权制度适用的困境

我国《民法典》没有明确规定居住权的权利主体范围,居住权制度应适用何种主体,以实现居住利益保障功能,尚不可知。居住权客体是他人住宅,但我国现有的住宅、住房种类繁多,何种类型的住宅、住房可以保障特定主体的居住利益,并得到多元利用,仍属模糊。居住权制度适用中,具体的适用规则为何,亦是不明的。目前居住权制度主要用于保障婚姻家庭弱势成员的居住利益,完全依循意思自治原则。但当事人之间无法达成合意的,部分弱势成员的居住利益却无法得到保障,居住权制度的保障功能难以完全实现,居住权制度的适用领域显然过窄。同样,居住权制度可以克服租赁制度无法稳定保障居住利益的弊端,但仅适用于原有住宅租赁领域,显然难以实现居住权制度促进住宅多元利用之功能,适用领域亦是过窄的。

一、适用主体范围不明

居住权制度具有保障特定主体居住利益的功能,但制度适用的特定主体具体为何,却是未知的。从现有立法来看,《民法典》第 366 条采用"居住权人"表述,没有限定制度只适用于自然人,则法人、非法人组织成为制度适用的主体存在可能。学界对此争议较大,多数主张居住权制度仅适用于自然人,但有部分学者持不同看法,至今尚无定论。退一步来讲,即便居住权制度仅适用于自然人,范围应否有所限制,亦不明晰。由此引发制度适用主体不明的现实困境,阻碍居住权制度功能的实现。

(一)自然人抑或一切民事主体

居住权滥觞于罗马法,罗马法居住权制度适用的主体是自然人,保障"妻或被解放的奴隶"依靠居住权"生有所靠,老有所养"。①《法学阶梯》I.2.5.5 采用"对某人遗赠或以某种方式设立了居住权""在房屋中过活"的表述,②便是最好例证。大陆法系国家或地区继受居住权制度者,适用主体亦限于自然人,功能是保障婚姻家庭弱势成员的居住利益。如《西班牙民典》第 524 条

---

① 周枏:《罗马法原论(上册)》,商务印书馆 2014 年版,第 407 页。
② [古罗马]优士丁尼:《法学阶梯》,徐国栋译,中国政法大学出版社 2000 年版,第 147 页。

第 2 款确立居住权制度适用权利人及其亲属。传统居住权制度的适用主体之所以限于自然人,是因为法人、非法人组织虽具有法律赋予的民事主体资格,却只是自然人充分实现自我的法律工具,不能享有专属于自然人的居住权利。①我国的居住权制度以传统居住权制度为原型,继受了其保障婚姻家庭弱势成员居住利益的功能,居住权制度适用主体显然包括自然人。多数学者持相同看法,"从制度目的和功能视角出发,法人、非法人组织等不能作为居住权人";②"居住权的目的及功能是为满足生活需要而居住于他人所有的住宅……居住权人限于自然人";③《民法典》第366 条规定'居住权人有权按照合同约定,对他人的住宅享有占有、使用的用益物权,以满足生活居住的需要。'居住权人仅限自然人"。④

然而,我国居住权制度的功能不限于保障婚姻家庭弱势成员居住利益,还包括促进住宅多元利用。此种制度功能下,居住权制度的适用主体应否有所扩展,以涵盖法人、非法人组织,却值得思考。从现有立法看,《民法典》第 367 条第 2 款第 2 项采用"当事人的姓名或者名称和住所"表述,居住权制度适用法人、非法人组织存在空间,以实现制度促进住宅多元利用的功能。部分学者持此主张。有学者提出,"法人、非法人组织等取得居住权后,完

---

① 参见王利明:《民法(第八版上册)》,中国人民大学出版社 2020 年版,第 79-87 页。
② 焦富民:《我国〈民法典〉居住权设立规则的解释与适用》,《政治与法律》2022 年第 12 期,第 145 页。
③ 崔建远:《物权法(第五版)》,中国人民大学出版社 2021 年版,第 343 页。
④ 付子堂、付承为:《〈民法典〉居住权制度的社会功能研究》,《甘肃政法大学学报》2022 年第 1 期,第 1 页。

全可以交由特定的自然人实际行使,如企业将其享有居住权的住宅作为工作福利分配给员工居住"。①有学者提出,"自然人、法人或者其他组织可以成为合同型居住权的主体,当事人之间是否具有人身关系和特定的关系在所不论"。②有学者认为,"就主体而言,居住权人多为自然人。在投资性居住权中,主体可以是法人或非法人组织;特定情形下,房屋的'屋主'也可成为居住权人"。③不可否认的是,居住权制度适用于法人、非法人组织,可以在政府与企业合作开发住宅、④企业提高员工福利等情势中⑤促进住宅的多元利用,但学界争锋下,居住权制度能否适用于法人、非法人组织,仍是不明的。居住权制度适用主体不明境遇下,我国居住权制度充分实现保障特定主体居住利益、促进住宅多元利用的功能遭受阻碍。

（二）一切自然人抑或有所限定

除去居住权制度适用主体限于自然人,抑或涵盖法人、非法人组织之困境,居住权制度应适用一切自然人,抑或有所限制,亦是不明确的。我国居住权制度的适用依循意思自治原则,完全尊重住宅所有权人对住宅的自由处分,自然人之间订立居住权合同并办理登记,居住权即可设立。遗嘱人以遗嘱的方式自由处理个

① 申卫星:《〈民法典〉居住权制度的体系展开》,《吉林大学社会科学学报》2021年第3期,第53页。
② 马强:《民法典居住权规定所涉实务问题之研究》,《法律适用》2022年第5期,第118页。
③ 李迪昕:《用益权制度的本土化构建》,《学习与探索》2022年第5期,第87-93页。
④ 参见曾大鹏:《居住权的司法困境、功能嬗变与立法重构》,《法学》2019年第12期,第58页。
⑤ 参见申卫星、杨旭:《中国民法典应如何规定居住权?》,《比较法研究》2019年第6期,第78页。

人财产,为遗嘱继承人、受遗赠人设立居住权,不受限制。由此推之,住宅所有权人可通过合同的方式为一切自然人设立居住权,当事人之间无需存在基础法律关系。意即,居住权制度适用的主体为一切自然人。然而,完全依循意思自治原则,居住权制度却可能沦为住宅所有权人逃避法律义务的工具。例如,住宅所有权人 A 是债务人,其与债权人 B 之间存在借贷关系,A 为了逃避债务,与自然人 C 恶意串通,通过合同的方式,在其住宅上为 C 无偿设立虚假居住权并办理登记。[①]债务人 A 到期不能履行债务,债权人 B 诉请法院拍卖住宅的,面临设立了居住权的住宅无法强制执行的问题,债权人 B 的债权被削弱,严重者甚至无法实现。《民法典》出台前,实践中存在大量虚假租赁逃避执行的案件。[②] 虚假租赁之所以可以逃避执行,是因为"买卖不破租赁"打破了"物权优先于债权"原则,租赁权具有对抗住宅买受人所有权的效力。《民法典》出台后,立法上规定居住权是一项用益物权,登记产生的对抗效力比租赁权更强,则当事人之间设立虚假居住权逃避执行的,[③]债权人的利益易遭受损害。此境遇下,居住权制度显然不适用于此类自然人,否则违背我国居住权制度的设立目的。

依循《民法典》第 367 条,国有企业或单位可以是居住权合同

---

① 参见陈小君:《〈民法典〉物权编用益物权制度立法得失之我见》,《当代法学》2021 年第 2 期,第 10 页。
② 虚假租赁逃避执行案件众多,最典型的是最高人民法院 2017 年发布的全国法院十大执行案件之五:浙江缙云法院被执行人丰圣公司借款合同纠纷执行案。
③ 参见卢正敏:《执行程序中的虚假租赁及其法律应对》,《中国法学》2013 年第 4 期,第 169 页。

的当事人,则国有企业或单位是住宅的所有权人,其与员工签订居住权合同,并办理居住权登记,显然是合理的。国有企业或单位为员工设立居住权,以满足员工生活居住的需要,并将此作为员工福利,增强国有企业或单位在人才市场的竞争力,合理性亦不存争议。然而,国有企业或单位无偿为领导设立长期居住权,并约定居住权人可以出租住宅,却可能滋生腐败。此时,居住权制度并非发挥保障特定主体居住利益的功能,显然不适用于此类主体。[1]同样,国有企业或单位的领导干部与亲友签订无偿居住权合同,或签订费用较低的居住权合同,并在国有企业或单位所有的住宅上为亲友设立居住权,有违居住权制度之目的,此类主体亦非居住权制度的适用主体。[2]村干部与亲友签订无偿居住权合同,或签订费用较低的居住权合同,在村集体所有的住宅上为亲友设立居住权,并办理居住权登记。[3]此时,权利人显然不存在居住利益,居住权制度不应适用于此类主体。是以,我国居住权制度的适用依循意思自治原则,当事人之间无需存在基础法律关系,但并非一切自然人均可成为居住权制度适用的主体。然而,如何划定居住权制度适用的自然人的范围,却是未知的;由此加重了居住权制度适用主体范围不明的困境,阻碍了我国居住权制度功能的实现。

---

[1] 参见刘帮成:《"微腐败"的易发领域及诱因》,《人民论坛》2023 年第 8 期,第 76 页。

[2] 参见袁振龙、龙伟:《城市拆迁领域腐败问题对策研究》,《北京社会科学》2013 年第 6 期,第 72 页。

[3] 参见楚向红:《近几年来农村腐败呈现的新态势及其治理对策》,《中州学刊》2019 年第 2 期,第 13 页。

二、适用客体范围模糊

依循《民法典》第 366 条至第 371 条,居住权的客体是他人住宅。然而,我国社会上住宅、住房种类繁多,且住宅的法律状况大相径庭,居住权制度可以适用何种类型的住宅,以实现保障特定主体居住利益、促进住宅多元利用的功能,却是未知的。学界对此看法不一,司法实践中法院的做法亦存在差异,居住权客体范围模糊,严重阻碍了居住权制度功能的实现。

（一）典型住宅抑或非典型住宅

我国社会现有住宅包括但不限于商品房、商住两用房、经济适用房、共有产权房、两限房、用于公共租赁的住房、公房、拆迁安置房、房改房、酒店式公寓、公寓式酒店、人才公寓、村民自建房、民宿、酒店。有学者指出,对于典型的住宅,如商品房、经济适用房、限竞房、两限房、共有产权房以及村民自建房等住宅,我国居住权制度通常可以适用,但对于非典型住宅,如商住两用房、公寓、酒店、民宿等住宅,我国居住权制度却非必然适用。实践中,需结合法律、行政法规等,通过住宅是否满足具备独立的空间、是否为人造建筑物以及是否可供自然人固定、长期、连续、全面地居住三个要件具体判断。①典型的住宅通常可以满足自然人生活居住的需要,且能办理居住权登记,因此居住权制度适用于典型的住宅,可以实现制度保障特定主体居住利益、促进住宅多元利用的功能。

然而,对于非典型的住宅,如商住两用房、公寓、酒店、民宿

---

① 参见最高人民法院民法典贯彻实施工作领导小组:《中华人民共和国民法典物权编理解与适用(下册)》,人民法院出版社 2020 年版,第 870-871 页。

等,其同样具有居住的功能,可以满足特定主体生活居住的需要。如民事主体 A 对某景区的民宿享有所有权,自然人 B 在每年特定的几个月到该景区旅居。为了保障旅居生活的稳定,B 理应可以与 A 签订居住权合同,并办理居住权登记。公寓包含商务公寓、服务型公寓、酒店式公寓,与典型住宅在涉及建设标准、依附的土地用途、房屋结构、到期自动续期上存在差异,①却具有居住功能,可以满足自然人生活居住的需要。在北京、上海、广州、深圳等一线城市,商务公寓、服务型公寓、酒店式公寓较为常见,②其因具有优质的管理服务、个性化的住宅设计、合理的租赁价格等特征,受到民众的青睐。其虽属于非典型住宅,但居住权制度适用公寓,可以满足特定主体稳定的生活居住需要,同时促进公寓的多元利用,显然是合理的。至于住宅楼中作为人防用、不住人的地下室、托儿所、病房、疗养院等具有专门用途的房屋,因其不能满足特定主体的居住利益需要,无法进行多元利用,不宜成为居住权制度适用的客体。因而,对于现有住宅类型,不宜以典型住宅为标准,判断其能否成为居住权制度适用的客体,而应考量其能否通过登记满足特定主体的居住利益。多数学者持相同看法,商品房住宅、酒店式公寓、公寓式酒店、酒店客房、民宿均可成为居住权制度适用的客体。③"无论是城镇住宅还是农村住宅,无

---

① 《南昌市服务型公寓建设管理若干规定》《上海市城市规划管理技术规定》《深圳市城市规划标准与准则》。

② 参见肖俊:《居住权的定义与性质研究——从罗马法到〈民法典〉的考察》,《暨南学报(哲学社会科学版)》2020 年第 6 期,第 87 页。

③ 参见申卫星、杨旭:《中国民法典应如何规定居住权?》,《比较法研究》2019 年第 6 期,第 80 页。

论是建筑区分所有权中的住宅还是其他住宅,均可以作为居住权的客体"。[1]从司法实践来看,法院亦没有依循典型住宅标准判断居住权制度适用的客体,而是考虑住宅是否可以实现居住权制度保障特定主体居住利益的功能。在"北大法宝"司法案例数据库中全文筛选,满足同篇中包含"居住权"并且"民法典"并且"第三百六十六条"或者"第三百七十一条"关键词、审结日期为"2021年1月1日"至"2023年4月20日"条件,共得出民事案件394件,执行案件24件。其中,涉及居住权设立的住宅包括房改房、[2]一般的商品房、[3]单位公租房、[4]公转私房、[5]农村村民自建房、[6]拆迁安置房。[7]是以,依循典型住宅标准区分住宅是否可以成为居住权制度适用的客体,合理性显然不足。过分限制非典型住宅成为居住权制度适用的客体,不利于促进住宅的多元利用。

（二）住宅整体抑或住宅部分

依循物权特定原则,"物权的标的物必须是特定的、独立的物"。[8]居住权是一项用益物权,其客体应是特定的、独立的住宅,而对于住宅的一部分,居住权人无法在住宅所有权的范围内从法

---

① 房绍坤:《论民法典中的居住权》,《现代法学》2020年第4期,第88页。
② 北京市第二中级人民法院(2023)京02民终1475号民事判决书。
③ 北京市第三中级人民法院(2023)京03民终388号民事判决书。
④ 北京市第一中级人民法院(2023)京01民终553号民事判决书。此案中,彭某是首都师范大学退休职工,首都师范大学分配带有福利性质的房屋给其租住,二者虽是租赁关系,但一审法院认定彭某为居住权人。
⑤ 辽宁省本溪市中级人民法院(2023)辽05民终8号民事判决书。本案中,涉案房屋是以员工周立志之名购买的公产房。
⑥ 山东省青岛市中级人民法院(2022)鲁02民终9266号民事判决书。
⑦ 江苏省太仓市人民法院(2020)苏0585民初4856号民事判决书。
⑧ ［日］田山辉明:《物权法》(增订本),陆庆胜译,法律出版社2001年版,第9页。

律上进行支配,亦无法进行公示。①故而,居住权制度适用的客体理应为住宅整体,否则有违物权特定原则。我国《民法典》第 243 条、第 271 条、第 273 条、第 279 条、第 347 条、第 359 条、第 362 条、第 366 条、第 367 条、第 369 条等条款采用"农村村民住宅""个人住宅""建筑物内的住宅""他人的住宅""商品住宅"等表述,予以佐证。居住权制度适用的客体限于住宅整体,当事人通过合同方式设立居住权,登记产生权利有效设立的法律效果,其居住利益得到稳定的保障。登记对外公示住宅的法律状况,第三人知晓住宅的真实权利状态,决定是否购买住宅,交易安全得到保护。可见,居住权制度适用的客体为住宅整体时,有助于实现制度保障特定主体居住利益、促进住宅多元利用的功能。

然而,多数学者却认为,特定主体无需居住住宅整体,住宅的部分即可满足其生活居住的需要。换言之,住宅的一部分可以成为居住权制度适用的客体。如有学者提出,住宅所有权人可以在其所有的同一套住宅上为多人设立居住权,居住权设立后,住宅所有权人可以与居住权人共同居住。②有学者进一步提出,"居住权可以在整个房屋上设立,也可以就一套房屋中的某一个房间设立"。③类似主张不一而足。从保障特定主体居住利益角度来看,自然人无需占据整个住宅,住宅的一部分完全可以满足其生活居住的需要,确立居住权制度适用的客体包括住宅的一部分,可以

---

① 参见[德]曼弗雷德·沃尔夫:《物权法》,吴越、李大雪译,法律出版社 2002 年版,第 17 页。
② 参见房绍坤:《论民法典中的居住权》,《现代法学》2020 年第 4 期,第 90 页。
③ 崔建远:《物权法》(第五版),中国人民大学出版社 2021 年版,第 342 页。

实现制度的居住利益保障功能。司法实践中,部分法院持相同看法,并判决当事人对住宅的一部分享有居住权。如在"贾云芳、王旭东所有权确认纠纷案"中,①法院确认贾云芳对莱西市××街道××村××号房屋东二间享有居住权。在"郑起与郑雷等居住权合同纠纷"中,②法院确认郑起对郑雷所有的住宅的次卧享有永久居住权。在"卢某某与刘某某、王某居住权合同纠纷案"中,③法院认为居住权的客体既包括住宅整体,也包括住宅的一部分,如住宅的一个或几个房间。此外,居住权制度适用的客体包括住宅的一部分,住宅所有权人可以在同一套住宅的几个房间为不同的主体设立居住权,住宅得到充分利用,亦有助于促进住宅多元利用。④此境遇下,我国居住权制度适用的客体限于住宅整体,抑或涵盖住宅的一部分,亟须明晰。

三、适用规则不清

我国居住权制度适用的规则包含设权规则、权利消灭规则以及权利冲突规则。权利消灭规则争议不大,本书不作讨论。依循《民法典》第 366 条、第 371 条,居住权的设立方式只包含合同、遗嘱方式,裁判方式设权规则是不明的。加之第 366 条至第 371 条采用简单表述,引发学界对合同方式设权规则、遗嘱方式设权规则争锋不断,设权规则如何准确适用,留有争议。制度适用中,居住权与所有权、第三人债权、抵押权存在冲突,权利冲突的消解规

① 山东省青岛市中级人民法院(2022)鲁 02 民终 9266 号民事判决书。
② 北京市丰台区人民法院(2021)京 0106 民初 32158 号民事判决书。
③ 重庆市第一中级人民法院(2021)渝 01 民终 3623 号民事判决书。
④ 参见王荣珍:《解释论视角下的居住权客体》,《比较法研究》2021 年第 6 期,第 56 页。

则亦不明晰。在我国居住权制度适用规则不清的境遇下,居住权制度功能的实现遭遇阻碍。

（一）设权适用规则不清

《民法典》第366条、第371条表明,我国居住权制度适用的设权规则包含合同方式设权规则、遗嘱方式设权规则。合同方式设权规则的核心是当事人需办理登记,但限于住宅所有权人为他人设权,其能否为自己设权仍留有争议。第367条只列明了居住权合同的一般要求,没有规定居住权伴随债之关系,合同方式设权规则显然是存在缺陷的。对于遗嘱方式设权适用规则,《民法典》第371条只规定"参照适用"居住权章节的有关规定,但如何参照适用,学界对此争议较大,导致制度适用面临较大障碍。居住权制度适用中,除合同方式、遗嘱方式设权外,法院作出法律文书设权屡见不鲜,《民法典》居住权章节却没有规定裁判方式设权,裁判方式设权适用规则具体为何,仍是未知的,学界对此看法不一,至今尚无定论。在设权规则学界争锋的局面下,我国居住权制度功能无法全面实现。

1. 合同方式设权规则不清

根据《民法典》第366条、第367条,我国居住权制度适用的设权规则以合同方式设权规则为主。合同方式设权规则中,当事人应订立居住权合同,合同应采用书面形式,合同一般应包含当事人的姓名或名称和住所、设立居住权的住宅的位置、居住的条件和要求、居住权存续的期限以及相关争议的解决办法。居住权是一项用益物权,合同方式设权原则上只能发生在住宅所有权人为他人设权情境中,现有合同方式设权规则亦聚焦为他人设权。①然而,随着我国居住权制度的进一步适用,住宅所有权人为自己设权在以房养老、合资购房、合作建房等领域存在可能。例如,老年人与养老机构签订有偿的居住权合同,约定在自己的住宅上设立居住权,并将自己所有的唯一住宅转让给养老机构,养老机构按期支付金额。此情形中,老年人保留住宅的使用价值,居住利益得到保障,养老机构同时取得空虚所有权,住宅得到流转利用。②现实的问题是,立法上没有明确规定合同方式为自己设权的规则,居住权制度如何准确适用以房养老、合资购房、合作建房等情形,却是未知的。除此之外,现有合同方式设权规则中,居住权伴随债之关系是不明的。有学者认为,"居住权人是否需要承担居住房屋产生的日常维护费用由当事人约定"。③此种主张存在一定的合理性,但只是一种理想的情形,当事人没有约定对方义务的情形下,住宅所有权人或干涉居住权的行使,居住权制度难以实现保障特定主体居住利益功能。实践中相关案件的判决予以证成。如在"王新与罗志勇等居住权合同纠纷案"中,④王新、罗志勇原系夫妻关系,二人于 2020 年 1 月 20 日经法院调解离婚。双方约定离婚后王新享有涉案住宅的所有权,罗志勇有权在 2020 年 3 月 1 日至 2025 年 3 月 1 日期间无偿居住涉

---

① 参见谭启平、付一耀:《〈民法典〉居住权制度体系及其实现路径》,《江西社会科学》2020 年第 12 期,第 148—159 页。

② 参见何丽新、朱欣蕾:《〈民法典〉视域下居住权的养老功能与实现路径》,《厦门大学学报(哲学社会科学版)》2022 年第 2 期,第 129 页。

③ 黄薇主编:《中华人民共和国民法典物权编解读》,中国法制出版社 2020 年版,第 548 页。

④ 北京市第二中级人民法院(2022)京 02 民终 14590 号民事判决书。

案住宅,却没有明确住宅所有权人王新负有办理居住权登记保障罗志勇生活居住需要的义务。此后,罗志勇在他处租赁住宅方便其子女就近上学,并出租涉案住宅获取租金,以满足其与子女生活居住的需要。涉案住宅所有权人王新以违反约定为由,要求取消罗志勇对涉案住宅居住的权利,严重影响罗志勇的居住。无独有偶,在"卢某某与刘某某、王某居住权合同纠纷案"中,①原告卢某某是被告刘某某的母亲,被告刘某某、王某享有涉案住宅的所有权。双方约定,原告居住被告住宅的一间房、一个厕所,直至去世为止,且支付给被告 1 万元,却未言明住宅所有权人负有登记义务。被告一直拒绝进行居住权登记,导致原告因未办理居住权登记而无法享有居住权,生活居住的需求无法得到保障,只能诉请法院判决被告办理居住权登记。此外,在"王某与王某一等赠与合同纠纷案"中,②王某一、王某二享有涉案住宅的所有权,王某与王某一、王某二签订赠与合同,二者将涉案住宅赠与王某,王某应履行保障二者在涉案住宅中享有永久居住权的义务,却没有进一步明确居住权登记事项。此后王某二去世,王某诉请王某一办理住宅所有权转移登记。法院判决涉案住宅的所有权归王某,并要求王某履行协助办理居住权登记义务。居住权制度适用中,因合同方式设权规则缺乏明确的居住权伴随债之关系,引发当事人居住利益无法得到保障的案件不胜枚举。

---

① 重庆市第一中级人民法院(2021)渝 01 民终 3623 号民事判决书。
② 天津市高级人民法院发布 7 起贯彻实施民法典家事审判典型案例之四:王某与王某一等赠与合同纠纷案。

2. 遗嘱继承方式设权规则不清

我国《民法典》第 1123 条法定继承、遗嘱继承、遗赠和遗赠扶养协议的效力条款表明,我国采用"区分遗产承受人"模式,以遗嘱方式下遗产继受人是否为法定继承人来区分遗嘱继承与遗赠。遗嘱中指定法定继承人为遗产继受人的,是遗嘱继承,而指定法定继承人以外的自然人继受遗产的,是遗赠。结合我国《民法典》第 371 条的"遗嘱方式设立居住权"表述,遗嘱方式设权包含遗嘱继承、遗赠方式。前者是被继承人为遗嘱继承人设权,后者则是遗赠人为法定继承人以外的自然人设权。就遗嘱继承方式设权而言,依循《民法典》第 371 条,参照适用居住权章节的有关规定。审视《民法典》居住权章节第 366 条至第 371 条,第 368 条处于参照适用条款范围,表明遗嘱继承方式设立居住权参照适用第 368 条存在空间。据此,有学者认为,"包含有居住权设立内容的遗嘱首先应当采用书面的形式,之后居住权还必须进行登记,这样居住权才能有效设立",①遗嘱继承方式设权规则的核心是,居住权自登记时设立。"遗嘱生效后,还须进行居住权登记,否则不能取得居住权"。②《民法典》作为新中国第一部以法典命名的法律,"是当代中国改革成果的法律确认,也是我国法治现代化建设的标志性成果",③每一项条款的设置均非肆意的,而是存在独特的法律价值。在《民法典》第 371 条明确规定参照适用居住权章节有关规定境遇下,居住权制度适用遗嘱继承方式设权规则,似乎

---

① 中国审判理论研究会民事审判理论专业委员会编:《民法典物权编条文理解与司法适用》,法律出版社 2020 年版,第 386 页。
② 杨立新、李怡雯:《中国民法典新规则要点》,法律出版社 2020 年版,第 236 页。
③ 陈金钊:《民法典意义的法理诠释》,《中国法学》2021 年第 1 期,第 65 页。

应以第 368 条为核心,即居住权自登记时设立。

　　然而,《民法典》第 230 条表明,因继承取得物权的,自继承开始时发生效力。对应遗嘱继承方式设立居住权,居住权是用益物权,遗嘱继承人因继承取得居住权的,应自继承开始时发生效力,而非居住权登记时。换言之,遗嘱继承方式设立居住权,似乎应直接适用《民法典》第 230 条,而非参照适用第 368 条,则遗嘱继承方式设权适用规则的核心是,居住权自继承开始时设立。部分学者持相似主张。有学者提出,"通过遗嘱设立居住权的,在遗嘱生效之时居住权即生效"。[①]结合《民法典》第 230 条、第 1121 条,被继承人死亡时继承开始,"遗嘱生效",居住权设立,则遗嘱继承方式设权适用规则应以第 230 条为中心,登记宣示。有学者即明确提出,"通过遗嘱方式设立居住权的,可以参照《民法典》第 230条规定,自遗嘱生效即继承开始时,居住权设立,而不以办理登记为设立条件。否则,实行登记生效主义,则继承人拒绝办理登记的,遗嘱设立的居住权将落空,其也违背了遗嘱的意愿",[②]则遗嘱继承方式设权规则为,继承开始时居住权设立,登记产生对外宣示居住权设立的效果。有学者持相同观点,"我国《民法典》第230 条规定:'因继承取得物权的,自继承开始时发生效力。'因而,被继承人死亡后,继承人即取得居住权。此时登记并非居住权的设立要件。因而,以遗嘱设立居住权的,不适用《民法典》第368 条'居住权自登记时设立'的规定。需要说明的是,为避免产生权属争议,继承人有必要及时办理登记。此时登记不是物权设

---

① 曾大鹏:《居住权的司法困境、功能嬗变与立法重构》,《法学》2019 年第 12 期,第 62 页。
② 房绍坤:《论民法典中的居住权》,《现代法学》2020 年第 4 期,第 85 页。

立的要件,但可以起到强化物权公示效力的功能"①。

　　遗嘱继承方式设权规则激烈争锋下,有学者提出,"以遗嘱继承方式设立居住权的,遵循《民法典》第 230 条的规定,居住权登记理应产生登记处分的登记效力,但为了更好地保护居住权人的合法权益,消除学界争议,设置居住权登记产生登记对抗的登记效力更适合",②主张遗嘱继承方式设权规则以第 230 条为中心,继承开始时居住权设立,但登记仅产生对抗第三人的效果。然而,"登记对抗主义本于私法自治的理念,尊重当事人的意思自由",③在我国仅适用于《民法典》明确规定的几种情形,第 366 条至第 371 条显然不存在相关规定,则遗嘱继承方式设权规则以登记对抗为原则,面临合法性、正当性、合理性不足问题。是以,《民法典》第 371 条只采用"参照适用"居住权章节有关规定表述,没有明确遗嘱继承方式设权规则,学界对此看法不一,至今尚无定论,阻碍了我国居住权制度功能的实现。

　　3. 遗赠方式设权规则不清

　　依循《民法典》第 371 条,遗赠方式设权同样参照适用居住权章节的有关规定。遗赠是遗赠人实施的单方法律行为,遗赠方式设权属于基于法律行为引发物权变动,应适用物权变动的一般规则,则遗赠方式设权规则应以第 368 条为中心,居住权自登记时设立。结合《民法典》第 1121 条第 1 款、第 1124 条第 2 款,遗赠

---

① 最高人民法院民法典贯彻实施工作领导小组主编:《中华人民共和国民法典物权编理解与适用(下册)》,人民法院出版社 2020 年版,第 897 页。
② 屈然:《论我国居住权的设立方式与登记效力》,《法学杂志》2020 年第 12 期,第 97 页。
③ 王利明:《民法(第八版上册)》,中国人民大学出版社 2020 年版,第 432 页。

方式设权规则包括，遗赠人死亡时继承开始，遗嘱生效，受遗赠人在知道受遗赠后 60 日内，作出接受遗赠的表示的，属于接受遗赠，此后还需办理居住权登记，否则受遗赠人无法取得居住权。有学者持相似主张，"居住权人应尽力通过居住权合同约定或通过遗嘱方式明定较为丰富的权利内容，并且通过居住权登记而获得强制的效力"。①"强制的效力"意指对世效力，遗赠方式设立居住权没有办理居住权登记的，居住权对抗第三人，无法有力保障受遗赠人的居住利益。言外之意，遗赠方式设权规则应以第 368 条为中心，居住权登记设立。有学者则明确提出，"包含有居住权设立内容的遗嘱首先应当采用书面的形式，之后居住权还必须进行登记，这样居住权才能有效设立"。②

然而，部分学者却认为，遗赠方式设立居住权的，应以第 230 条为中心，则遗赠设权规则表现为，居住权自遗嘱生效时设立，登记仅产生宣示效果。如有学者提出，实践中遗嘱继承人、法定继承人在继承开始后否认受遗赠人享有居住权屡见不鲜，其协助受遗赠人办理居住权登记无异于天方夜谭。抱守居住权自登记时设立，住宅的继受人（法定继承人或遗嘱继承人或其他受遗赠人）拒绝办理登记的，受遗赠人的居住利益无法保障，遗赠人通过遗赠设立居住权的意愿无法实现。③有学者认为，"通过遗嘱设立居住权的，在遗嘱生效之时居住权即生效"。④此类主张存在一定的

---

① 崔建远：《物权编对四种他物权制度的完善和发展》，《中国法学》2020 年第 4 期，第 37 页。
② 中国审判理论研究会民事审判理论专业委员会：《民法典物权编条文理解与司法适用》，法律出版社 2020 年版，第 386 页。
③ 参见房绍坤：《论民法典中的居住权》，《现代法学》2020 年第 4 期，第 85 页。
④ 曾大鹏：《居住权的司法困境、功能嬗变与立法重构》，《法学》2019 年第 12 期，第 62 页。

合理性,遗赠方式设权规则以第 230 条为中心,可以及时保障受遗赠人的居住利益,实现遗赠人的意志,值得肯定。现实的问题是,《民法典》第 371 条表明,遗赠方式设立居住权应参照适用居住权章节的有关规定,而第 230 条处于物权编通则分编,显然不是遗赠方式设权可以参照适用的条款。进一步来讲,《民法典》第 1124 条第 2 款表明,遗嘱生效后,受遗赠人不能直接取得受遗赠的财产,包括无法取得居住权。其在知道受遗赠后 60 日内表示拒绝的,或知道受遗赠后超过 60 天没有表示的,被视为放弃受遗赠的财产。依照上述主张,遗嘱生效时居住权设立,受遗赠人无需在知道受遗赠后 60 日内作出接受表示,则《民法典》第 1124 条第 2 款之规定显得多此一举。事实上,结合《民法典》第 1124 条第 1 款可知,上述主张遗赠方式设权规则以《民法典》第 230 条为中心,理论逻辑为——遗赠可直接引起物权变动。《民法典》第 230 条却并未采用类似"因继承、遗赠取得物权的,自继承开始时发生效力"表述,遗赠方式设权规则直接以此条款为中心,仍需进一步解释。综上,遗赠方式设权规则适用第 368 条,抑或以第 230 条为中心,直接关系居住权人何时取得居住权,学界争议较大。上述争锋下,居住权制度具体应适用何种规则,亦不得而知。遗赠方式设权规则不明,严重阻碍了居住权制度实现保障特定主体居住利益的功能。

4. 裁判方式设权适用规则不清

《民法典》第 366 条、第 371 条规定合同方式、遗嘱方式设立居住权,没有明确规定裁判方式设立居住权,裁判方式设权规则无从知晓。有学者认为,"我国《民法典》规定了两种居住权的设立方式,即第 367 条规定的采用订立合同的方式设立居住权,以及第 371 条规定的以订立遗嘱的方式设立居住权。目前我国法上的居住权只能通过这两种民事法律行为设立"。①此种说法存在一定的合理性,毕竟依循文义解释,我国《民法典》第 366 条采用"居住权人有权按照合同约定"表述,"合同"是当事人合意订立的,语义范围显然难以涵盖法律文书。合同方式设权是当事人自由合意的体现,法律文书设权则完全出于公权力。同样,我国《民法典》第 371 条规定的"遗嘱方式"设权,语义范围显然难以涵盖法律文书设权。然而,多数学者却主张,依循《民法典》第 229 条,裁判方式可以设立居住权,裁判设权规则以第 229 条为中心。有学者指出,"社会性居住权还可以通过裁判设立",②判决设立居住权,属于裁判设立居住权的一种情形。有学者认为,"法院裁判设立的居住权,是指审判机关通过判决设立的居住权……在第 1090 条明确规定'离婚时,如果一方生活困难,有负担能力的另一方应当给予适当帮助。具体办法由双方协议;协议不成的,由人民法院判决'。其中,离婚双方对帮助形式协商不成,由人民法院通过判决确定,被认为对人民法院可以在婚姻家庭领域通过生效文书设立居住权即配偶居住权予以肯认"。其进一步指出,"我国《民法典》第 229 条规定,因人民法院、仲裁机构的法律文书或者人民政府的征收决定等,导致物权设立、变更、转让或者消灭的,自法律文书或者征收决定等生效时发生效力。据此,通常认为我国

---

① 王利明:《民法(第八版上册)》,中国人民大学出版社 2020 年版,第 438 页。
② 汪洋:《民法典意定居住权与居住权合同解释论》,《比较法研究》2020 第 6 期,第 106 页。

民法典规定了法院裁决设立的居住权"①。《民法典》第 229 条明确法院、仲裁机构的法律文书可以设立物权,居住权属于用益物权,则以裁判方式设立居住权显然可以适用此款规定,裁判方式设权规则以第 229 条为中心是可行的。类似主张不一而足。上述学理争锋下,裁判方式能否设立居住权,有待司法实践给出答案。

纵观已有的居住权纠纷案件判决,法院对裁判方式能否设立居住权却看法不一。部分法院在判决书中明确表述,裁判方式不能设立居住权,主要原因是《民法典》第 368 条采用"居住权自登记时设立"表述,表明法院不得在法律文书中直接设立居住权,居住权必须通过登记设立。如在"彭某某、罗某、肖某居住权纠纷案"中,②法院依循《民法典》第 366 条、第 367 条、第 368 条,仅确认居住权约定有效,并判决罗某协助彭某某办理居住权登记。言外之意,不得通过裁判方式直接设立居住权。"卢某某与刘某某、王某居住权合同纠纷案"中,③法院亦主张,基于《民法典》第 368 条居住权经登记设立之规定,裁判方式不能直接设立居住权,判决确认当事人协议约定的居住权条款有效,王某、刘某某应协助卢某某办理居住权登记。类似判决屡见不鲜。有法院却持相反主张,直接在判决中认定当事人享有居住权。如在"袁某与杨某等居住权纠纷案"中,④法院认定协议中有关袁某居住住宅 A 的条款有效,依循《民法典》第 366 条判决袁某享有涉案住宅的居住

---

① 马强:《〈民法典〉居住权类型之比较研究》,《中国应用法学》2022 年第 4 期,第 148 页。
② 成都市金牛区人民法院(2021)川 0106 民初 4340 号民事判决书。
③ 重庆市第一中级人民法院(2021)渝 01 民终 3623 号民事判决书。
④ 江苏省高级人民法院发布二十个家事纠纷典型案例(2021—2022 年度)之十一:袁某与杨某等居住权纠纷案——协议约定居住权益 老有所居应予保护。

权,并要求被告将住宅 A 及车库交由袁某居住。"王根与王桂花赠与合同纠纷案"中,①法院依循《民法典》第 366 条、第 368 条,判决被告王桂花对涉案住宅享有居住权。相关以裁判方式设立居住权的判决司空见惯。是以,裁判方式能否设立居住权,学界是存在争议的。持肯定意见者,却没有言明裁判设权的具体规则,阻碍了我国居住权制度保障特定主体居住利益、促进住宅多元利用功能的实现。

（二）权利冲突消解规则不清

居住权制度适用中,居住权不可避免地与其他权利产生冲突。然而,《民法典》第 366 条至第 371 条解释下,权利冲突消解规则却是不清的。以居住权与所有权、抵押权的冲突为例,本书在"北大法宝"司法案例数据库中全文筛选,满足同篇中包含"居住权"并且"民法典"并且"所有权"关键词,结案日期限于"2021年 1 月 1 日"至"2023 年 6 月 9 日"条件,得出法律文书 6117 篇,包含婚姻家庭、继承纠纷、物权纠纷、合同、准合同纠纷、侵权责任纠纷等案由。去除"所有权"关键词,增加"抵押权"关键词,审结日期限于"2021 年 1 月 1 日"至"2023 年 6 月 9 日"条件,得出法律文书 984 篇。其中,民事案由法律文书 885 篇,执行案由法律文书 133 篇。足见,在《民法典》出台后两年半的时间内,居住权制度适用中居住权与所有权、抵押权的冲突不在少数,居住权与其他权利的冲突不言自明。居住权制度适用的权利冲突解决规则不清,我国居住权制度功能的实现显然遭遇阻碍。

---

① 天津市河东区人民法院(2021)津 0102 民初 4055 号民事判决书。

居住权与所有权的冲突,发生在居住权人与原住宅所有权人、住宅所有权受让人之间。依循《民法典》第 326 条,居住权人与原住宅所有权人之间产生权利冲突,原住宅所有权人不得干涉居住权人行使权利。权利冲突的解决规则以此条款为中心,似乎可以消解一切居住权与所有权的冲突。然而,第 326 条只是原则性规定,实践中居住权人行权与所有权冲突情形众多,①凭此条款显然难以解决所有冲突。"王新与罗志勇等居住权合同纠纷案"②"卢某某与刘某某、王某居住权合同纠纷案"③"王某与王某一等赠与合同纠纷案"④"戴某某返还原物纠纷案"⑤"陈栋妹等与陈栋萍居住权纠纷案"⑥等案件的判决便是最好例证。同样,居住权人与住宅所有权受让人之间易产生权利冲突。按照用益物权的效力优先于所有权的原则,⑦居住权存续期间,受让人不得干涉居住权人行使权利,但这只是理想情形。实践中当事人之间只签订了居住权合同,没有办理居住权登记不在少数,此时住宅所有权人转让住宅给受让人,受让人基于物权对债权的优先效力,⑧可以行使物权请求权,要求债权人(居住权合同一方当事人)腾出住宅。债权人只能基于债权的相对性,要求原住宅所有

---

① 参见李兴:《居住权与其他物权的冲突与协调》,载茆荣华主编:《〈民法典〉适用与司法实务》,法律出版社 2020 年版,第 200 页。

② 北京市第二中级人民法院(2022)京 02 民终 14590 号民事判决书。

③ 重庆市第一中级人民法院(2021)渝 01 民终 3623 号民事判决书。

④ 天津市高级人民法院发布 7 起贯彻实施民法典家事审判典型案例之四:王某与王某一等赠与合同纠纷案。

⑤ 江西省乐安县人民法院(2022)赣 1025 民初 1399 号民事判决书。

⑥ 上海市第一中级人民法院(2021)沪 01 民终 14649 号民事判决书。

⑦ 参见张俊浩主编:《民法学原理》,中国政法大学出版社 2002 年版,第 398 - 403 页。

⑧ 参见王泽鉴:《民法物权 1 通则·所有权》,中国政法大学出版社 2001 年版,第 63 页。

权人承担债务不履行的责任,却无法对抗住宅受让人的所有权,居住利益因此无法得到保障。然而,债权人因经济困难无能力再租房,且合同约定居住权无偿设立的,其搬离住宅后将处于生存居住利益无法得到保障的境地,此时应否坚持物权对债权的优先效力,却存在讨论空间,毕竟我国立法上存在"买卖不破租赁"的实例。①可见,居住权与所有权的冲突解决规则存在缺漏。

我国居住权制度在传统居住权制度保障婚姻家庭弱势成员居住利益功能上有所拓展,制度适用不限于婚姻家庭关系。居住权的设立完全依循意思自治原则,不要求当事人之间存在基础法律关系。由此产生的负面效应是,居住权制度或沦为住宅所有权人逃避执行的工具。②住宅所有权人为他人设立居住权并办理登记,而后与第三人债权人建立借贷关系,其到期后不能履行债务,债权人面临因住宅无法强制执行而导致债权削弱或无法实现的困境。③由此,居住权与第三人债权的冲突产生。债权人依循《最高人民法院关于人民法院民事执行中拍卖、变卖财产的规定(2020 修正)》第 28 条第 2 款,申请拍卖住宅,住宅上原有的居住权不因拍卖而消灭,显然有违公平原则。④人民法院可以除去居住权后拍卖,优先保护第三人债权存在合理性。但居住权人为无

① 参见朱虎、张梓萱:《买卖不破租赁:价值的确立、贯彻与回调》,《苏州大学学报(法学版)》2022 年第 3 期,第 18 页。
② 参见陈小君:《〈民法典〉物权编用益物权制度立法得失之我见》,《当代法学》2021 年第 2 期,第 10 页。
③ 参见翟云岭、郭佳玮:《租赁权占有对抗效力的二元考察》,《北方法学》2022 年第 3 期,第 26 页。
④ 参见石佳友、王熠:《产权保护法治框架中的公平原则》,《苏州大学学报(法学版)》2022 年第 3 期,第 1-17 页。

房可住的老年人、残疾人、未成年人时,除去居住权拍卖住宅显然无法保障居住权人的居住利益,有碍居住权制度实现保障特定主体居住利益的功能。是以,居住权制度适用中,居住权与第三人债权冲突规则尚不明确,居住权制度功能的实现遭受阻碍。此外,居住权是用益物权,居住权人占有、使用住宅,关注住宅的使用价值,而抵押权是担保物权,抵押权人无需占有、使用住宅即可取得住宅的交换价值。[①]故而,同一住宅上居住权与抵押权可以同时存在,理论上不存在权利冲突。然而,居住权人实际占有、使用住宅,必将导致住宅的交换价值减损。在抵押权实现时,居住权应予除去,抑或不受影响,却存在争议。居住权制度适用中,居住权与抵押权的冲突规则亦是不清的,有碍居住权制度功能的实现。

四、适用领域过窄

我国居住权制度是一项私权制度,具有保障特定主体居住利益、促进住宅多元利用的功能,适用居住利益保障领域以及促进住宅多元利用领域,排除适用政府住房保障领域。然而,囿于我国居住权制度受到传统居住权制度的牵掣,制度主要适用于传统婚姻家庭领域,其他领域的适用虽有所扩展,但仍是不足的,[②]无

[①] 参见王利明、尹飞、程啸:《中国物权法教程》,人民法院出版社 2007 年版,第 290 页。

[②] 本书在"北大法宝"司法案例数据库中全文筛选,同篇中包含"居住权"并且"民法典"关键词,审结日期限于"2021 年 1 月 1 日"至"2023 年 6 月 9 日",得出法律文书 9576 篇。其中,民事案由法律文书 9169 篇,婚姻家庭、继承纠纷案由案件法律文书 1794 篇,占据总数近19%。物权纠纷案由法律文书 3283 篇,占据总数近 34%,但物权保护纠纷案由和所有权纠纷案由法律文书共 2702 篇,占据物权纠纷案由法律文书总数近 82%。合同、准合同纠纷案由法律文书 3181 篇,占据总数近 33%,但确认合同效力纠纷和房屋买卖合同纠纷案由法律文书共 1225 篇,占据合同、准合同纠纷案由法律文书总数的近 39%。分析上述数据可以得出,居住权相关纠纷案件虽以物权纠纷案由、合同纠纷案由为主,但主要是物权的保护以及合同关系的确认,现有居住权制度的适用仍以婚姻家庭领域为主。

法全面发挥居住权制度保障特定主体居住利益、促进住宅多元利
用的功能。

（一）居住利益保障领域扩展有限

相较于传统居住权制度,我国居住权制度的居住利益保障功
能有所扩展,保障主体不限于婚姻家庭弱势成员,还包括婚姻家
庭以外通过居住权满足稳定生活居住需要的人员。与之相应,我
国居住权制度之居住利益保障功能实现的领域亦有所扩展,涵盖
婚姻家庭领域、继承领域和社会领域。婚姻家庭领域中,当事人
可以通过合同约定居住的条件、居住要求、居住权的期限等事项,
相较于传统居住权制度,具有较强的灵活性。然而,我国《民法
典》只在物权编第 366 条、第 371 条规定合同、遗嘱两种设立方
式,没有在婚姻家庭编进一步规定弱势家庭成员的法定居住权,
婚姻家庭领域中弱势成员居住利益的保障过分依赖当事人的意
思自治。由此产生的弊端是,部分弱势家庭成员无法与其他家庭
成员达成居住权设立之物权合意时,其居住利益难以得到保障。
意即,相较于传统居住权制度,我国居住权制度在居住利益保障
功能上有所扩展,但此种扩展是有限的,在婚姻家庭领域无法全
面保障弱势家庭成员的居住利益。《民法典》出台后,婚姻家庭领
域居住权纠纷案件不断涌现,无法达成居住权设立物权合意的弱
势家庭成员只得通过诉讼的方式保障居住利益,便是最好例证。
上述情形在夫妻关系、父母子女关系、兄弟姐妹关系、(外)祖孙关
系中广泛出现,如"叶某某诉黄某某离婚纠纷案"①"徐某与丛某

---

① 浙江省温州市中级人民法院发布 8 起妇女权益保护典型案例之七:叶某某诉黄某某离婚
纠纷案——为生活困难妇女离婚后设立居住权。

居住权纠纷案"①"缪孝成与郑泗霞、郑文霞离婚后财产纠纷案"②
"蒋思银与施仁华等居住权纠纷案"③等案件发生在夫妻关系；
"孙彤、孙志保居住权纠纷"④"杨某与沈某等居住权纠纷"⑤"郑起
与郑雷等居住权合同纠纷案"⑥等案件发生在父母子女关系；"陈
栋妹等与陈栋萍居住权纠纷案"⑦"高金英等与邓秀梅等物权纠
纷案"⑧"李金、侯春祥返还原物纠纷案"⑨等案件发生在兄弟姐
妹、祖孙关系。是以,我国居住权制度在居住利益保障功能上有所
扩展,但在婚姻家庭领域无法全面保障弱势成员的居住利益。

在继承领域,依循《民法典》第 371 条,遗嘱人可以自由处分
财产,以遗嘱方式设立居住权,保障遗嘱继承人、受遗赠人的居住
利益,值得肯定。然而,我国《民法典》继承编却没有规定老年人、
未成年人、残疾人等弱势法定继承人的法定居住权,则在遗嘱人
没有为其设立居住权境遇下,老年人、未成年人、残疾人等弱势法
定继承人的居住利益难以得到保障,居住权制度在继承领域无法
充分实现居住利益保障功能。实践中,老年人、未成年人、残疾人
等弱势法定继承人只能诉请法院为其设立居住权,以保障其居住
利益。例如,在"苏某等法定继承纠纷案"中,⑩被继承人没有留

---

① 北京市第三中级人民法院(2021)京 03 民终 18079 号民事判决书。
② 广东省梅州市中级人民法院(2021)粤 14 民终 474 号民事判决书。
③ 上海市宝山区人民法院(2022)沪 0113 民初 7534 号民事判决书。
④ 山东省日照市东港区人民法院(2022)鲁 1102 民初 3840 号民事判决书。
⑤ 上海市奉贤区人民法院(2021)沪 0120 民初 16736 号民事判决书。
⑥ 北京市丰台区人民法院(2021)京 0106 民初 32158 号民事判决书。
⑦ 上海市第一中级人民法院(2021)沪 01 民终 14649 号民事判决书。
⑧ 北京市东城区人民法院(2021)京 0101 民初 12614 号民事判决书。
⑨ 山东省济南市市中区人民法院(2020)鲁 0103 民初 6002 号民事判决书。
⑩ 广东省佛山市顺德区人民法院(2020)粤 0606 民初 18792 号民事判决书。

下遗嘱,无其他住所的、有精神病的法定继承人无法直接通过居住权制度保障其居住利益,只能在诉讼中依靠法院为其设立居住权。在"沈某等与陈某法定继承纠纷案"中,①法定继承人是缺乏劳动能力又没有生活来源的未成年人,被继承人没有通过遗嘱为其设立居住权,其无法通过居住权制度直接保障其居住利益,只能通过法院为其设立居住权。在"徐某道与梁某威居住权纠纷案"中,②法定继承人是老年人,其无法直接通过居住权制度保障其居住利益,只得诉请法院为其设立居住权。类似案件不胜枚举。可见,囿于我国现有立法没有在《民法典》继承编直接规定老年人、未成年人、残疾人等弱势法定继承人的法定居住权,我国居住权制度在继承领域的扩展是有限的,难以全面保障弱势继承人的居住利益。

在社会领域,居住权人可以排他地占有、使用住宅,以满足生活居住的需要,居住利益能够得到稳定保障。然而,我国《民法典》只确立居住权是一项用益物权,没有进一步明确规定其具有不同于其他用益物权的保障特性,亦没有规定居住权与其他权利的冲突规则,则在居住权与其他权利冲突时,居住权或无法得到优先保护。例如,住宅所有权人 A 与民事主体 B 存在借贷关系,而后为自然人 C 签订了有偿居住权合同并办理了居住权登记,C 事先对此并不知晓。债务人 A 到期无法偿还债务,债权人 B 申请法院执行设立了居住权的住宅,法院或依据《最高人民法院关

---

① 湖北省崇阳县人民法院(2020)鄂 1223 民初 1612 号民事判决书。
② 广东省高级人民法院发布第二批 8 起贯彻实施民法典典型案例之七:徐某道与梁某威居住权纠纷案——依法保护老年人居住权。

于人民法院民事执行中拍卖、变卖财产的规定(2020 修正)》第28 条,除去居住权后拍卖住宅,则居住权人 C 的居住利益无法得到保障。

综上,相较于传统居住权制度,我国居住权制度的居住利益保障功能有所扩展,在婚姻家庭领域、继承领域和社会领域能进一步保障特定主体的居住利益。然而,由于居住权制度的适用完全依循意思自治原则,婚姻家庭领域、继承领域无法全面保障弱势家庭成员的居住利益。加之居住权与其他权利冲突规则尚不明确,权利人的居住利益或无法得到有效保障,居住权制度保障特定主体居住利益的功能难以充分实现。

(二)住宅多元利用领域延伸不足

我国设置居住权制度,改变了以土地为对象的单一不动产用益物权体系,增加了以住宅为对象的居住权用益物权,"形成以土地物权为主、辅之以房屋物权的不动产用益物权新格局",[1]有利于促进住宅的多元利用。然而,从制度适用现状来看,其在促进住宅多元利用领域的延伸是不足的,体现为制度适用的领域是有限的,制度适用的规则是不完善的。具体而言,目前我国居住权制度主要适用于婚姻家庭、继承领域,在分家析产、离婚时夫妻财产分割、遗产分割、父母出(垫)资购房等情形中发挥了重要作用。婚姻家庭、继承领域中,居住权制度的适用将住宅的使用价值、交换价值分离,能促进住宅的利用,[2]却限于家庭的住宅,未能凸显

---

① 鲁晓明:《"居住权"之定位与规则设计》,《中国法学》2019 年第 3 期,第 229 页。
② 参见孟睿偲、苌旺:《〈民法典〉可容纳非人役性居住权》,《新疆社会科学》2023 年第 3 期,第 84 - 93 页。

居住权的用益性。在社会领域,居住权制度的适用可以稳定保障居住权人的长期居住利益,这是租赁制度无法比拟的。例如,依循《民法典》第 705 条,住宅租赁期限不得超过 20 年,超过 20 年的,超过部分无效。居住权存续期限却不受限制,经当事人协商一致,住宅所有权人可以为他人设立长期居住权,甚至是终身居住权。再如,租赁权是相对权,除"买卖不破租赁"情形具有对抗第三人的效力,①其他情形仅在住宅租赁合同当事人之间产生效力,承租人只能向出租人主张租赁权,不得向第三人主张。即便由于第三人原因导致承租人无法继续居住,其只能请求出租人承担责任。居住权却具有排他效力,居住权人有权排他地占有、使用住宅,第三人干涉其行使权利,居住权人有权行使物权请求权。意即,居住权对居住利益的保护更强。②现实的问题是,由于居住权制度具有租赁权制度无法企及的优势,其在社会领域的适用可以弥补租赁制度的不足,但过多地关注二者的差异,却易陷入居住权制度只用于弥补租赁制度不足的泥潭,有碍制度促进住宅多元利用功能的实现。此外,随着我国社会的发展,居住权制度未来或可在合作建房、合资购房、以房养老、居住分时度假酒店、居住酒店式公寓、宅基地"三权分置"改革等领域得到进一步适用,③但何种类型的住宅可以成为居住权制度适用的客体,目前

---

① 参见朱虎、张梓萱:《买卖不破租赁:价值的确立、贯彻与回调》,《苏州大学学报(法学版)》,2022 年第 3 期,第 18-33 页。

② 参见王利明:《论民法典物权编中居住权的若干问题》,《学术月刊》2019 年第 7 期,第 91-100 页。

③ 参见曾大鹏:《居住权的司法困境、功能嬗变与立法重构》,《法学》2019 年第 12 期,第 51 页。

仍有争议。不同类型住宅上居住权设权适用规则应否存在差异，亦不可知。凡此种种，皆表明我国居住权制度在住宅多元利用领域的延伸存在不足，难以充分发挥制度功能。

第二节　我国居住权制度适用困境的原因分析

我国居住权制度适用面临适用主体范围不明、适用客体范围模糊、适用规则不清、适用领域过窄四大困境。原因分别在于：居住权的法律属性定位存在争议，部分学者固守传统居住权的人役性，部分学者却主张过度放开居住权的用益性；适用客体的认定存在争议，学界或聚焦居住功能认定居住权客体，或多重维度类型化居住权客体，以致客体认定标准至今不明；适用规则的规范解释路径异化，体现为意思自治主导设权的规则发生偏移与权利冲突消解的规整漏洞；居住权制度的功能定位存在偏差，坚守家庭成员居住利益保障主义存在现实诟病，居住权制度适用法律关系存在局限性。

一、居住权的法律属性定位存在争议

我国居住权制度适用的主体争议较大，主要原因在于学界对居住权的法律属性定位观点不一。部分学者认为我国居住权制度的适用主体限于自然人，固守传统居住权的人役性，形式化地聚焦制度适用主体为自然人，而没有实质化地判断居住权的设立是否以满足生活居住的需要为目的。部分学者主张居住权制度的适用主体不应限于自然人，可以涵盖法人、非法人组织，却过度放开居住权的用益性，忽略了我国居住权制度以满足自然人生活居住需要为目的。

（一）固守传统居住权的人役性

多数学者主张居住权制度的适用主体限于自然人，主要依据是居住权是一项人役权，具有高度的人身性，只能适用特定自然人，尤其是婚姻家庭成员。我国继受传统居住权制度，旨在回应实践需求，保障以婚姻家庭、继承领域弱势成员为主的特定主体的居住利益。居住权是为特定主体居住利益而设立的权利，显然具有人役性。我国《民法典》第 369 条明确规定居住权不得转让、不得继承，意在限定居住权满足特定主体生活居住的需要。居住权人转让居住权或继承人继承居住权，居住权设立时保障特定主体居住利益的目的便无法实现。故而，"自然人说"主张居住权具有人役性，居住权制度适用主体为自然人，存在一定的合理性。然而，固守传统居住权的人役性，聚焦居住权制度的适用主体为自然人，却会导致制度适用主体错误的后果，难以充分实现制度保障特定主体居住利益的功能。具体而言，形式化地关注居住权制度的适用主体为自然人，而不区分居住权人是否真正存在居住利益保障需要，易引发当事人设立虚假居住权逃避法律义务，侵害第三人的利益，亦有违我国居住权制度的目的。反之，实质化地限定居住权制度适用于存在居住利益保障需要的主体，却会面临判断标准阙如的困境，如何认定居住权的设立是以满足生活居住需要为目的，而非逃避法律义务，尚不可知。事实上，我国居住权制度的适用主体以婚姻家庭、继承领域弱势成员为主，但适用主体限于上述人员，显然难以发挥居住权制度保障特定主体居住利益的功能，毕竟婚姻家庭、继承领域之外，存在需要通过居住权制度满足其生活居住需要的主体。此境遇下，固守传统居住权的人役性,形式化地聚焦居住权制度适用主体为自然人,显然无法充分发挥居住权制度保障特定主体居住利益的功能。

（二）过度放开居住权的用益性

前文已提到,我国《民法典》规定的居住权是用益性"增强"的居住权。《民法典》第 368 条、第 369 条规定,当事人另有约定的情形下,居住权的设立可以是有偿的,设立了居住权的住宅可以用于出租,便是居住权用益性"增强"的最好的证明。据此,部分学者认为,居住权制度的适用主体为民事主体,涵盖自然人、法人、非法人组织,可在合作建房、合资购房、时权式酒店、酒店式公寓、长租公寓、政府与企业合作开发住宅、[1]企业提高员工福利等方面[2]促进住宅的多元利用。例如,"有的地方政府拥有土地,但缺乏资金开发住房,此时可以引进房地产开发商出资,进行住房合作开发。在此种住房合作开发模式中,若为房地产开发商设置 30—50 年的长期居住权……则既维护了政府的房地产权益,也满足了开发商的投资利益及住房市场的需求"。[3]"公司等企业也可以设立或者购买居住权,并作为多样化的员工福利交由高级管理人员或者其他员工行使,以增强在人才市场的竞争力"。[4]然而,回顾我国《民法典》,第 366 条明确规定居住权的设立以满足生活居住需要为目的,只有自然人才存在生活居住的需要,则过

---

[1] 参见曾大鹏:《居住权的司法困境、功能嬗变与立法重构》,《法学》2019 年第 12 期,第 58 页。
[2] 参见申卫星、杨旭:《中国民法典应如何规定居住权?》,《比较法研究》2019 年第 6 期,第 78 页。
[3] 曾大鹏:《居住权的司法困境、功能嬗变与立法重构》,《法学》2019 年第 12 期,第 58 页。
[4] 申卫星、杨旭:《中国民法典应如何规定居住权?》,《比较法研究》2019 年第 6 期,第 78 页。

度放开居住权的用益性,居住权制度适用法人、非法人组织,显然与第 366 条规定的居住权设立目的相悖。进一步来讲,《民法典》第 369 条"继承"、第 370 条"居住权人死亡"字眼表明,居住权人只能是自然人,居住权制度的适用主体排除法人、非法人组织,过度放开居住权的用益性并确立居住权制度适用法人、非法人组织,亦与第 369 条、第 370 条不符。此外,国内主张完全放开居住权用益性者,多以《德国新住宅所有权法》第 31 条至第 42 条规定的继续性居住权为依据,①进而证成居住权制度的适用主体包括法人、非法人组织。审视《德国新住宅所有权法》规定的继续性居住权,其可以转让和继承,②我国规定的居住权却不得转让或继承。德国长期性居住权虽突破了《德国民法典》规定的居住权不得用于收益的限制,但继续性居住权的权利主体仍限于自然人,并没有放开至法人、非法人组织。我国《民法典》第 369 条"设立居住权的住宅不得出租,但是当事人另有约定的除外"之规定突破了第 366 条居住权人原则上只有权"占有、使用"住宅并不得利用住宅获取收益的限制,但此种突破并非肆意的,居住权人不得是法人、非法人组织。故而,《民法典》规定的居住权的用益性并非完全放开的,而是有所限制的,居住权人虽可出租住宅获取收益,但权利人应限于特定自然人,而非包括法人、非法人组织。

二、适用客体的认定存在争议

依循《民法典》第 366 条,我国居住权制度适用的客体是他人

---

① 参见沈四宝、王军主编:《国际商法论丛》(第九卷),法律出版社 2008 年版,第 346－350 页。
② 同上。

住宅。然而,我国社会上住宅种类繁多,何种住宅可以成为居住权制度适用的客体,却难以知晓。司法裁判、学术研究中居住权制度适用的客体认定亦争议较大。究其原因,部分专家研究维度单一,聚焦住宅的居住功能,进而认定一切具备居住功能的住宅均可成为居住权制度适用的客体。部分专家从实践出发,多维度认定居住权制度适用的客体,却未能建立统一的客体认定标准。

（一）居住功能的单一维度

我国《民法典》第 366 条明确规定,居住权设立的目的是"满足生活居住的需要"。据此,多数观点认为,应根据住宅是否具备居住功能确立居住权制度适用的客体。如有学者指出,居住权的客体是住宅,"在一定意义上就排除了不是用于生活居住的商铺、厂房、办公楼等房屋或建筑物的适用空间……只要这些商住两用房、酒店或农村民宿功能定位就是为他人提供固定、长期、连续和全面的居住,满足经济上相对弱势人的生活居住需要,就可以适当地做出扩大解释而认定其为居住权意义上的'住宅'"。①言外之意,住宅能否成为居住权制度适用的客体,应关注其是否具备居住功能。有学者亦提出,"居住权的客体应界定为房屋（整体或部分）及其附属设施。仅将居住权的客体限定为他人的房屋有时同社会现实并不相符"。②由此推之,具备居住功能的住宅皆可成为居住权制度适用的客体,住宅的一部分甚至是附属设施具备居住功能的,亦可成为居住权制度适用的客体。相关主张不一而

---

① 焦富民:《我国〈民法典〉居住权设立规则的解释与适用》,《政治与法律》2022 年第 12 期,第 149 页。
② 单平基:《〈民法典〉草案之居住权规范的检讨与完善》,《当代法学》2019 年第 1 期,第 9 页。

足,聚焦住宅的居住功能。司法实践中,"贾云芳、王旭东所有权确认纠纷案"①"郑起与郑雷等居住权合同纠纷"②"卢某某与刘某某、王某居住权合同纠纷案"③等案件的判决表明,法院亦主张居住权制度适用的客体应是具备居住功能的住宅,排除适用厂房、商铺、车库等不具备居住功能的房屋或建筑物。上述主张以《民法典》第 366 条"满足生活居住的需要"为依据,专注住宅的居住功能,存在合理性。住宅不具备生活居住功能者,显然无法满足居住权人生活居住的需要。

　　然而,我国社会现有住宅类型众多,包括但不限于商品房、商住两用房、经济适用房、限竞房、共有产权房、两限房、用于公共租赁的住房、公房、拆迁安置房、房改房、酒店式公寓、公寓式酒店、人才公寓、村民自建房、民宿、酒店。每种类型住宅的用途存在差异,单一地关注住宅是否具备居住功能,进而确定其能否成为居住权制度适用的客体,显然存在不足。例如,用于公共租赁的住房虽具备居住功能,却属于"政府或政府委托的机构向中低收入的住房困难家庭按市场价提供的住房",④与一般的商品房存在显著差别。进一步来讲,用于公共租赁的住房是政府保障中低收入住房困难家庭住房利益的住房,目的是帮助中低收入住房困难家庭渡过困难期,而非赋予其私法上的财产权。随着中低收入住房困难家庭经济条件的改善,将适用公共租赁住房退出

① 山东省青岛市中级人民法院(2022)鲁 02 民终 9266 号民事判决书。
② 北京市丰台区人民法院(2021)京 0106 民初 32158 号民事判决书。
③ 重庆市第一中级人民法院(2021)渝 01 民终 3623 号民事判决书。
④ 罗应光等编:《住有所居:中国保障性住房建设的理论与实践》,中共中央党校出版社
　2011 年版,第 167 页。

机制,政府或政府委托的机构收回公共租赁住房。故而,用于公共租赁的住房虽具备居住功能,政府或政府委托的机构却不应在此类住宅上设立居住权。对于中低收入住房困难家庭而言,其经申请可以占有、使用用于公共租赁的住房,却不是住宅的所有权人,而是承租人,亦不得在住宅上设立居住权。是以,用于公共租赁的住房虽具有居住功能,却不应成为居住权制度适用的客体。故而,单一地关注住宅是否具备居住功能,进而确定其能否成为居住权制度适用的客体,却不分析住宅的用途,显然是不足的。

(二)居住权客体类型化的多重维度

除了住宅的生活居住功能外,部分学者已然开始从住宅自身的功能、是否存在权利负担、住宅用途等多个维度出发,类型化认定居住权的客体,却因客体认定法律依据不足而存在主观性较强的弊端,且与实践做法脱节。具有代表性的观点是,"对于普通商品住房、取得完全产权的政策性住房,所有权人依法享有处分权能,可设立居住权;政策允许的、符合条件可转让用于居住的商务公寓、服务型公寓、酒店式公寓,可设定居住权;已出租或抵押的住宅不需承租人或抵押权人同意,所有权人也可在其上设立居住权;政策性住房、被查封住宅在通常情况下不得设定居住权;住宅的附属设施可以依约或依必要成为居住权的客体,设立居住权之住宅一部分不是居住权的客体"①。此观点从住宅、住房的功能、权利状态、用途等多个维度出发,分析我国大多数住宅、住房,值

---

① 王荣珍:《解释论视角下的居住权客体》,《比较法研究》2021 年第 6 期,第 46 页。

得肯定。存在的不足是,多维度认定住宅、住房能否成为居住权的客体,具有较大的任意性和主观性,认定规则与实践做法不符。如石家庄市自然资源和规划局要求,居住权只能在不动产权证书上登记为住宅用途的房屋上设立居住权,①而用于居住的商务公寓却是商业用途,上述观点主张用于居住的商务公寓可以成为居住权的客体,显然与实践脱节。

　　多维度认定居住权的客体难以构建统一的判断标准,酒店、民宿、两限房、公房、拆迁安置房、房改房等住宅、住房能否成为居住权制度适用的客体,却是不明的。从司法实际来看,2021 年 1月 1 日《民法典》施行至今,居住权制度适用已然涉及房改房、②一般的商品房、③单位公租房、④公转私房、⑤两限房、⑥农村村民自建房、⑦拆迁安置房⑧、酒店⑨等住宅、住房。如在"顾荣启与朱茜等案外人执行异议案"中,⑩涉案住宅性质为房改房,法院认定当事人未办理居住权登记,不得以对涉案住宅享有居住权为

---

① 参见《石家庄市自然资源和规划局关于印发〈不动产居住权登记办法(试行)〉的通知》,石家庄市自然资源和规划局网,http://zrghj.sjz.gov.cn/sjzzrzy/zwgk/fdzdgknr/zcfg/flfg/10717462773366263808.html,2023 年 6 月 14 日访问。
② 北京市第二中级人民法院(2023)京 02 民终 1475 号民事判决书。
③ 北京市第三中级人民法院(2023)京 03 民终 388 号民事判决书。
④ 北京市第一中级人民法院(2023)京 01 民终 553 号民事判决书。此案中,彭某是首都师范大学退休职工,首都师范大学分配带有福利性质的房屋给其租住,二者虽是租赁关系,但一审法院认定彭某为居住权人。
⑤ 辽宁省本溪市中级人民法院(2023)辽 05 民终 8 号民事判决书。本案中,涉案房屋为以员工周立志之名购买的公产房。
⑥ 北京市第三中级人民法院(2023)京 03 民终 586 号民事判决书。
⑦ 山东省青岛市中级人民法院(2022)鲁 02 民终 9266 号民事判决书。
⑧ 江苏省太仓市人民法院(2020)苏 0585 民初 4856 号民事判决书。
⑨ 广东省广州市中级人民法院(2022)粤 01 民终 2783 号民事判决书。此案中,当事人之间约定,一方享有每年无偿居住酒店固定客房 30 天的权利。
⑩ 北京市第一中级人民法院(2023)京 01 民终 3411 号民事判决书。

由排除强制执行。在"仲某、徐某 1 离婚纠纷案"中,①法院认定一方当事人对拆迁安置房享有居住权。无独有偶,在"董一敬等与田忠执行异议案"中,②涉案住宅为两限房,案外人董一敬虽与住宅所有权人签订居住权合同,但没有办理居住权登记,法院认定其主张对住宅享有居住权不足以排除强制执行。类似案件不胜枚举。是以,部分学者虽结合住宅、住房的居住功能,从住宅自身的功能、是否存在权利负担、住宅用途等多个维度出发,类型化认定居住权的客体,却存在主观性、任意性较强的弊端,与实践做法不一。此种判断方法下,居住权客体的认定标准难以成形,易导致制度适用面临新阻碍。

三、适用规则的规范解释路径异化

前文已提到,我国居住权制度的适用规则不清,严重阻碍制度保障特定主体居住利益、促进住宅多元利用功能的实现。究其原因,《民法典》第 366 条至第 371 条只对居住权的设权规则作出一般性规定,学界对其规范解释存在异化现象,导致意思自治主导设权的规则发生偏移。加之权利冲突消解存在规整漏洞,权利冲突的消解规则不明。

(一)意思自治主导设权的规则偏移

居住权是一项用益物权,依循物权行为学说,居住权的设立属于物权的变动,须具备意思表示与物权公示两个要素。③物权

---

① 山东省郯城县人民法院(2022)鲁 1322 民初 3888 号民事调解书。
② 北京市第三中级人民法院(2022)京 03 民终 16368 号民事判决书。
③ 参见〔德〕鲍尔、〔德〕施蒂尔纳:《德国物权法(上册)》,张双根译,法律出版社 2004 年版,第 71 页。

公示表现为居住权的登记。意思表示具体指物权行为的合意，即当事人之间达成的住宅所有权人实施处分自己住宅之物权行为合意。因而，居住权设立之意思表示，不包含使住宅所有权人负担义务的要素。基于此，《民法典》第 367 条只规定了物权合意的一般内容，表现为居住权合同应采用书面形式，居住权合同一般包含住宅的位置、居住的条件和要求、居住权期限等一般条款。至于居住权人、住宅所有权人负有的义务，即居住权伴随债之关系，则完全交由当事人自由约定。立法上居住权伴随债之关系规定阙如，表明立法者赋予当事人极大的自由决定权，避免立法上直接规定当事人的义务显得过度僵硬，"当事人可以协商约定双方的义务，如不得改变房屋的结构、用途，保管房屋的义务，承担房屋的日常负担及返还房屋等"①。然而，过度依赖当事人意思自治，却易引发设权规则争议，有碍居住权制度功能的实现。例如，依循《民法典》第 366 条至第 371 条，合同方式设权规则只明确了住宅所有权人为他人设权一种情形，但在以房养老、父母出（垫）资为子女购房、合资购房等情形中，②住宅所有权人为自己设权却普遍存在，此时其如何恰当地为自己设权，立法上难以直接得出，而是任由当事人自由约定。合同方式设权适用规则中，居住权自登记时设立，但居住权何时办理登记、应由何人办理登记、办理登记的具体内容为何等事项立法上却未规定，而是由当事人自由约定。实践中当事人没有约定居住权登记事项却常有

---

① 黄薇主编：《中华人民共和国民法典物权编解读》，法律出版社 2020 年版，第 546 页。
② 参见王利明：《论民法典物权编中居住权的若干问题》，《学术月刊》2019 年第 7 期，第 91 - 100 页。

发生,则住宅所有权人怠于办理登记导致居住权并未有效设立,进而引发合同当事人居住利益难以得到有效保障恶果,[1]有碍居住权制度保障特定主体居住利益功能的实现。依循《民法典》第371条,遗嘱方式设权适用规则参照合同方式设权适用规则,居住权何时办理登记、应由何人办理登记、办理登记的具体内容为何等事项无法直接得出,而是由遗嘱人自由决定。遗嘱中没有列明相关事项时,遗嘱继承人、受遗赠人取得居住权应否办理登记、登记的效力为何、何人办理登记等事项难以知晓,遗嘱继承人、受遗赠人的居住利益难以得到有效保障,阻碍居住权制度保障特定主体居住利益功能的实现。展望域外立法,多数国家或地区明确规定居住权伴随债之关系,而非完全交由当事人自由约定,权利人的居住利益得到有效保障。具有代表性的是《日本民法典》直接规定住宅所有权人负有办理居住权登记的法定义务。《日本民法典》第1031条第1款明确表示,"居住建筑物之所有权人,对配偶(限于已取得配偶居住权之配偶。以下于本节同)负有使其具备配偶居住权设定登记之义务"[2]。是以,我国居住权制度适用依赖当事人意思自治,引发设权规则发生偏移,居住权人难以及时取得居住权,有碍居住权制度保障特定主体居住利益功能的实现。

(二)权利冲突消解的规整漏洞

《民法典》施行至今,居住权与所有权、抵押权、债权的冲突不

---

[1] 北京市第二中级人民法院(2022)京02民终14590号民事判决书;重庆市第一中级人民法院(2021)渝01民终3623号民事判决书;成都市金牛区人民法院(2021)川0106民初4340号民事判决书;重庆市第一中级人民法院(2021)渝01民终3623号民事判决书。
[2] 《日本民法:条文与判例(下册)》,王融擎编译,中国法制出版社2018年版,第1217-1220页。

在少数。①审视《民法典》居住权章节，居住权制度适用的权利冲突消解规则却存在规整漏洞，相关纠纷交由法官适用益物权与所有权、抵押权、债权冲突的一般规则自由裁量。然而，不同于地役权、土地承包经营权、建设用地使用权等用益物权，居住权的设立以保障特定主体居住利益为目的，带有很强的保障性，则在居住权与所有权、抵押权、债权冲突时适用权利冲突一般规则，显然无法充分保障特定主体居住利益，居住权制度的功能难以充分实现。之所以产生此等结果，可能的原因是立法者对居住权与所有权、抵押权、债权的冲突规则考量不足。例如，居住权与所有权冲突时，依循《民法典》第 326 条，原住宅所有权人不得干涉居住权人行使权利，即居住权效力优先。现实的问题是，第 326 条只是原则性规定，实践中居住权人行权与所有权冲突情形众多，②凭此原则性条款显然难以解决所有的居住权与所有权冲突。③例如，居住权人与住宅所有权受让人之间产生权利冲突，依循用益物权的效力优先于所有权规则，④冲突似乎可以完美解决。当事

---

① 本书在"北大法宝"司法案例数据库中全文筛选，同篇中包含"居住权"并且"民法典"并且"所有权"关键词，审结日期限于"2021 年 1 月 1 日"至"2023 年 6 月 9 日"，得出法律文书 6117 篇。去除"所有权"关键词，增加"抵押权"或者"债权"关键词，审结日期限于"2021 年 1 月 1 日"至"2023 年 6 月 9 日"，得出法律文书 2674 篇。其中，民事案由法律文书 2400 篇，包含婚姻家庭、继承纠纷、物权纠纷、合同、准合同纠纷、侵权责任纠纷等案由，执行案由法律文书 339 篇。以此为基础，排除"债权"关键词，得出相关法律文书 984 篇，民事案由法律文书 885 篇，执行案由法律文书 133 篇。
② 参见李兴：《居住权与其他物权的冲突与协调》，载茆荣华主编：《〈民法典〉适用与司法实务》，法律出版社 2020 年版，第 200 页。
③ 北京市第二中级人民法院(2022)京 02 民终 14590 号民事判决书；重庆市第一中级人民法院(2021)渝 01 民终 3623 号民事判决书；重庆市第一中级人民法院(2021)渝 01 民终 3623 号民事判决书。
④ 参见张俊浩主编：《民法学原理》，中国政法大学出版社 2002 年版，第 398－403 页。

人没有办理居住权登记时,住宅所有权受让人基于物权对债权的优先效力,①可以行使物权请求权,要求债权人(居住权合同一方当事人)腾出住宅。居住权合同一方当事人的居住利益因此无法得到保障,显然与我国居住权制度的居住利益保障目的不符。基于生存居住利益之保障,突破物权对债权的优先效力参照适用"买卖不破租赁"②是可能的,但立法上却没有明确规定。可见,居住权与所有权冲突的消解规则存在规整漏洞,有碍居住权制度功能的实现。此外,居住权与第三人债权冲突时,依循"物权优先于债权原则",③可以保障居住权人的居住利益,但完全遵循此原则,或存在住宅所有权人适用居住权制度逃避法律义务之可能,④债权人的利益因此遭受侵害。⑤立法上居住权与第三人债权冲突的消解规则存在规整漏洞。居住权是用益物权,抵押权是担保物权,⑥同一住宅上居住权与抵押权可以同时存在。但居住权的设立却导致住宅的交换价值减损,影响抵押权的实现。抵押权实现时,涤除居住权将无法保障特定主体的居住利益。反之,居住权继续存在于住宅上,却会对抵押权的实现产生不利影响。二者的冲突如何解决,《民法典》第366条至第371条并没有作出规定,权利冲突的消解规则亦存在规整漏洞。

---

① 参见王泽鉴:《民法物权1通则·所有权》,中国政法大学出版社2001年版,第63页。
② 朱虎、张梓萱:《买卖不破租赁:价值的确立、贯彻与回调》,《苏州大学学报(法学版)》2022年第3期,第18页。
③ 陈华彬:《论物权优先于债权原则及其例外情形》,《财经法学》2021年第5期,第17页。
④ 参见陈小君:《〈民法典〉物权编用益物权制度立法得失之我见》,《当代法学》2021年第2期,第10页。
⑤ 参见翟云岭、郭佳玮:《租赁权占有对抗效力的二元考察》,《北方法学》2022年第3期,第26页。
⑥ 参见王利明、尹飞、程啸:《中国物权法教程》,人民法院出版社2007年版,第290页。

四、居住权制度的功能定位存在偏差

我国居住权制度适用领域过窄,无法充分发挥保障特定主体居住利益、促进住宅多元利用的功能。主要原因在于,我国居住权制度受传统居住权制度的牵掣,司法裁判中抱守制度保障婚姻家庭弱势成员居住利益的功能,对保障社会特定主体居住利益之制度功能认识不足。学术理论研究通常从婚姻家庭、继承领域居住权保障出发,聚焦住宅所有权、使用权的分离,由此论证居住权制度具有促进住宅多元利用的功能,但该功能具体如何实现,现有研究却存在不足。

(一)家庭成员居住利益保障主义的现实诟病

我国居住权制度继受了传统居住权制度保障婚姻家庭弱势成员居住利益的功能。然而,由于我国居住权制度出台以婚姻家庭、继承领域存在极大的居住利益保障需求为背景,目前制度适用以保障婚姻家庭弱势成员居住利益为主。多数学者主张居住权制度适用于特定社会主体的居住利益保障,但仍"局限"于婚姻家庭、继承领域,即奉行家庭成员居住利益保障主义,存在没有充分发挥居住权制度保障特定主体居住利益的现实诟病。各地发布的首例居住权纠纷案件以及最高人民法院、地方法院发布的居住权典型案例聚焦婚姻家庭、继承领域,予以证成。例如,上海市首例裁判设立的居住权案件发生在兄弟之间,[①]北京市海淀区法院宣判的首例居住权案件发生在夫妻之间,[②]成都市首例居住权

[①]《上海二中院民庭审结〈民法典〉实施后上海首例经法院生效法律文书设立并登记居住权案件》,上海市高级人民法院官网,https://www.hshfy.sh.cn/shfy/web/xxnr.jsp?pa=aaWQ9MjAyMjEyNTEmeGg9MSZsbWRtPWxtNDYw,2023年6月12日访问。

[②]《遭继母"扫地出门"告到法院,民法典实施后海淀首例涉居住权案件判了!》,北京日报网,https://baijiahao.baidu.com/s?id=1687947395449688020&wfr=spider&for=pc,2023年6月12日访问。

纠纷案件发生在父母子女之间。①最高人民法院发布的"邱某光与董某军居住权执行案"②"杨某顺诉杨某洪、吴某春居住权纠纷案"③居住权典型案例、广东省高级人民法院发布的"徐某道诉梁某威居住权纠纷案"④居住权典型案例、四川省高级人民法院发布的"黄小某诉魏某某、黄某所有权确认纠纷案"⑤居住权典型案例、浙江省温州市中级人民法院发布的"叶某某诉黄某某离婚纠纷案"⑥居住权典型案例以及上海市高级人民法院发布的"俞某申请执行汪某赡养、居住权纠纷案"⑦居住权典型案例均发生于婚姻家庭、继承领域,保障处于弱势地位的离婚妇女、老年人、未成年人的居住利益。婚姻家庭、继承领域之外,制度适用专注于居住权是否办理登记,当事人居住利益之保障却鲜有涉及。如在"武泽苓与吴燕峰居住权纠纷案"中,⑧法院认定武泽苓主张对公房享有的居住权,只是当事人约定的公房使用权,并非《民法典》规定的居住权,因而没有适用居住权制度保障其居住利益。在

① 《〈民法典〉实施后成都首例居住权纠纷案宣判》,青海普法网,http://sft.qinghai.gov.cn/pub/qhpfw/sfxzyw/jrbb/202105/t20210511_61667.html,2023 年 6 月 12 日访问。
② 最高人民法院发布 13 件人民法院贯彻实施民法典典型案例(第一批)之一:邱某光与董某军居住权执行案,为申请执行人办理居住权登记保障其根据遗嘱取得的房屋居住权。
③ 最高人民法院发布第二批 9 起人民法院大力弘扬社会主义核心价值观典型民事案例之一:杨某顺诉杨某洪、吴某春居住权纠纷案,父母有权拒绝成年子女"啃老"。
④ 广东省高级人民法院发布第四批 20 起粤港澳大湾区跨境纠纷典型案例之一:徐某道诉梁某威居住权纠纷案,适用民法典新规定保护当事人的居住权。
⑤ 四川省高级人民法院发布 7 起未成年人司法保护典型案例之一:黄小某诉魏某某、黄某所有权确认纠纷案,除为被监护人利益外,监护人不得处分被监护人的财产,此案依据《民法典》兼顾保护老年赠与人居住权。
⑥ 浙江省温州市中级人民法院发布 8 起妇女权益保护典型案例之一:叶某某诉黄某某离婚纠纷案,为离婚后生活困难妇女设立居住权。
⑦ 上海市高级人民法院发布 2021 年度破解"执行难"十大典型案例之一:俞某申请执行汪某赡养、居住权纠纷案,积极探索解决居住权案件执行难问题新路径。
⑧ 北京市高级人民法院(2022)京民申 2875 号民事裁定书。

"孙剑雄与罗玉芬居住权纠纷再审案"中，①法院认定，孙剑雄主张对公房享有的居住权属于租赁权，应由公有住房产权管理单位依据相关政策性法规和规定进行审查确定，故而没有适用居住权制度保障其居住利益。类似案件不胜枚举。可见，我国居住权制度虽具有保障特定主体居住利益的功能，但制度适用仍奉行家庭成员居住利益保障主义，存在无法保障婚姻家庭、继承领域之外特定主体的居住利益的现实诟病，难以充分发挥制度功能。

（二）居住权制度适用法律关系的局限性

诚如前文所言，婚姻家庭、继承领域弱势成员居住利益保障需求巨大，立法者应予以回应，设置居住权制度。学术理论研究以及司法裁判，却仍聚焦居住权制度在婚姻家庭、继承领域的适用，居住权制度适用的法律关系呈现出明显的局限性，导致促进住宅多元利用的功能难以得到充分发挥。司法裁判领域，本书在"北大法宝"司法案例数据库中全文筛选，满足同篇中包含"居住权"关键词，审结日期限于"2021 年 1 月 1 日"至"2023 年 6 月 12日"条件，民事案由限于"居住权纠纷""居住权合同纠纷"，仅得出法律文书 60 篇，且多数发生在婚姻家庭领域。去除"居住权纠纷""居住权合同纠纷"，筛选"婚姻家庭、继承纠纷"民事案由，却得出法律文书 2567 篇。其中，离婚后财产纠纷、分家析产纠纷、继承纠纷分别为 531 篇、402 篇、654 篇。分析上述数据可知，实践中我国居住权制度的适用仍以婚姻家庭、继承领域中的分家析产、离婚财产分割、遗产分割为主，社会领域中住宅多元利用涉及

---

① 辽宁省高级人民法院(2021)辽民申 9559 号民事裁定书。

过少,居住权制度适用的法律关系存在局限性。

　　学界部分学者认为,我国《民法典》规定的居住权是社会性居住权,用于保障特定主体的居住利益。如有学者提出,"目前民法典规定的居住权制度是社会性居住权。社会性居住权具有保护弱者权益的功能,与古罗马的居住权制度一样,是为特定人的居住需要而设定"。[①]有学者认为,"通过确立居住权,可以满足权利人稳定生活居住需要,也有助于为公租房和老年人以房养老提供法律保障"。[②]有学者提出,"物权编所规定的仅是属于典型人役权的社会性居住权,而没有明确规定投资性居住权"。[③]类似主张不一而足,学术理论研究认定我国《民法典》规定的居住权为社会性居住权,易引发学者对投资性居住权的关注缩减,不利于实现促进住宅多元利用之制度功能。部分学者开始探讨居住权制度在以房养老、合资建房、合资购房、房地产开发、农房流转等领域实现促进住宅多元利用的功能,[④]却因我国《民法典》规定居住权不得转让、不得继承之限制,而遭受诸多学者批判。

　　事实上,我国《民法典》第 366 条规定,权利人对设立了居住权的住宅享有占有、使用的权利,便是强调住宅的利用。住宅的利用存在多种形态,"可以是单独的使用或收益,也可以是基于使

①　杨立新、李怡雯:《民法典物权编对物权规则的修改与具体适用》,《法律适用》2020 年第 11 期,第 25 页。
②　王利明等:《民法学(第六版)》,法律出版社 2020 年版,第 445 页。程啸执笔撰写。
③　彭诚信:《〈民法典〉物权编的进步、局限与未来》,《法治与社会发展》2020 年第 4 期,第 92 页。
④　参见汪洋:《民法典意定居住权与居住权合同解释论》,《比较法研究》2020 第 6 期,第 105 页;崔建远:《民法分则物权编立法研究》,《中国法学》2017 年第 2 期,第 48 - 66 页;鲁晓明:《"居住权"之定位与规则设计》,《中国法学》2019 年第 3 期,第 223 - 239 页。

用而获得收益"。①居住权制度保障特定主体稳定地占有、使用住宅,以满足生活居住的需要,属于住宅的利用。当事人另有约定时,设立居住权的住宅用于出租获取收益,亦是对住宅的利用。"所谓'收益',是指通过对物的利用而获取孳息,包括天然孳息以及法定孳息。用益物权中的'用益',是使用、收益的合称。"②故而,我国居住权制度的适用,不应局限于权利人占有、使用住宅的利用形式,而应采取开放的态度,认可设立居住权的住宅用于出租获取收益的利用形式,只不过前提是居住权不得转让、继承。随着我国居住权制度的进一步适用,制度促进住宅多元利用的功能可在以房养老、合资建房、合资购房、房地产开发、农房流转等领域得到实现,并促进房改房、一般商品房、单位公租房、公转私房、两限房、农村村民自建房、拆迁安置房、酒店的多样性利用。

---

① 王利明:《民法(第八版上册)》,中国人民大学出版社 2020 年版,第 370 页。
② 同上。

第三章　居住权制度适用的条件与规则构造

上文已提及,我国居住权制度的适用面临适用主体范围不明、适用客体范围模糊、适用规则不清、适用领域过窄的困境。对此,制度的适用应以居住利益为导向,以居住利益作为设立居住权的前提条件。此境遇下,宜以居住利益为中心设立居住权制度适用的主体条件,同时结合住宅自身法律状况明确居住权制度适用的客体条件。此外,为消解居住权制度适用规则不清困境,本书结合司法实践,对相关条款进行规范解释,以设权方式为中心,明确居住权制度适用的类型化规则,并确立居住权与所有权、抵押权冲突的消解规则。

第一节　居住权制度适用的条件

为消解我国居住权适用主体范围不明困境,宜明确居住权制度适用主体的判断标准,即建立以居住利益为中心的设权条件,并以居住利益判断居住权制度适用的主体,创立适用主体的双向限制机制。针对适用客体范围模糊的困境,宜在保障居住利益前提条件下,结合住宅的用途,构建类型化的适用客体识别体系,确立制度适用的客体条件,最终达到实现我国居住权制度保障特定主体居住利益、促进住宅多元利用功能之效果。

一、建立以居住利益为中心的设权条件

《民法典》第 368 条规定,居住权设立之目的是满足居住权人生活居住的需要。然而,依此条款,却难以直接得出何种情形下设立居住权属于满足生活居住的需要。回顾司法实践,法院面临相同难题,当事人虚假设立居住权逃避执行常有发生,债权人的利益因此遭受侵害,导致居住权制度保障特定主体居住利益、促进住宅多元利用的功能亦难以充分实现。对此,宜建立以居住利益为中心的设权条件,并对居住利益进行界定,为下文明确居住权制度适用的主体条件、客体条件、权利冲突的消解规则等提供理论支撑。

(一)居住利益的界定

利益通常可分为个人利益、公共利益和社会利益。"个人利益是直接从个人生活本身出发,以个人生活名义所提出的主张、要求和愿望。公共利益是从政治组织和社会生活角度出发,以政治组织社会名义提出的主张、要求和愿望。社会利益是从社会生活角度出发,为维护社会秩序、社会的正常活动而提出的主张、要求和愿望。"[1]居住利益是自然人从个人生活本身出发,以个人生

---

[1] 时显群:《西方法理学研究》,人民出版社 2007 年版,第 412 页。

活名义提出的居住主张、要求和愿望,属于个人利益。例如,自然人为满足其稳定的旅居生活,以个人名义向度假区内某住宅的所有权人提出长期居住其住宅的主张,便是居住利益的提出,而后双方签订居住权合同并办理登记,居住利益得到满足。我国《民法典》第 366 条明确表示居住权设立的目的是满足生活居住的需要,意即满足生活居住利益。然而,只界定居住利益是自然人以个人生活名义提出的居住需求,尚不足以明确其特性和范围,毕竟自然人有权行使住宅权,向政府提出住房保障需求,而住房保障需求涵盖居住需求。故而,有必要进一步区分居住利益与住房保障利益。

依循社会利益的概念,社会利益包含个人生活中的利益,即在社会生活中,"每个人都能根据社会标准在那里过一种社会化生活;它就是这样一种请求、需求或要求;假如不是所有个人的要求都能被满足的话,那么至少尽可能地合理满足,或在人类最低消费的程度上满足"。[1]进一步来讲,自然人在个人生活中的利益以请求权的形式出现,即请求维持自然人的生活最低保障。该请求权行使的对象为政府。[2]对应住房保障利益,自然人基于住宅权向政府提出保障其生存所必需的住房需求,[3]表现为请求政府维持其最低生活住房保障。故而,利益理论下,住房保障利益虽是个人生活中的利益,却应归于社会利益,这与个人利益范畴内的居住利益存在本质区别。

---

① [美]庞德:《法理学(第三卷)》,廖德宇译,法律出版社 2007 年版,第 238 页。
② 参见[美]庞德:《法理学(第三卷)》,廖德宇译,法律出版社 2007 年版,第 242 页。
③ 参见金俭:《中国住宅法研究》,法律出版社 2004 年版,第 55 页。

比较居住利益与住房保障利益的实现方式,居住利益由自然人向民事主体提出,只发生在平等民事主体之间,并通过实施民事法律行为的方式实现,如订立居住权合同。住房保障利益却发生在政府与个人之间,通过个人向政府提出请求的方式实现。法律赋予政府具有强制性的权力,以维持社会秩序稳定,政府负有保障个人住房利益的义务。①政府住房保障义务的理论来源众多,如社会契约论下的契约义务、国家福利理论下保障公民生活住房福利的义务、公共性理论下解决住房保障问题之国家公共事务的义务以及基本权利理论下保障公民住房权的义务。②学界通说政府住房保障义务源于 1948 年《世界人权宣言》第 25 条,住宅权是一项基本人权,政府负有保障住宅权的基本责任与义务。③各国政府予以认可,通过出台法律和发布政策的方式制定住房保障制度,以满足个人的住房保障利益。④例如,英国通过出台《住宅法》⑤《住宅与建筑法》⑥《住房协会法》⑦等法律构建社会型住房保障模式,满足个人的住房保障利益。⑧回顾我国,政府通过《国务院关于深化城镇住房制度改革的决定》《国务院关于进一

---

① 参见廖丹:《作为基本权利的居住权研究》,法律出版社 2018 年版,第 105 页。
② 参见刘亚娟:《政府住房保障义务研究》,华南理工大学 2018 年博士学位论文,第 41-47 页。
③ See AnneMarie Devereux, *Australia and the Right to Adequate Housing*, 2 Federal Law Review 223, 223-239(1991); Senders, *Mignon*, *Women and the Right to Adequate Housing*, 16 Netherlands Quarterly of Human Rights 175, 175-200(1998).
④ 参见金俭等:《中国住房保障——制度与法律框架》,中国建筑工业出版社 2012 年版,第 49 页。
⑤ See Housing Act of 1969.
⑥ See Housing and Building Control Act of 1884.
⑦ See Housing Association Act of 1874.
⑧ See Nguyen M. T., *Does Affordable Housing Detrimentally Affect the Private Property Values? A View of Literature*, 20 Journal of Planning Literature 17, 17(2005).

步深化城镇住房制度改革加快住房建设的通知》《经济适用房管理办法》等文件发布相关政策,构建了以公租房、保障性租赁住房和共有产权住房为主体的住房保障体系,满足个人基本住房保障利益。进一步而言,政府通过住房保障制度满足个人生活最基础的住房利益,而向政府提出住房保障利益的主体应为社会弱势群体,而非一切自然人。社会弱势群体凭借自身能力难以达到社会认可的基本生活标准,①而政府是社会弱势群体住房利益所必需资源的唯一持有者,因而社会弱势群体只能向政府寻求住房帮助。至于社会弱势群体之外的自然人,其依靠自身能力即可达到社会认可的基本生活标准,本身已享受了改革发展的成果,无需政府利用有限的资源实行正义分配。②故而,提出住房保障利益的主体应属于社会弱势群体,其向政府申请满足住房保障利益需具备一定的条件。例如,个人申请公共租赁住房,需满足在本地无住房或者住房面积低于规定标准、收入、财产低于规定标准、申请人为外来务工人员的,在本地稳定就业达到规定年限条件。③与之形成鲜明对比的是,居住利益提出者却不要求是社会弱势群体,自然人存在居住利益即可向平等民事主体提出,当事人之间依循意思自治原则自由决定如何满足其居住利益。我国《民法典》第366条规定合同方式设立居住权,并没有限定当事人之间存在基础法律关系或限定居住利益提出者的身份,便是最好例证。

---

① 参见李昌麒:《弱势群体保护法律问题研究——基于经济法与社会法的考察视角》,《中国法学》2004 年第 2 期,第 80 页。
② 参见蔡冰菲:《政府住房保障责任的理论基础论析》,《社会科学家》2008 年第 3 期,第 38 页。
③ 参见谭柏平主编:《房地产法入门笔记》,法律出版社 2019 年版,第 377 页。

（二）居住利益主导设权的正当性

审视现有居住权制度适用主体标准，"民事主体说"专注居住权的用益性，[1]强调居住权制度促进住宅多元利用的功能，进而得出法人、非法人组织可以成为制度适用主体，忽略了居住权制度设置的根本目的是保障特定主体的居住利益。"自然人说"聚焦居住权的人役性，[2]重视居住权制度保障特定主体居住利益的功能，主张制度适用主体为自然人，存在一定的合理性，却留有制度适用过度依赖当事人意思自治，导致居住权沦为住宅所有权人逃避法律义务或谋取非法利益工具的风险。二者皆存在弊端，无法准确划定居住权制度适用主体的边界。对此，确立居住利益前提条件，明确居住权制度的适用以当事人存在居住利益为前提，可以克服现有标准绝对化地判定制度适用主体为一切民事主体或自然人的弊端，实现制度适用主体的精准化认定，存在正当性。例如，按照利益理论，利益是个人提出的请求、需求或需要。[3]由此推之，居住利益是个人提出的居住请求、需求或需要。居住是自然人实施的行为，指长期住在某地，而法人、非法人组织仅仅是自然人实现特定目的的工具，不能实施居住行为，亦不存在居住利益。[4]居住利益前提条件下，法人、非法人组织无法成为居住权制度适用的主体。针对制度适用客体模糊困境，居住利益前提条

① 参见申卫星：《〈民法典〉居住权制度的体系展开》，《吉林大学社会科学学报》2021 年第 3 期，第 51－61 页。
② 参见王利明：《论民法典物权编中居住权的若干问题》，《学术月刊》2019 年第 7 期，第 91 页。
③ 参见［美］庞德：《法理学（第三卷）》，廖德宇译，法律出版社 2007 年版，第 18 页。
④ 参见朱庆育：《民法总论（第二版）》，北京大学出版社 2016 年版，第 418 页。

件可以排除无法满足自然人居住利益的住宅、住房,有助于圈定居住权制度适用的客体范围,居住利益主导设权的正当性自不待言。面对居住权制度适用规则不清的困境,居住利益的提出,有助于厘清制度适用规则,尤其是完善居住权与所有权、第三人债权、抵押权的冲突规则,实现居住权人与住宅所有权人、住宅所有权受让人、第三人债权人、抵押权人的利益平衡。此外,面对居住权制度应否用于社会弱势群体住房保障之理论争议,居住利益前提的确立,可以明确居住权制度适用的领域,避免实践中居住权制度适用混乱,真正实现居住权制度保障特定主体居住利益、促进住宅多元利用的功能,居住利益主导设权的正当性不言自明。

二、创立适用主体的双向限制机制

居住利益前提条件下,创立适用主体的双向限制机制,可以实现居住权制度适用主体条件的准确认定。本书通过区分居住权的设立主体以及居住权的被设立人,明确居住权的设立主体原则上可以是一切民事主体。居住权的被设立人限于存在居住利益的自然人,排除不存在居住利益而利用居住权逃避法律义务或追求非法利益的自然人,以保障居住权制度保障特定主体居住利益、促进住宅多元利用功能的实现。

(一)被设立人:特定自然人

《民法典》第 367 条第 2 款第 1 项"当事人的姓名或者名称和住所"表明,一切民事主体皆可能成为居住权合同的当事人,但居住利益为中心的设权条件下,居住权的被设立人必须是存在居住需要的自然人。"'居住'本身就表明了强烈的人身性,其权利主

体只能是自然人,法人或其他组织对房屋的利用只能是'使用'
'利用',而不可能是'居住'"。[1]对于法人、非法人组织而言,依循
《民法典》第 58 条第 2 款和第 63 条,法人应有自己的"住所",具
体指主要办事机构所在的地方,法人存在占有、使用住宅的需要。
然而,法人、非法人组织虽是民法上的人,却只是法律认可其主体
资格的团体,[2]其存在占有、使用住宅的需要,却不存在居住住宅
的需要。域外立法予以佐证,如《德国民法典》第 1090 条明确表
示,限制的人役权就是权利人在个别关系中使用不动产,或享有
可构成地役权内容的其他权能的权利,且该权利仅可以在不动产
上设立。《德国民法典》第 1092 条第 2 款进一步规定:"法人或有
权利能力的合伙享有限制的人役权或限制的人役权的给予请求
权的,准用第 1059a 条至第 1059d 条的规定。"[3]依循两款规定,
住宅使用权作为一种限制的人役权,权利主体当然包括法人、有
权利能力的合伙(非法人组织)。意即,法人、非法人组织或存在
占、使用住宅的需要。《德国民法典》第 1093 条第 2 款却对居
住权[4]作出专门规定,居住权人可以接纳其家庭成员以及对符合
身份的服侍和护理来说为必要的人员进入住宅中,完全区别于住
宅使用权,表明法人、非法人组织存在占有、使用住宅的需要,但
只有自然人存在居住需要。此外,结合我国《民法典》第 370 条,

---

[1] 最高人民法院民法典贯彻实施工作领导小组:《中华人民共和国民法典物权编理解与适
用(下册)》,人民法院出版社 2020 年版,第 869 页。
[2] 参见朱庆育:《民法总论(第二版)》,北京大学出版社 2016 年版,第 418 页。
[3] 《德国民法典(第五版)》,陈卫佐译注,法律出版社 2020 年版,第 449 页。
[4] 译者在此款规定中采用住宅权表述,但其性质与居住权相似,本书统一采用居住权表
述。参见《德国民法典(第五版)》,陈卫佐译注,法律出版社 2020 年版,第 449 页。

居住权的消灭方式为"居住权期限届满"或"居住权人死亡"。"死亡"是引发自然人民事权利能力消灭的事件,[①]而法人、非法人只会因解散、宣告破产等原因终止。是以,法人、非法人组织不存在居住需要,居住权的被设立人限于自然人。尽管《民法典》第366条至第371条没有限定居住权被设立人的身份,但居住利益为中心的设权条件下,并非一切自然人均可以成为被设立人,必须是存在居住利益的自然人。婚姻家庭、继承领域,被设立人通常是弱势家庭成员,其存在居住利益,可以成为被设立人。夫妻一方为另一方设立居住权,以逃避债务执行的,并非以满足居住利益为目的,却不得成为被设立人。即使其依循《民法典》第368条办理居住权登记,一方享有居住权,法院亦可根据《最高人民法院关于人民法院民事执行中拍卖、变卖财产的规定(2020修正)》第28条,除去居住权后拍卖住宅。同样,在社会领域,一方当事人为逃避债务执行,与他人签订居住权合同并办理登记,而非出于保障被设立人居住利益目的,法院亦可在强制执行中除去居住权拍卖住宅。至于如何判断被设立人是否存在居住利益,后文将展开论述。此外,公司等企业为员工设立居住权,以此作为员工福利提升企业竞争力,[②]员工存在居住利益的,当然可以成为居住权的被设立人,但企业出于逃避强制执行目的而为员工设立居住权的,员工显然不应成为居住权的被设立人。

值得注意的是,居住权的被设立人是存在居住利益的自然

---

① 参见王泽鉴:《民法总则》,北京大学出版社2009年版,第223页。
② 参见申卫星、杨旭:《中国民法典应如何规定居住权?》,《比较法研究》2019年第6期,第78页。

人,居住权设立后,实际居住人却可以不是居住权人。例如,当事人约定设立了居住权的住宅可以用于出租,居住权人有权在居住权存续期间内出租住宅,[1]则居住权人与实际居住人并非同一人。实践中,相关判决予以证成。如在"王新与罗志勇等居住权合同纠纷案"中,[2]王新、罗志勇原系夫妻关系,双方约定离婚后王新享有涉案住宅的所有权,罗志勇有权在 2020 年 3 月 1 日至 2025 年 3 月 1 日期间无偿居住使用涉案住宅。此后,罗志勇为方便子女就近上学,在子女就读学校附近租房居住,而将设立了居住权的住宅用于出租,依靠出租获取的租金满足其生活居住的需要。法院予以认可,判决住宅所有权人王新不得干涉罗志勇行使居住权。结合域外立法实践,与居住权人存在"婚姻家庭关系"的家庭成员、[3]与居住权人存在"服务关系"的自然人、[4]与居住权人存在"劳动关系"的自然人以及与居住权人存在"情谊行为关

---

① 参见[德]卡尔·拉伦茨:《德国民法通论(上册)》,邵建东等译,法律出版社 2013 年版,第 285 页。

② 北京市第二中级人民法院(2022)京 02 民终 14590 号民事判决书。

③ 如《法国民法典》第 633 条规定,居住权以保障"设定此种权利的人及其家庭居住所必要为限",实际居住可以是居住权人的家庭成员。参见《法国民法典》,罗结珍译,北京大学出版社 2010 年版,第 189 页。《秘鲁共和国新民法典》第 1028 条采用"使用权和居住权扩及至适用权人的家属"表述。参见《秘鲁共和国新民法典》,徐涤宇译,北京大学出版社 2017 年版,第 201 页。《巴西新民法典》第 1414 条采用"权利人不可出租,也不可出借之,而只可与其家人一起占有此等房屋"表述。参见《巴西新民法典》,齐云译,中国法制出版社 2009 年版,第 216 页。

④ 如《德国民法典》第 1093 条第 2 款表明,实际居住人可以是"符合身份的服侍和护理为必要的人员"。参见《德国民法典》(第五版),陈卫佐译注,法律出版社 2020 年版,第 449 页。《葡萄牙民法典》第 1484 条表明,实际居住人可以是居住权人的亲属,第 1488 条对与居住权人共同居住的亲属作出进一步限定,限于"未曾司法分居及分产的配偶、未婚子女、其他应由权利人扶养之血亲以及基于为权利人服务或为本条所指之人服务而与权利人一起生活的人"。参见《葡萄牙民法典》,唐晓晴等译,北京大学出版社 2009 年版,第 259 页。

系"的自然人①亦可成为实际居住人。

（二）设权主体：民事主体

结合前文我国居住权制度与传统居住权制度的对比，我国《民法典》规定的居住权是一项人役性"松动"的居住权，居住权制度的适用并非局限于婚姻家庭、继承领域，社会领域中居住权制度存在适用空间。《民法典》第 368 条规定，以合同方式设立居住权的，居住权合同一般条款理应包含"当事人的姓名或者名称和住所"。"姓名"字眼表明自然人可以是居住权合同的当事人，"名称"字眼表示法人、非法人组织具备成为合同当事人的资格。由此推之，居住权的设立主体可以是自然人、法人、非法人组织。自然人为居住权的设立主体，实践中较为常见，"陈栋妹等与陈栋萍居住权纠纷案"②"李金、侯春祥返还原物纠纷案"③"徐某与丛某居住权纠纷案"④"韩冰、李小利等民事纠纷案"⑤等案件的判决书予以证成。法人、非法人组织为他人设立居住权并不多见，但亦是可行的。具有代表性的"胡汉田、陈冬梅用益物权确认纠纷案"中，⑥胡少平是原湖北工学院（现为湖北工业大学）劳动服务公司的员工，其根据《湖北工学院劳动服务公司集资建房实施细则》参与了学校集资建房。法院依据原湖北工学院（现为湖北工业大

① 如美国《路易斯安那民法典》第 634 条明确表示，"只要他居住在屋中，他就可以接待朋友、客人以及房客"。参见《路易斯安那民法典》，娄爱华等译，厦门大学出版社 2009 年版，第 81 页；王雷：《情谊行为基础理论研究》，《法学评论》2014 年第 3 期，第 57 页。
② 上海市第一中级人民法院（2021）沪 01 民终 14649 号民事判决书。
③ 山东省济南市市中区人民法院（2020）鲁 0103 民初 6002 号民事判决书。
④ 北京市第三中级人民法院（2021）京 03 民终 18079 号民事判决书。
⑤ 甘肃省天水市秦州区人民法院（2021）甘 0502 民初 3448 号民事判决书。
⑥ 湖北省高级人民法院（2017）鄂民再 117 号民事判决书。

学)与胡汉田(胡少平的监护人)签订的《湖北工学院校区旧房拆迁合同》,认定胡少平享有集资建房湖北工业大学教工宿舍南区30 栋 5 单元 202 号房屋的居住权。

　　新时代中国特色社会主义下,"社会主要矛盾已经转化为人民日益增长的美好生活需要和不平衡不充分的发展之间的矛盾",①民众已不再满足于住宅的居住利益保障功能,②开始追求住宅的多元利用,商住两用房、酒店式公寓、公寓式酒店、民宿等非典型住宅不断涌现。与此同时,民众的居住利益已不再局限于基本生活居住需求,合作建房居住需求、合资购房居住需求、舒适养老居住需求、休闲度假居住需求不断产生,明确居住权的设立主体为民事主体,有利于满足民众的多元居住需求,促进住宅的多元利用。例如,城镇居民为享受美好田园生活,与农村居民合作建造品质更高的、符合自己审美的、布局更多元的住宅,则农村居民享有住宅的所有权,可在其住宅上为城镇居民设立长期居住权,以满足居住需求。③购房人合资购买地理位置更好的、价值更高的、设施配套更全面的住宅,并约定一方享有住宅所有权,另一方享有固定期限的居住权,以满足高品质的居住需求。④酒店式公寓所有权人可为游客设立居住权,约定固定的居住权期限,以

---

① 习近平:《决胜全面建成小康社会　夺取新时代中国特色社会主义伟大胜利——在中国共产党第十九次全国代表大会上的报告》,共产党员网,https://www.12371.cn/2017/10/27/ARTI1509103656574313.shtml,2023 年 6 月 22 日访问。
② 参见胡万钟:《从马斯洛的需求理论谈人的价值和自我价值》,《南京社会科学》2000 年第 6 期,第 25 页。
③ 参见刘佳、赵青华、王慧:《乡村旅游发展促进农村可持续生计的空间效应及机制》,《自然资源学报》2023 年第 2 期,第 490 页。
④ See Sarah Smith, Group Homes: *The Problem with Single-Family Residential Zoning*, 3 UMKC Law Review 731, 731(2018).

满足游客的度假居住需求。①有学者即提出,"随着经济的发展和人民物质文化生活水平的提高,度假成为生活的必需亦在情理之内"。②此外,老年人以较低的价格将住房出售给养老机构,约定养老机构为其设立终身居住权,以满足其养老居住需要。③是以,在以居住利益为中心的设权条件下,确立居住权的设立主体为民事主体,可以满足被设立人多样的居住需求,促进住宅的多元利用。

三、构建类型化的适用客体识别体系

居住利益为中心的设权条件下,居住权制度适用的客体必须能够满足居住权人的居住利益。然而,实践中住宅种类繁多,多数住宅具有居住功能,只考量居住功能显然难以准确认定制度适用的客体。对此,宜结合住宅的权属、用途和土地的权属、用途,确立居住权制度适用的客体为"不动产用途为住宅"的房屋。

(一)普通商品类住宅

按照《中华人民共和国土地管理法》(以下简称《土地管理法》)第 2 条、第 4 条、第 38 条、第 54 条和《中华人民共和国城市房地产管理法》第 8 条,我国实行土地的全民所有制和劳动群众集体所有制,城市市区的土地属于国家所有,农民集体所有的土地属于村农民集体所有,房地产开发企业通过支付土地出让金的方式取得国有土地使用权进行房地产开发。结合《城市用地分类

---

① See D'Arelli, Paul, *Is a Condominium Hotel Really a Hotel—Zoning Regulations are Evolving to be Sure*, 21 Probate and Property 20, 20 – 31(2007).
② 席志国:《居住权的法教义学分析》,《南京社会科学》2020 年第 9 期,第 96 页。
③ See Graeme Watt, *Irish Rights of Residence: The Anatomy of a Phantom*, 71 Northern Ireland Legal Quarterly 635, 635 – 650(2020).

与规划建设用地标准 GB50137-2011》,①房地产开发企业开发的
土地用途为住宅用地的,在住宅用地上建造后可以上市交易的房
屋为商品房,此类住宅可以依法登记取得不动产权证书,且证书
不动产用途一栏登记为住宅。②商品类住宅是典型的住宅,住宅
所有权人有权在住宅上设立居住权,可以成为居住权制度适用的
客体。进一步分析商品类住宅的法律状况,其可能属于住宅所有
权人单独所有,可能为共同共有,还可能是按份共有。商品类住
宅是住宅所有权人单独所有的,住宅所有权人对住宅享有处分权
能,可自由设立居住权,③权利人单独所有的商品类住宅显然属于
居住权制度适用的客体。商品类住宅属于共同共有或按份共有,
除共有人约定共有人有权单独处分住宅外,共有人处分住宅却需
经其他共有人同意。④商品类住宅属于共同共有,共有人设立居住
权属于住宅的处分,⑤需经全体共同共有人同意,未经同意的,共
有住宅不得成为居住权制度适用的客体。商品类住宅属于按份共
有,按份共有人设立居住权的,须经占份额三分之二以上的按份共
有人同意,否则共有住宅不得成为居住权制度适用的客体。

　　结合我国《城市商品房预售管理办法》第 2 条和第 6 条,我国
实行商品房预售制度,房地产开发企业取得《商品房预售许可证》
的,有权将正在建设中的商品类住宅预先出售给承购人,由承购

---

① 参见《城市用地分类与规划建设用地标准 GB50137-2011》。
② 参见王荣珍:《解释论视角下的居住权客体》,《比较法研究》2021 年第 6 期,第 47-56 页。
③ 参见谢在全:《民法物权论(上册)》,中国政法大学出版社 1999 年版,第 120 页。
④ 参见赵大伟:《共同共有财产的执行程序分割——兼评〈民事强制执行法(草案)〉相关条
　　款》,《甘肃政法大学学报》2023 年第 2 期,第 36-53 页。
⑤ 参见王泽鉴:《民法物权 1 通则·所有权》,中国政法大学出版社 2001 年版,第 154 页。

人支付定金或价款。对于预售商品类住宅,有学者认为,"设定居住权的房屋是现实存在的物,不是尚未竣工的在建工程",①主张预售商品类住宅无法成为居住权制度适用的客体。然而,在我国的不动产预告登记制度下,尽管预售商品类住宅办理需预告登记,我国居住权制度的适用却仍存在可能。②尽管我国《民法典》第 368 条规定居住权自登记时设立,居住权办理预告登记的,居住权预告登记人并不享有居住权,但预告登记事实上却"具有若干物权效力"。③结合《民法典》第 221 条第 1 款"预告登记后,未经预告登记的权利人同意,处分该不动产的,不发生物权效力"之规定,居住权预告登记可以保障权利人将来实现居住权。预告登记期间,未经权利人同意处分不动产的,处分行为均无效。正因预告登记具有对抗权利人以外一切组织、个人的效力,有学者进一步主张,不动产预登记的性质为本登记,具有物权效力。④基于此,商品类住宅预售期间,当事人之间签订居住权合同并办理居住权预告登记的,权利人将来实现居住权能够得到保障。换言之,居住权制度适用预售商品类住宅,权利人的居住利益可以得到满足。值得注意的是,尽管我国《不动产登记暂行条例实施细则》第 85 条并没有列明以预购商品类住宅设立居住权的情形,但《民法典》第 221 条第 1 款已规定当事人签订其他不动产物权的协议,按照约定可以向登记机构申请预告登记。体系解释下,居

---

① 徐珏、朱桐梅:《〈民法典〉背景下居住权登记若干问题》,《中国不动产》2021 年第 7 期,第 17 页。

② 参见罗亚文:《不动产物权期待权实体法外溢的反思与厘正——基于 31 份二手房"先卖后抵"判决书之整理》,《法治研究》2023 年第 3 期,第 148 页。

③ 王泽鉴:《民法物权 1 通则·所有权》,中国政法大学出版社 2001 年版,第 128 页。

④ 参见金俭:《不动产预告登记制度的搁浅与重启——以我国〈民法典〉颁行为契机》,《政治与法律》2020 年第 12 期,第 16 - 29 页。

住权合同属于不动产物权的协议,当事人适用《民法典》第 221 条第 1 款向登记机构申请预告登记的,属于《不动产登记暂行条例实施细则》第 85 条第 1 款第 4 项规定的"法律、行政法规规定的其他情形",居住权预告登记不成问题。回顾实践,合肥市自然资源和规划局、①淮北市自然资源和规划局、②石家庄市自然资源和规划局、③安庆市自然资源和规划局④等地方政府部门发布的"居住权登记办法",已将住宅上是否存在预告登记纳入审查范围,而没有直接规定居住权预告登记不予登记,再次印证了我国居住权制度可以适用预售商品类住宅。

(二)产权保障类住宅

产权保障类住宅是政府用于保障中低收入和低收入居民住房需求的住房,购买者可以取得住宅的所有权或部分产权。相对于普通商品类住宅,产权保障类住宅具有住宅面积受限、住宅价格受限、消费人群特定等特征。现有的产权保障类住宅主要是经济适用房、限价房、共有产权房。

1. 完全产权经济适用房

经济适用房是政府提供政策优惠,限定套型面积和销售价格,按照合理标准建设,面向城市低收入住房困难家庭供应,具有

① 参见《合肥市居住权登记操作规范(试行)》,合肥市自然资源和规划局网,https://zrzyhghj.hefei.gov.cn/xwzx/yhdjccyshjzl/zcyfg/14865053.html,2023 年 6 月 14 日访问。
② 参见《关于开展居住权登记工作的通知(试行)》,淮北市人民政府网,https://www.huaibei.gov.cn/xwzx/mszx/62218691.html,2023 年 6 月 14 日访问。
③ 参见《石家庄市自然资源和规划局关于印发〈不动产居住权登记办法(试行)〉的通知》,石家庄市自然资源和规划局网,http://zrghj.sjz.gov.cn/sjzzrzy/zwgk/fdzdgknr/zcfg/flfg/10717462773366263808.html,2023 年 6 月 14 日访问。
④ 参见《安庆市不动产居住权登记办法(试行)》,安庆市自然资源和规划局网,https://zrzyhghj.anqing.gov.cn/bdcdj/ywgzd/2001646501.html,2023 年 6 月 14 日访问。

保障性质的政策性住房。①基于经济适用房的保障性质,住房本身具有单套建筑面积固定(控制在 60 平方米左右)和销售价格透明的特征,其供应人群限于具有城镇户口的无房或住房面积低于住房困难标准的低收入家庭。申请人购得经济适用房后,虽取得住房的所有权,但此种所有权是受到限制的,体现为购房人对住房处分和使用的限制。处分的限制具体指,购买经济适用住房不满 5 年的,购房人只有权占有、使用住房,不得转让住宅的所有权,即不得直接上市交易。依循物权理论,物权的处分包含直接让与物权、变更物权内容、设定物权性负担或废止物权,②则购房人对经济适用房处分的限制,体现为购房人不得让与经济适用房的所有权,而购房人在经济适用房上设定物权性负担,似乎不应受到限制。基于此,居住权是一项用益物权,购房人尽管所有权受限,但应可以在经济适用房上设立居住权,居住权制度适用经济适用房存在可能。然而,《经济适用住房管理办法》第 33 条明确规定,购房人在取得完全产权前,对经济适用房的使用是受限的,经济适用房不得用于出租。③《关于加强经济适用住房管理有关问题的通知》第 8 条进一步要求,购房人在取得完全产权前只能自住,不得出租、闲置或出借经济适用房。④出租是负担行为,并不产生居住权设立之物权变动效果,只产生购房人负担交付经济适用房供承租人占有、使用的义务。⑤当事人之间签订租赁合

---

① 参见《关于印发〈经济适用住房管理办法〉的通知》(建住房[2007]258 号)。

② 参见朱庆育:《民法总论(第二版)》,北京大学出版社 2016 年版,第 156 页。

③ 参见《关于印发〈经济适用住房管理办法〉的通知》(建住房[2007]258 号)。

④ 参见《关于加强经济适用住房管理有关问题的通知》(建保[2010]59 号)。

⑤ 参见[德]鲍尔、[德]施蒂尔纳:《德国物权法(上册)》,张双根译,法律出版社 2004 年版,第 94 页。

同的,承租人取得债权性租赁权。结合物权优先于债权原则,①债权性租赁权的效力显然低于物权性居住权。"举轻以明重",②购房人在取得完全产权前,他人尚无法取得效力更低的租赁权债权,则效力更高的物权性居住权当然无法取得,购房人不得为他人设立居住权。故而,在现有政策限制下,购房人在取得完全产权之前,经济适用房不得成为居住权制度适用的客体。反之,购房人购买经济适用房满 5 年的,可以向政府缴纳土地收益等相关价款取得完全产权,此时购房人对经济适用住房的处分、使用不再受到限制,其可以为他人设立居住权。意即,居住权制度适用完全产权经济适用房。

2. 限价房

依据《国务院办公厅转发建设部等部门关于调整住房供应结构稳定住房价格意见的通知》第 6 条,③限价房指限套型、限房价、竞地价、竞房价的保障性政策商品住房,用于解决中等、中低收入家庭的住房问题。目前各地做法不一,限价房主要包含两限房和自住型商品房。两限房是在限套型比例、限销售价格、竞地价、竞房价的基础上,由中标的房地产开发企业按照约定的标准建设的中低价位、中小套型普通商品住房。④两限房的单套建筑面积在 90 平方米左右,⑤面向人群主要是中低收入家庭。就购

---

① 参见李锡鹤:《论物权优先之所在》,《法学》2002 年第 3 期,第 44 页。
② 魏治勋:《当然解释的思维机理及操作规则》,《法商研究》2018 年第 3 期,第 105 - 114 页。
③ 参见《国务院办公厅转发建设部等部门关于调整住房供应结构稳定住房价格意见的通知》(国办发[2006]37 号)。
④ 《北京市"十一五"保障性住房及"两限"商品住房用地布局规划(2006 年-2010 年)》。
⑤ 参见《海口市人民政府办公厅关于转发海南省保障性住房建设技术规定和海口市廉租住房建设标准的通知》(海府办[2008]293 号);《关于印发自治州城市住房困难家庭调查和建档工作实施办法的通知克政办发》([2008]1 号)。

房人对两限房的处分、使用而言,两限房购房人不能取得完全产权,其对住宅的处分受到限制,在取得不动产权证书后 5 年内购房人不得转让两限房的所有权。①值得注意的是,购房人对两限房的使用却不受限制,其有权出租住宅获取收益,②这与经济适用房存在显著区别。依循物权理论,③现有政策只限制了购房人对两限房所有权的转让处分,购房人在两限房上设定物权性负担却是自由的。基于此,购房人在取得完全产权前,理应可以在两限房上设立居住权负担。意即,两限房可以成为居住权制度适用的客体。同样,自住型商品房只是两限房的升级版,其面向人群不限于具有特定户籍和特定收入的城市居民,且单套建筑面积可以放宽到 140 平方米。④尽管购房人对自住型商品房的处分受到限制,但限于在取得不动产权证书 5 年内不得转让所有权。购房人对自住型商品房的使用却不受限制。故而,购房人理应有权在自住型商品房设立居住权。换言之,自住型商品房可以成为居住权制度适用的客体。综上,限价房可以成为居住权制度适用的客体。

3. 共有产权房

共有产权住房是我国住房保障和供应体系的重要组成部分,⑤

---

① 参见《北京市人民政府关于印发北京市限价商品住房管理办法(试行)的通知》(京政发〔2008〕8 号);关于印发天津市限价商品住房管理暂行办法的通知(津政发〔2008〕39 号)。

② 参见北京市住房城乡建设委"限价房出租没有禁止性规定"的回复,北京市人民政府网,https://www.beijing.gov.cn/hudong/xinxiang/zjw/sindex/bjah-index-dept!detail.action?originalId＝AH18011700196, 2023 年 6 月 22 日访问。

③ 朱庆育:《民法总论(第二版)》,北京大学出版社 2016 年版,第 156 页。

④ 参见《关于加快中低价位自住型改善型商品住房建设的意见》(京建发〔2013〕510 号)。

⑤ 参见《住房和城乡建设部关于支持北京市、上海市开展共有产权住房试点的意见》(建保〔2017〕210 号)。

目前在以北京市、上海市为主的城市中开展试点建设。依照北京市、上海市的共有产权住房管理规定,共有产权房指在政府优惠政策支持下由房地产开发企业建设的限定套型面积和销售价格、限制购房人使用和处分权利、面向中低收入住房困难家庭、政府和购房人按份共有产权的保障性商品住房。①共有产权房的价格更透明,不限制购房人的户籍,且政府与购房人可以在购房合同中约定双方的份额以及住房相关事项,具有较强的灵活性。然而,作为保障性住房,共有产权房的产权却是受限的,购房人取得不动产权证书之后,5 年内不得转让住宅。此外,购房人取得不动产权证书后的 5 年内,除非购房合同或住房使用管理协议另有约定,其不得出租、赠与、出借共有产权房或在共有产权房上设定购房贷款担保以外的抵押权。即便购房合同或住房使用管理协议约定购房人可以出租住宅,租赁活动亦应处于住房租赁监督管理范围。②可见,购房人在取得完全产权之前,对共有产权房的处分和使用均受到限制。故而,原则上购房人不得在共有产权房上设立居住权,否则将承担相应的违约责任,严重者将被住房保障行政管理部门责令腾退共有产权房,且 5 年内禁止再申请各类保障性住房。值得注意的是,购房人对共有产权房处分和使用遭受的限制却非绝对的,政府和购房人可以依循意思自治原则,③在

---

① 参见《关于印发〈北京市共有产权住房管理暂行办法〉的通知》(京建法[2017]16 号);《上海市人民政府关于修改〈上海市共有产权保障住房管理办法〉的决定》(上海市人民政府令第 26 号)。
② 参见《关于规范共有产权住房出租管理工作的通知(试行)》(京建法[2022]2 号)。
③ 参见徐伟功:《法律选择中的意思自治原则在我国的运用》,《法学》2013 年第 9 期,第 24 页。

购房合同或住房使用管理协议中约定购房人的权利,则双方约定共有产权房可以设立居住权的,购房人可以在尚未取得完全产权的共有产权房上设立居住权。意即,购房合同或住房使用管理协议另有约定时,尚未取得完全产权的共有产权房可以成为居住权制度适用的客体。购房人在取得不动产权证书 5 年后购买政府产权份额的,取得共有产权房的完整产权,住房性质转变为商品住房。此时购房人可以自由处分住宅,居住权制度适用完全产权共有产权房自不待言。

（三）综合功能类住宅

综合功能类住宅主要指在商业用地或混和商业、居住等用途的土地上建设的、综合居住、办公、商务等功能的非住宅用途建筑。各地对此类建筑的性质界定存在差异,名称亦有所不同。有地区称之为商务公寓,建筑性质确定为商务人士提供中短期商务与住宿服务,但不提供学校、幼儿园等居住配套的办公类建筑。①有地区称之为酒店式公寓,即按酒店式管理的公寓,性质界定为居住建筑。②有地区称之为服务型公寓,性质界定为旅馆建筑。③有地区称之为酒店式公寓,性质确定为商业建筑。④有地区只称之为酒店式公寓,没有对其性质作出界定。⑤总的来讲,综合功能类住宅包含商务公寓、服务型公寓、酒店式公寓,均具有居住

---

① 参见《关于发布〈深圳市城市规划标准与准则〉(修订汇总版)的公告》。
② 参见《上海市城市规划管理技术规定(土地使用　建筑管理)》(上海市人民政府令第 12 号)。
③ 参见《南昌市人民政府办公厅关于印发南昌市服务型公寓建设管理若干规定的通知》(洪府厅发〔2018〕124 号)。
④ 参见《沈阳市酒店式公寓建设项目规划审批管理规定(试行)》。
⑤ 参见《南京市酒店式公寓规划审批管理规定》(2010 年)。

功能。综合功能类住宅的法律状况与普通住宅存在显著差异，体现为综合功能类住宅并非在居住用地上建设，因而其虽可以进行登记，不动产权证书登记的国有建设用地使用权最高年限却只有40年（商业用地）或50年（综合或者其他用地），且不动产权证书上用途一栏的登记并非住宅。[1]

综合功能类住宅虽不是住宅用途的建筑，却具有居住功能，可供自然人居住，似乎可以成为居住权制度适用的客体。[2]然而，综合功能类住宅并非只具有居住一种功能，其还兼具办公、商务等功能，同一栋建筑内混杂大量的陌生人，势必影响自然人的居住安全，不利于满足自然人的居住利益。[3]结合西方学者实践研究，过于开放的居住环境会带来人流聚集，由此引发犯罪率陡升。[4]相反，私密度较高和人流密度较低的居住环境中，犯罪的可能性更低，[5]更符合自然人的居住需要。此外，居住利益前提条件下，住宅必须具有保障居住人的精神安宁的功能，[6]过于开放的居住环境却会降低自然人的居住安全感，严重者导致居住人产生恐慌感，[7]域

---

[1] 参见《中华人民共和国城镇国有土地使用权出让和转让暂行条例》（2020年修订）。

[2] 参见肖俊：《居住权的定义与性质研究——从罗马法到〈民法典〉的考察》，《暨南学报（哲学社会科学版）》2020年第6期，第87页。

[3] See Gibson V, Johnson D. CPTED, *But not As We Know It: Investigating the Conflict of Frameworks and Terminology in Crime Prevention Through Environmental Design*, 29 Security Journal 256, 256-275(2016).

[4] See Schweitzer J H, Kim J W, Mackin J R., *The Impact of the Built Environment on Crime and Fear of Crime in Urban Neighborhoods*, 6 Journal of Urban Technology 59, 59-73(1999).

[5] See Zhang Wenjia, *Does Compact Land Use Trigger A Rise in Crime and a Fall in Ridership? A Role for Crime in the Land Use-Travel Connection*, 53 Urban Studies 3007, 3007-3026(2016).

[6] 参见郭红伟：《论网络私人生活安宁权及其保护限度》，《华东政法大学学报》2022年第6期，第82页。

[7] See Foster S et al., *Planning Safer Suburbs: Do Changes in the Built Environment Influence Residents' Perceptions of Crime Risk?*, 97 Social Science & Medicine 87, 87-94(2013).

外多国实证研究已然证实此点。①是以,综合功能类住宅虽具有居住功能,却不能真正满足自然人的居住利益,不宜作为居住权制度适用的客体。从实践来看,不动产登记处只会对申请办理居住权登记的住宅进行形式审查,综合功能类住宅上设立居住权存在无法保障居住利益的风险,不利于发挥居住权制度保障特定主体居住利益的功能。多数实务工作人员对综合功能类住宅上设立居住权表示反对,②部分地区甚至专门出台了"居住权登记办法",明确设立居住权的不动产只能是住宅用途的房屋。例如,合肥市自然资源和规划局发布的《合肥市居住权登记操作规范(试行)》的第1条第3款明确规定,居住权登记的申请材料包括"房屋用途为住宅的不动产权属证书"。③石家庄市自然资源和规划局发布的《不动产居住权登记办法(试行)》的第14条明确要求,不动产登记机构受理居住权首次申请后,应审查"申请设立居住权的不动产用途是否为住宅"。④安庆市自然资源和规划

---

① See Kytta M et al., *Perceived Safety of the Retrofit Neighborhood: A Location-Based Approach*, 19 Urban Design International 311, 311-328(2014); Marzbali M H, Abdullah A, Tilaki M J M, *The Effectiveness of Interventions in the Built Environment for Improving Health by Addressing Fear of Crime*, 45 International Journal of Law, Crime and Justice 120, 120-140(2016); Rachel Armitage, Leanne Monchuk, Michelle Rogerson, *It Looks Good, But What Is It Like to Live There? Exploring the Impact of Innovative Housing Design on Crime*, 17 European Journal on Criminal Policy & Research 29, 29-54(2011).
② 如杭州市自然资源和规划局萧山分局四级调研员刘旭华和常州市不动产登记交易中心副主任周英均反对在综合功能类住宅上设立居住权。参见《居住权登记制度若干问题探讨》,《中国土地》2021年第2期,第26页;周英:《居住权登记的理论研究与实务操作》,《中国房地产》2021年第7期,第21页。
③ 参见《合肥市居住权登记操作规范(试行)》,合肥市自然资源和规划局网,https://zrzyghgj.hefei.gov.cn/xwzx/yhdjccyshjzl/zcyfg/14865053.html,2023年6月14日访问。
④ 参见《石家庄市自然资源和规划局关于印发〈不动产居住权登记办法(试行)〉的通知》,石家庄市自然资源和规划局网,http://zrghj.sjz.gov.cn/sjzzrzy/zwgk/fdzdgknr/zcfg/flfg/10717462773366263808.html,2023年6月14日访问。

局、①淮北市自然资源和规划局、②界首市自然资源和规划局（林业局）③等部门发布的"居住权登记办法"作出相同要求。可见，综合功能类住宅不得成为居住权制度适用的客体这一规则正逐渐成为实践部门的普遍做法。事实上，部分地区已然开始暂停综合功能类住宅的审批，具有重要示范意义的是，深圳市规划和自然资源局、住房建设局联合出台文件，宣布在全市停止商务公寓的审批。④随着各地对综合功能类住宅新增项目的进一步控制，未来居住权制度不适用综合功能类住宅势必不再面临争议。值得注意的是，实践中综合功能类住宅的用途或被变更，其变更为"住宅用途"时，综合功能类住宅的管理得到升级，且只用于自然人的生活居住，符合居住利益前提条件，可成为居住权制度适用的客体。综上，综合功能类住宅虽具有居住功能，但难以满足特定主体的居住利益，不宜成为居住权制度适用的客体。其被变更为"住宅用途"时，可以成为制度适用的客体。

（四）农村自建类住宅

依循《民法典》第 362 条和《土地管理法》第 9 条、第 62 条，宅基地属于农民集体所有，农村村民一户只能申请一处宅基地，申请到宅基地的村民享有宅基地使用权，有权依法利用宅基地建造

---

① 参见《安庆市不动产居住权登记办法（试行）》，安庆市自然资源和规划局网，https://zrzy-hghj.anqing.gov.cn/bdcdj/ywgzd/2001646501.html，2023 年 6 月 14 日访问。
② 参见《关于开展居住权登记工作的通知（试行）》，淮北市人民政府网，https://www.huaibei.gov.cn/xwzx/mszx/62218691.html，2023 年 6 月 14 日访问。
③ 参见《界首市不动产居住权登记（试行）指南》，界首市人民政府网，https://www.ahjs.gov.cn/xxgk/detail/6295cd2e8866882d178b4569.html，2023 年 6 月 14 日访问。
④ 参见《深圳市规划和自然资源局、深圳市住房建设局关于停止商务公寓审批的通知》（深规划资源〔2020〕398 号）。

住宅及其附属设施。农村自建类住宅意指，农村村民在其申请到的宅基地上行使宅基地使用权而建造的住宅。部分农村除了村民自建的住宅，还出现了农村公寓或农村住宅小区，①但均基于宅基地使用权的行使而建造的，本书统一称之为村民自建类住宅。结合《不动产登记暂行条例实施细则（2019修正）》第40条，农村自建类住宅以户为单位，户主可以申请宅基地使用权和房屋所有权登记，不动产权证书登记的房屋用途为住宅，房屋所有权人通常为户主。农村自建类住宅的所有权人对住宅的处分受到一定的限制，体现为所有权人只能将农村自建类住宅的所有权转让给集体经济组织内部成员，②不得转让给城镇居民。③农村村民出卖、出租、赠与农村自建类住宅后，再申请宅基地的，不予批准。除了农村自建类住宅所有权转让的限制外，所有权人对住宅的其他处分不受影响，可以在住宅上设立居住权。是以，农村自建类住宅可以成为居住权制度适用的客体。实践中，部分法院已然认可农村自建类住宅成为居住权制度适用的客体。如在"宫某、王某遗赠纠纷民事纠纷案"中，④法院判决王某对涉案农村自建类住宅享有居住权。在"贾云芳、王旭东所有权确认纠纷案"中，⑤法院亦判决贾云芳对涉案农村自建类住宅享有居住权，具体指农村

---

① 参见《关于进一步加强农村宅基地管理的通知》（中农发〔2019〕11号）。
② 参见《关于农村土地征收、集体经营性建设用地入市、宅基地制度改革试点工作的意见》（国土资发〔2014〕101号）；《关于进一步加强农村宅基地管理的通知》（中农发〔2019〕11号）。
③ 参见《关于深化改革严格土地管理的决定》（国发〔2004〕28号）、《关于进一步加强农村宅基地管理的通知》（中农发〔2019〕11号）。
④ 山东省青岛市中级人民法院（2023）鲁02民终2056号民事判决书。
⑤ 山东省青岛市中级人民法院（2022）鲁02民终9266号民事判决书。

自建类住宅的东二间房屋。类似案件不胜枚举,再次印证了农村自建类住宅可以成为居住权制度适用的客体。随着国家进一步鼓励农村集体经济组织盘活利用闲置住宅,未来农村自建类住宅上设立居住权必然更加常见。[①]值得注意的是,乡村旅游业的发展促使部分村民开始利用闲置农村自建类住宅开办民宿,此类民宿属于住宅用途的房屋,且取得不动产权证书,可以成为居住权制度适用的客体。然而,实践中存在个人或企业利用未取得不动产权证书的农村住宅开办民宿的现象,此类民宿通常属于"违反土地管理法规,不符合土地和建设规划,未履行合法审批程序,在集体土地上建造的用于居住的房屋",[②]俗称"小产权房"。"小产权房"的建造并未取得建房用地审批手续,本质上是违法建筑。即便乡镇政府或村委会出具了相关产权证明,此类房屋也不得成为居住权制度适用的客体。[③]综上,可以办理不动产权证书的农村自建类住宅属于住宅用途的,可以成为居住权制度适用的客体。

第二节　居住权制度适用的类型化规则

《民法典》第 366 条、第 371 条只规定合同、遗嘱两种方式设立居住权,却没有进一步明确具体的设权规则,阻碍居住权制度

---

① 参见《关于积极稳妥开展农村闲置宅基地和闲置住宅盘活利用工作的通知》(农经发〔2019〕4 号)。

② 陈耀东、吴彬:《"小产权"房及其买卖的法律困境与解决》,《法学论坛》2010 年第 1 期,第49 页。

③ 参见龙翼飞、徐霖:《对我国农村宅基地使用权法律调整的立法建议——兼论"小产权房"问题的解决》,《法学杂志》2009 年第 9 期,第 28 - 32 页。

的准确适用。对此,宜依循现有立法,根据居住权的设立方式,设置利己与利他的并行规则以及构筑继承与遗赠分置规则,区分合同方式为他人设权、为自己设权规则以及遗赠方式设权、遗嘱继承方式设权规则。同时,对《民法典》第229条进行规范解释,确立践行确认、给付与形成的三层逻辑规则,即根据民事诉讼法理论区分确认性法律文书、给付性法律文书、形成性法律文书的设权规则,明确不同设权方式下居住权登记的效力。如此,居住权制度适用的类型化规则得以明确,制度适用的困境得到进一步消解,有利于充分实现居住权制度保障特定主体居住利益、促进住宅多元利用的功能。

一、合同方式:设置利己与利他的并行规则

审视《民法典》居住权章节,只有第367条明确规定合同方式设立居住权相关事项,仅凭此条款显然难以得出完整的合同方式设权规则。对此,宜在居住权制度适用居住利益前提条件、主体条件、客体条件的基础上,设置利己与利他的并行规则,区分为他人设权和为自己设权两种情形,进一步明确合同方式设权规则。

（一）为他人设权

《民法典》第366条居住权的定义条款明确规定,居住权人有权按照合同的约定,对他人的住宅享有居住权,表明合同方式设立居住权是居住权制度适用的主要方式。结合《民法典》第367条,住宅所有权人为他人设立居住权,原则上应签订书面的居住权合同,居住权合同中一般包含当事人的姓名或名称和住所、住宅的位置、居住的条件和要求、居住权的期限以及解决争议的方

法条款。为他人设权规则要求必须采用书面的居住权合同，以证明当事人之间存在物权变动合意，明确设立居住权的住宅位置、居住权的期限、居住的条件等事项，并为居住权登记提供清晰的、可信赖的、易于审查的基础，[①]存在诸多益处。然而，囿于实践中为他人设权发生的背景复杂，法定合同形式欠缺却常有发生：[②]如住宅所有权人没有采用书面形式确定物权变动合意，或虽采用书面形式，但没有进一步明确为居住权合同，只是在相关协议中单列一条为他人设立居住权条款。[③]此境遇下，为全面保障特定主体的居住利益、促进住宅多元利用，为他人设权规则却不宜抱守合同形式主义，[④]当事人之间没有采用法定合同形式的，不宜直接认定合同无效或不成立。相反，应适用《民法典》第490条规定的履行治愈规则，[⑤]住宅所有权人作为合同一方当事人，其已履行交付住宅供另一方当事人占有、使用义务，且该当事人已然接受的，应认定合同成立。双方签订有偿的合同，一方当事人支付约定的价款，住宅所有权人予以接受的，亦应认定合同成立。[⑥]原因在于，住宅所有权人为他人设权情境中，双方当事人

① 参见［德］海因·克茨：《欧洲合同法（上卷）》，周忠海等译，法律出版社2001年版，第116-117页。
② See Islam El-adaway et al., *Administering Extension of Time under National and International Standard Forms of Contracts：A Contractor's Perspective*, 8 Journal of Legal Affairs and Dispute Resolution in Engineering and Construction 04516001，04516001-04516001(2016).
③ See Reinhard Zimmermann, *The Law of Obligations-Roman foundations of the Civiliantradition*, Oxford University Press，1996，p.84.
④ 参见徐涤宇：《合同概念的历史变迁及其解释》，《法学研究》2004年第2期，第57-65页。
⑤ 参见谢怀栻：《合同法原理》，法律出版社2000年版，第61页。
⑥ See Seneviratne Krisanthi, Michael Gladstan Vimal, *Disputes in Time Bar Provisions for Contractors' Claims in Standard Form of Contracts*, 20 International Journal of Construction Management 335，335-346(2020).

事先均不知晓合同应采用法定形式,但一方履行合同约定的主要
义务,且对方予以接受,表明双方存在应受保护的信赖。[1]否定欠
缺法定形式的合同成立有效,则一方当事人履行主要义务,另一
方却予以反悔的,履行义务一方显然承担不利的后果,有违诚实
信用原则。[2]故而,出于"鼓励交易、便利交易、尊重当事人自由意
志的法律原则",[3]为他人设权规则原则上应要求当事人订立书面
的居住权合同,欠缺书面居住权合同形式的,当事人履行合同主要
义务,另一方予以接受,应认定合同有效。此外,区分原则下,合同
生效只产生债权债务关系,此时居住权并未设立。[4]合同方式设立
居住权是基于法律行为设立居住权,还应适用物权变动的一般规
则,当事人应办理居住权登记。结合第 368 条,住宅所有权人为他
人设立居住权时,原则上应无偿设立,但双方当事人另有约定的,
可以签订有偿的居住权合同。是以,为他人设权规则宜确立为,当
事人应订立书面形式的居住权合同,并列明当事人的姓名或名称
和住所、住宅的位置、居住的条件和要求、居住权的期限以及解决
争议的方法条款,并办理居住权登记。欠缺书面居住权合同形式,
当事人履行合同主要义务,另一方予以接受的,应认定合同有效。

（二）为自己设权

居住权是一项限制物权,是从所有权分离出来的占有、使用

---

① 参见王洪:《合同形式欠缺与履行治愈论——兼评〈合同法〉第 36 条之规定》,《现代法学》
　2005 年第 3 期,第 81 - 88 页。
② See Hector MacQueen, Shannon O'Byrne, *The Principle of Good Faith in Contractual Performance:
　A Scottish-Canadian Comparison*, 23 Edinburgh Law Review 301, 301 - 331(2019).
③ 王利明:《合同法研究(第一卷)》,中国人民大学出版社 2002 年版,第 483 页。
④ 参见王轶:《区分原则:区分什么?》,《东方法学》2022 年第 4 期,第 181 页。

权能独立形成的权利,①其"赋予权利人在内容上、常常也在时间上对物以一定方式施加有限制的影响的权能",②具体表现为居住权人在一定期限内对他人住宅的占有、使用。对住宅所有权人而言,其原本对住宅享有所有可能的、不受时间限制的支配权,但居住权的设立却导致其在居住权范围内将占有、使用权能转移给居住权人,居住权消灭时,居住权具备的占有、使用权能重新回到所有权中。③正因如此,住宅所有权人不得在自己所有的住宅上设立居住权,否则将发生权利的混同。④我国《民法典》第 323 条亦对此作出规定,用益物权只能设立在他人所有的不动产或动产之上。多数学者持有相同主张,住宅所有权人不得为自己设立居住权。如有学者提出,"一般意义上看,住宅所有权人于享有所有权的住宅上为自己设立居住权当属'多此一举',居住权益已为所有权涵摄"。⑤

　　然而,住宅所有权人将住宅转让给他人,并约定其对"自己的"住宅享有居住权,双方办理住宅所有权转让登记、居住权设立登记的做法却存在可能。住宅的所有权为受让人所有,原住宅所有权人享有住宅的居住权,并不会发生权利的混同。事实上,西方有国家已然采取此种居住权设立模式,为自己设权存在可资借

---

① 参见[德]曼弗雷德·沃尔夫:《物权法》,吴越、李大雷译,法律出版社 2004 年版,第 6-7 页。
② [德]卡尔·拉伦茨:《德国民法通论(上册)》,邵建东等译,法律出版社 2013 年版,第 285 页。
③ 参见[德]卡尔·拉伦茨:《德国民法通论(上册)》,邵建东等译,法律出版社 2013 年版,第 285 页。
④ 参见朱广新:《论物权混同规则及其在我国物权法草案中的应有地位》,《法学》2006 年第 7 期,第 49-55 页。
⑤ 焦富民:《我国〈民法典〉居住权设立规则的解释与适用》,《政治与法律》2022 年第 12 期,第 149 页。

鉴的经验。如在意大利,住宅所有权人可以将住宅以较低的价格出售给他人,自己却可在住宅终身居住,学界称之为"空虚所有权交易"。①此种设权模式主要发生在以房养老领域,可以发挥居住权制度保障老年人居住利益的功能。②老年人将自己唯一住宅所有权以较低的价格转让给他人,并约定自己对住宅享有终身居住权,可以在不改变原有居住环境境遇下实现以房养老。③为自己设权将住宅的使用利益和流转利益进行分割,亦可以促进住宅的多元利用。例如,住宅所有权人出于投资和消费目的在度假区购买住宅,每年却只有在固定的时间前往居住。为避免住宅闲置,所有权人可与旅游公司约定,所有权人将住宅转让给旅游公司,旅游公司为其设立固定期限居住权。如此,原住宅所有权人取得住宅的流转利益,旅游公司获得住宅的使用利益,住宅亦可得到充分利用。值得注意的是,为自己设权与为他人设权相似,皆属于基于法律行为产生的物权变动,当事人之间必须办理登记,否则不发生居住权设立之物权变动效果。

二、遗嘱方式:构筑继承与遗赠分置规则

《民法典》第371条只规定遗嘱方式设权参照适用居住权章节的有关规定,仅凭此条款和居住权章节有关规定难以直接得出

---

① 肖俊:《空虚所有权交易与大陆法系的以房养老模式》,《上海财经大学学报》2017年第1期,第117-128页。

② See Lee et al., *A Scheme to Introduce the Construction System of Housing for the Aged in the Housing Law*, 10 Residential Environment: Joural of the Residential Environment Institute of Korea 159, 159-177(2012).

③ See Yeo Gyeong su, *A Plan on the Legislative Reform of Housing Welfare for the Aged in an Aging Society*, 19 Seoul Law Review 391, 391-426(2011).

遗嘱方式设权的具体规则。加之学界对遗嘱方式设权时居住权登记的效力争议较大,遗嘱继承人、受遗赠人的居住利益难以得到充分保障。对此,宜结合现有立法,区分遗嘱继承方式设权和遗赠方式设权,构筑继承与遗赠分置规则,在充分尊重遗嘱人处分财产意志的同时,实现居住权制度保障特定主体居住利益的功能。

（一）遗嘱继承设权

依循物权公示原则,"物权的设立、变动必须依据法定的公示方法予以公开,使第三人能够及时了解物权的变动情况"。[①]结合《民法典》物权编通则分编物权的设立、变更、转让和消灭条款,基于法律行为引起物权变动的公示方法为不动产登记和动产交付。对应基于法律行为设立居住权,依循《民法典》第 368 条、第 370条,居住权的设立应办理登记,即登记生效主义。当事人办理居住权登记,第三人得以知晓住宅上存在居住权负担,方便其决定是否与住宅所有权人进行住宅交易。[②]然而,被继承人死亡事件发生时,被继承人"权利能力因死亡而消灭,与被继承人相关的权利、义务和法律关系也随之消灭。如果在此情形下仍坚持物权变动要通过公示才能生效的规则,那么遗产必然在一定时期内处于无主状态,不利于社会经济秩序的稳定"。[③]由此推之,被继承人死亡事件发生,被继承人的财产转变为遗产,坚持物权变动的一

---

① 王利明:《民法(第八版上册)》,中国人民大学出版社 2020 年版,第 227 页。
② 参见龙俊:《物权变动模式的理想方案与现实选择》,《法学杂志》2019 年第 7 期,第 21 - 30 页。
③ 中国审判理论研究会民事审判理论专业委员会编:《民法典物权编条文理解与司法适用》,法律出版社 2020 年版,第 62 页。

般规则——不动产登记和动产交付,则遗产将在一定时间内处于无主状态。反之,被继承人死亡,物权直接发生变动,遗产将处于有主状态,居住权的权利主体亦可得到确立。①出于相同的考虑,我国《民法典》第230条设置了特殊的物权变动规则,采用"因继承取得物权的,自继承开始时发生效力"表述,继承开始后,因继承取得物权直接发生效力,无需登记或交付。对应遗嘱继承方式设立居住权,居住权是一项用益物权,则继承开始后,依循《民法典》第230条居住权的设立生效,此时登记只产生宣示住宅存在居住权负担之效果,即登记宣示主义。多数学者认为,《民法典》第368条和第370条分别采用"居住权自登记时设立"和"居住权消灭的,应当及时办理注销登记"表述,表明遗嘱继承方式设立居住权,居住权应自登记时生效。如有学者明确表示,"包含有居住权设立内容的遗嘱首先应当采用书面的形式,之后居住权还必须进行登记,这样居住权才能有效设立"。②

然而,结合《民法典》第209条、第368条、第370条,第209条处于物权编通则分编物权的设立、变更、转让和消灭章节,属于不动产物权登记效力的一般规定,第368条和第370条位于物权编用益权分编居住权章节,两条款规定的"居住权自登记时设立"和"居住权消灭的,应当及时办理注销登记"规定,是居住权登记效力的具体规定。遵循体系解释,物权编通则分编第209条对其他分编不动产物权登记的效力起到指导、统领的作用,第368条

---

① 参见郭红伟、金俭:《遗嘱方式设立居住权的法律适用冲突及消解路径》,《南京社会科学》2022年第7期,第81-92页。
② 中国审判理论研究会民事审判理论专业委员会编:《民法典物权编条文理解与司法适用》,法律出版社2020年版,第386页。

和第 370 条规定的居住权登记的效力原则上不得与其相悖,除非其作出专门规定。审视《民法典》第 368 条和第 370 条,其采用"居住权自登记时设立"和"居住权消灭的,应当及时办理注销登记"表述,采取登记生效主义,没有对居住权登记的效力作出特别规定,足见第 368 条和第 370 条登记效力条款与第 209 条不动产登记效力原则性规定保持一致,前者是后者在居住权领域的延伸。

回顾《民法典》第 209 条和第 230 条,二者同属于物权编通则分编物权的设立、变更、转让和消灭章节,但前者处于"不动产登记"小节,属于不动产物权设立、变更、消灭、转让的一般规定,后者则位于"其他规定"小节,在"不动产登记""动产交付"小节之后,属于不动产物权和动产物权变动的例外规定。按照"特别法优于一般法",①在"物权的设立、变更、消灭、转让和消灭"章节内,不动产物权和动产物权变动的,优先适用"其他规定"小节的特别规定。意即,第 230 条规定的"因继承取得物权"情形发生不动产物权设立的,应优先适用第 230 条特别条款,而非第 209 条不动产物权变动一般规定。对应遗嘱继承设立居住权,《民法典》第 368 条居住权登记设立条款,是第 209 条不动产登记效力原则性规定在居住权领域的延伸,二者在登记效力上保持一致,则第 230 条优先第 209 条适用境况下,其亦应优于第 368 条。此时居住权登记采登记宣示主义,而非登记生效主义。具体来讲,《民法典》第 209 条与第 368 条相较,《民法典》第 209 条是不动产登记效力原则性规定,适用于一切不动产物权的设立、变更、转让和消

① 汪全胜:《"特别法"与"一般法"之关系及适用问题探讨》,《法律科学(西北政法学院学报)》2006 年第 6 期,第 50 - 54 页。

灭,属于比较"重"的情形,而《民法典》第 368 条居住权登记设立条款,仅适用于居住权的设立,属于比较"轻"的情形。依循当然解释,《民法典》第 209 条与第 230 条同属于物权编通则分编,第 230 条优先于针对一切不动产物权变动较"重"情形的第 209 条适用。"举重以明轻",①第 230 条当然优于居住权设立较"轻"情形的第 368 条适用,则遗嘱继承方式设立居住权,理应优先适用第 230 条,采取登记宣示主义。

　　有学者主张遗嘱继承方式设立居住权,采取登记对抗主义。②登记对抗主义,意指物权的变动未经登记在法律上有效成立,但不得对抗善意第三人。③此种主张存在一定的合理性,毕竟在登记之前,遗嘱继承人已然取得居住权。然而,登记对抗主义属于基于法律行为物权变动的一种特殊模式,发生在交易领域,而在非交易领域,登记对抗主义难以直接适用。遗嘱继承方式设立居住权,是被继承人死亡之事件引发的物权变动,属于非基于法律行为引起的物权变动,并非发生在交易领域,则遗嘱继承方式设立居住权适用登记对抗主义合理性不足。进一步来讲,关于不动产物权变动,我国原则上采取登记生效主义,而例外的规定登记对抗主义,主要目的是保护交易安全,尤其是善意第三人的合法权益。④正因如此,我国《民法典》只有第 335 条土地承包经

---

① 梁慧星:《论法律解释方法》,《比较法研究》1993 年第 1 期,第 53 页。
② 参见屈然:《论我国居住权的设立方式与登记效力》,《法学杂志》2020 年第 12 期,第 97 页。
③ 参见庄加园:《登记对抗主义的反思与改造:〈物权法〉第 24 条解析》,《中国法学》2018 年第 1 期,第 207－224 页。
④ 参见龙俊:《物权变动模式的理想方案与现实选择》,《法学杂志》2019 年第 7 期,第 21－30 页。

营权互换、转让的登记条款、第 341 条土地经营权的设立及登记条款、第 374 条地役权的设立与登记条款例外性规定不动产物权变动采取登记对抗主义，保护善意第三人。审视遗嘱继承方式设立居住权，其主要目的是尊重被继承人的自由意志，满足遗产继承人的居住利益，保护对象是被继承人。故而，从我国设置登记对抗主义的目的来看，遗嘱继承方式设立居住权难以直接适用再次得到印证。是以，登记对抗主义虽可解决登记宣示主义、登记生效主义之争，但其适用情形难以囊括遗嘱继承方式设立居住权，此时登记的效力不宜采取登记对抗主义，而应适用登记宣示主义。意即，遗嘱继承方式设权规则，应以第 230 条为核心，被继承人死亡时居住权设立。

值得注意的是，《民法典》第 371 条规定遗嘱方式设立居住权的，参照适用本章的有关规定（第 366 条至第 370 条），第 230 条却不属于第 371 条声称的"本章的有关规定"。此境况下，理论上证成遗嘱继承方式采取登记宣示主义的同时，仍需解决第 371 条与第 230 条的适用冲突问题。《民法典》第 371 条采用"参照适用"表述，而非规定"直接适用"，表明遗嘱方式设立居住权应根据其自身特性决定参照适用居住权章节的具体条款，而非直接适用。否则，第 371 条将作出类似"以遗嘱方式设立居住权的，适用本章的有关规定"的规定。由此推之，遗嘱继承方式设立居住权应参照适用第 366 条至第 370 条，而非直接适用。全国人民代表大会常务委员会法制工作委员会 2009 年制定的《立法技术规范（试行）（一）》的第 18.3 条对"参照"一词作出解释，"'参照'一般用于没有直接纳入法律调整范围，但是又属于该范围逻辑内涵自然延伸的事项。示例：本法第二条规定的用人单位以外的单位，产生职业病危害的，其职业病防治活动可以参照本法执行。（职业病防治法第八十六条第一款）"。①依循此款解释，遗嘱方式设立居住权，可以选择参照适用第 366 条至第 370 条规定的某一或某些规定，只要其归属"逻辑范围内自然延伸的事项"。对应遗嘱继承方式设立居住权，第 366 条至第 370 条中有关居住权设立目的、居住的条件、期限、住宅的位置等规定，直接关涉遗嘱继承人享有居住权的住宅的位置、居住的期限以及权利范围，显然属于遗嘱继承方式设立居住权"逻辑范围内自然延伸的事项"，应予参照适用。具体而言，第 366 条居住权定义条款表明，居住权是对他人的住宅享有占有、使用的用益物权，目的是满足生活居住的需要。遗嘱继承方式设立居住权时，被继承人可适用此款规定，在遗嘱中明确遗嘱继承人有权占有、使用住宅，以满足生活居住的需要。第 367 条要求采用书面形式订立合同，合同中一般应涵盖住宅的位置、居住的条件、要求、期限等事项，则被继承人以遗嘱继承方式设立居住权，可适用第 367 条采用书面的形式，明确设立居住权的住宅、享有居住权的遗嘱继承人的姓名、居住的条件以及居住的期限等内容。第 368 条居住权设立的条款载明居住权的设立原则上应办理登记和居住权自登记时设立，被继承人可适用此款规定，在遗嘱中要求住宅所有权的承继人协助办理登记。第 369 条居住权的转让、继承和设立居住权的住宅出租条款要求居住权不得转让、继承，设立居住权的住宅原则上不得出租。

---

① 《立法技术规范（试行）（一）》（法工委发［2009］62 号）。

被继承人可适用第 369 条,在遗嘱中明确遗嘱继承人不得转让居住权、设立住宅的居住权能否出租、居住权不得继承。第 370 条居住权的消灭条款表示,居住权期限届满、居住权人死亡的,居住权消灭。居住权消灭的,应及时办理注销登记。被继承人亦可适用第 370 条,在遗嘱中列明居住权消灭情形,以及办理居住权注销登记事项。然而,继承开始后,遗嘱继承人可直接取得居住权,则第 368 条规定的"居住权自登记时设立"事项,却处于"逻辑范围内自然延伸的事项"之外,可以不予参照适用。与之相应,遗嘱继承人自继承开始时直接取得居住权,此后一直未办理居住权登记,则第 370 条规定的"居住权消灭的,应当及时办理注销登记"事项,亦在逻辑范围之外,无需参照适用。意即,遗嘱继承方式设立居住权,不参照适用第 368 条登记生效主义。王利明教授指出,"能否进行参照适用,还需要进行体系上的检验,即考察参照适用所产生的法律效果,将其置于整个法体系中进行检验,确保参照适用的价值判断结论不能与其他规定相冲突,不能与基本的价值目标相背离,不能违反更高层级的规范"[①]。《民法典》第 230 条位于民法典物权编通则分编,属于更高层级的原则性规定,起到统领物权编其他各编的作用,包括用益物权分编,而第 368 条处于用益物权分编,属于第 209 条不动产物权登记的效力条款在居住权领域的延伸。两者相较,第 230 条显然属于更高层级的规范。在物权体系内,参照适用第 368 条登记生效主义,显然违反了更高层级的规范,易导致物权体系内的紊乱。反之,遗嘱继承

[①] 王利明:《民法典中参照适用条款的适用》,《政法论坛》2022 年第 1 期,第 54 页。

方式设立居住权,直接适用第 230 条采取登记宣示主义,而不参照适用第 368 条,第 209 条、第 230 条、第 368 条得以协调适用,物权体系内得以统一,遗嘱继承方式采用登记宣示主义再次得到印证。是以,遗嘱继承设权规则应以第 230 条为中心,采取登记宣示主义,而不参照适用第 368 条"居住权自登记时设立"之规定。

（二）遗赠设权

《民法典》第 371 条没有言明遗嘱方式设权规则,引发学界对遗嘱方式设权登记效力的热议。遗嘱继承方式设权规则,上文已论证以第 230 条为中心,采取登记宣示主义,不再赘述。遗赠方式设权规则中,登记的效力仍存在"登记设立说""登记宣示说"之争至今尚无定论。"登记设立说"主张,遗赠方式设权,经由《民法典》第 371 条参照适用第 368 条,采登记生效主义。"登记宣示说"却认为,遗赠方式设权应直接适用第 230 条,采用登记宣示主义。审视《民法典》第 371 条,"参照适用"字眼表明,遗赠方式设权并非直接适用第 366 条至第 370 条,则居住权登记的效力是否参照适用第 368 条存在解释空间。此境遇下,宜明确"参照适用"的具体内涵,以便确立遗赠方式设权参照适用的具体条款,明晰遗赠方式设权规则。

"参照适用"不同于"适用","适用"字眼表明相关情形可"直接适用"具体条款。如《民法典》第 12 条效力范围条款采用"适用"表述,中华人民共和国领域内的民事活动,"直接适用"中华人民共和国法律。第 467 条无名合同及涉外合同的法律适用条款第 1 款,分别采用"适用""参照适用"表述,表明法律没有明文规定的合同,"直接适用"民法典合同编通则的规定,并可以"参照适用"合同编或其他法律最相类似合同的规定。第 1001 条身份权的法律适用条款,同样采用"适用""参照适用"表述,表明对自然人因婚姻家庭等产生的身份权利的保护,"直接适用"《民法典》总则编、婚姻家庭编和其他法律的相关规定;没有规定的,可以根据其性质"参照适用"人格权编人格权保护的有关规定。第 1072 条继父母与继子女间的权利义务关系条款第 2 款表明,继父或继母和受其抚养教育的继子女间的权利义务关系,"直接适用"《民法典》关于父母子女关系的规定。类似条款不胜枚举,足见"适用""参照适用"截然不同。故而,倘若《民法典》第 371 条直接采用"适用"表述,遗赠方式设权"直接适用"居住权章节的有关规定,包含第 368 条采登记生效主义。然而,《民法典》第 371 条采用"参照适用"表述,表明遗赠方式设立居住权并非"直接适用"居住权章节的有关规定,则应否参照适用第 368 条采取登记生效主义,则需作进一步判断。王利明教授指出,"参照适用就是'准用'(entsprechende Anwendung),准用是指法律明确规定特定法律规定可以参照适用于其他的情形"。①"可以参照适用"表明,法律作出的明确规定并非一定适用于其他情形,而是"可以"选择性适用,则遗赠方式设权可以选择参照适用居住权章节的具体条款。周江洪教授持相似观点,"虽然有不少学者区分'参照适用'与'类推适用',但各学说均不否认其过程中包含类似性考量,将关于某种事项所设之规定,适用于相类似之事项。除了通过类似性考量

① 王利明:《民法(第八版下册)》,中国人民大学出版社 2020 年版,第 32 页。

赋予相同法律效果之外,参照适用也并非完全适用,其内涵区别于'适用'"。①《民法典》第 371 条内含的遗赠方式设权,与第 366 条至第 370 条规定的合同方式设权相通,二者皆以"满足生活居住的需要"为目的,遗嘱与合同中通常包含住宅的位置、居住的条件、要求、期限等内容。故而,遗赠方式设权可以参照适用第 366 条至第 370 条,但"参照适用也并非完全适用",而是可选择性地适用。史尚宽教授进一步指出,"准用(entsprechende Anwendung)乃为法律简洁,避免复杂的规定,以明文使类推适用关于类似事项之规定……准用非全部照样适用,如其事件有差异时,于性质许可之限度,应基于其差异,加以取舍变更,以变通适用,此点与适用应完全适用者不同"。②由此推之,遗赠方式设立居住权,应基于其与合同方式设权之"差异",在其"性质许可之限度"对第 366 条至第 370 条规定的内容进行取舍,"以变通适用"。是以,确立遗赠方式设权时登记的效力,当务之急是明确遗赠"性质许可之限度"。

巡视我国现有立法,未曾寻得明确规定遗赠法律效力的条款,遗赠的性质难以直接得出。学界对此看法不一,主要存在"遗赠物权变动效力说""遗赠独立效力说""遗赠债权效力说"。"遗赠物权变动效力说"主张,继承开始后,遗赠可直接引起物权变动。③如有学者提出,"《物权法》第 29 条规定:'因继承或者受遗赠取得物权的,自继承或者受遗赠开始时发生效力。'《物权法》之

---

① 周江洪:《民法典中介合同的变革与理解——以委托合同与中介合同的参照适用关系为切入点》,《比较法研究》2021 年第 2 期,第 59 页。
② 史尚宽:《民法总论》,中国政法大学出版社 2000 年版,第 52－53 页。
③ 参见梁慧星:《中国民法典草案建议稿附理由·物权编》,法律出版社 2004 年版,第 50 页。

所以规定受遗赠的情形,是因为遗赠虽然是遗赠人生前作出的意思表示,但于遗赠人死亡后才发生效力。遗嘱属单方债权行为,自继承开始后,所有继承人是基于法律的直接规定(非依法律行为)而取得物权,因此取得物权的生效时间始于继承开始。因遗赠发生的物权变动,虽然属于依据法律关系发生的物权变动,但同样适用继承的规则,物权不经公示而直接转移……应规定为:自继承开始(即被继承人死亡)之时,由继承人取得遗产的所有权。遗赠也准用同样的规定,从被继承人(遗赠人)死亡之时,即继承开始之时,遗赠财产的所有权就归于受遗赠人。到后来分割遗产时,如果受遗赠人放弃受遗赠,则该遗赠财产的所有权就归其他继承人"①。然而,《民法典》第 1159 条遗产分割时的义务条款表明,分割遗产应清偿被继承人依法应当缴纳的税款和债务,即遗产应先用于税款缴纳、债务清偿,而后进行分割。第 1162 条清偿被继承人税款、债务优先于执行遗赠的原则条款亦要求,执行遗赠不得妨碍清偿遗赠人依法应当缴纳的税款和债务。此境遇下,坚持"遗赠物权变动效力说",继承开始后,受遗赠人取得相应的遗产在先,遗赠人的税款缴纳、债务清偿在后,则受遗赠人将被迫以自己的财产(已取得的遗产)缴纳遗赠人的税款、清偿遗赠人的债务,显然有违公平原则。②事实上,《民法典》出台前,我国立法上正是采取这种做法。原《最高人民法院关于贯彻执行〈中

---

① 最高人民法院民法典贯彻实施工作领导小组:《中华人民共和国民法典物权编理解与适用(上册)》,人民法院出版社 2020 年版,第 166-167 页。

② See Garth Nettheim, *The Principle of Open Justice*, 8 University of Tasmania Law Review 25, 25-45(1984); Madis Ernits, *The Principle of Equality in the Estonian Constitution: A Systematic Perspective*, 10 European Constitutional Law Review 444, 444-480(2014).

华人民共和国继承法〉若干问题的意见》第 62 条明确规定，"遗产已被分割而未清偿债务时，如有法定继承又有遗嘱继承和遗赠的，首先由法定继承人用其所得遗产清偿债务；不足清偿时，剩余的债务由遗嘱继承人和受遗赠人按比例用所得遗产偿还；如果只有遗嘱继承和遗赠的，由遗嘱继承人和受遗赠人按比例用所得遗产偿还"。[①]"按比例用所得遗产偿还"表明，受遗赠人自继承开始时取得相应遗产的物权，受遗赠人的财产（所得遗产）将用于偿还债务。彼时，原《物权法》第 29 条规定"因继承或者遗赠取得物权的，自继承或者受遗赠开始时发生效力"，遗赠具有直接引起物权变动的效力，则受遗赠人的财产（所得遗产）将用于偿还债务，实际上是原《物权法》第 29 条引发的一种矛盾结果。不仅如此，"遗赠物权变动效力说"下，遗赠物权变动的时间存在"单纯的遗赠人死亡时说""溯及于遗赠人死亡时说""接受遗赠时说"，遗赠引起物权变动的时间亦难以确定。"单纯的遗赠人死亡时说"认为，[②]遗赠引发物权变动的，自遗赠人死亡时开始生效。"溯及于遗赠人死亡时说"主张，[③]受遗赠人在法定期间表示接受的，受遗赠人溯及至遗赠人死亡时取得物权。"接受遗赠时说"却提出，[④]遗赠人死亡至受遗赠人接受遗赠期间，遗产归继承人所有，受遗赠人自作出接受遗赠表示时取得物权。可见，"遗赠物权变动效力说"主张遗赠可直接引起物权变动，主要受原《物权法》第 29 条的影响，抱守"遗赠物权变动效力说"会导致民法体系内多

[①]《最高人民法院关于贯彻执行〈中华人民共和国继承法〉若干问题的意见》。
[②] 参见孙宪忠：《中国物权法总论（第四版）》，法律出版社 2018 年版，第 366 页。
[③] 参见王丽萍：《婚姻家庭继承法学》，北京大学出版社 2004 年版，第 451 页。
[④] 参见朱岩、高圣平、陈鑫：《中国物权法评注》，北京大学出版社 2007 年版，第 151 页。

处存在冲突,显然是不合理的。《民法典》出台后,第 230 条承继
了原《物权法》第 29 条,并在原有条款的基础上删除了"或者遗
赠""或者受遗赠"字眼,直接表述为"因继承取得物权的,自继承
开始时发生效力"。从此条款的变迁来看,《民法典》第 230 条改
变了原《物权法》第 29 条的表述,剔除遗赠引起物权变动情形,则
因遗赠取得物权的,并非自受遗赠开始时发生效力。"继承"由被
继承人死亡之事件直接引发,包含遗嘱继承和法定继承。[1]"遗
赠"则是自然人以遗嘱的方式将其个人财产赠给国家、集体或者
法定继承人以外的组织、个人,受遗赠人需表示接受。[2]语义范围
上,继承显然难以涵盖遗赠。[3]我国《民法典》第 1123 条第 2 款、
第 3 款,分别规定遗嘱继承、遗赠,予以佐证。依循《民法典》第
116 条物权法定原则条款,现有立法没有明确规定遗赠可以直接
引起物权变动,"遗赠物权变动效力说"在我国显然没有生存空间。
基于此,"遗赠独立效力说"主张,《民法典》第 230 条删除了遗赠直
接引起物权变动效力的规定,"为尊重遗赠人的意思自治,承认遗
赠人可在遗嘱中自由决定遗赠发生债权还是物权效力,当为最优
选择"[4]。此种主张存在一定的合理性,"债权性遗赠保证了遗赠标
的的多样性与实现方式的灵活性,物权性遗赠则可令受遗赠人取

---

[1] See Alexis A. Golling-Sledge, *Testamentary Freedom vs. the Natural Right to Inherit: The Misuse of No-Contest Clauses as Disinheritance Devices*, 12 Washington University Jurisprudence Review 143, 143 – 168(2019); Phyllis C. Taite, *Testamentary Freedom and the Implied Right to Inherit*, 2016 Jotwell: The Journal of Things We Like 1, 1 – 2(2016).

[2] See Robert Lamb, *The Power to Bequeath*, 33 Law and Philosophy 629, 629 – 654(2014).

[3] See Gertruida Grové, *Living Wills: What is the Current Legal Status in South Africa?*, 31 Stellenbosch Law Review 270, 270 – 296(2020).

[4] 翟远见、关华鹏:《论遗赠的效力》,《云南社会科学》2021 年第 2 期,第 21 页。

得遗产更有保障。在受遗赠人为多人的场合,意定原则使得在受遗赠人内部建立更为精细的利益实现次序成为可能"。①遗赠人自由决定遗赠的效力,亦可消解"遗赠物权变动效力说""遗赠债权效力说"之争,存在多种优势。然而,依循物权法定原则,物权的类型和内容法定,②现有立法尚未明确规定遗赠可直接引起物权变动之物权内容,遗赠人不得创设,否则有违《民法典》第 116 条物权法定原则条款。足见,"遗赠独立效力说"适用空间不足。

　　民事法律行为是民事主体通过意思表示设立、变更、终止民事法律关系的行为。③其一般成立要件包括民事主体和意思表示。④遗赠人是自然人,民事主体要件显然成立。"意思表示是法律行为的要素,法律行为本质上是意思表示"。⑤遗赠人意欲通过遗嘱将财产赠送给国家、集体或者法定继承人以外的组织、个人,内心知晓遗赠给他人遗产的法律效果,并实施了订立遗嘱的表示行为,符合意思表示构成"三要素说"之目的意思要素、效果意思要素、表示行为要素。⑥意思表示要件成立,认定遗赠为民事法律行为存在合法性、合理性。多数学者持相同主张。如有学者认为,"遗赠是通过遗嘱方式实施的单方法律行为"。⑦有学者进一

① 翟远见、关华鹏:《论遗赠的效力》,《云南社会科学》2021 年第 2 期,第 21 页。
② 参见朱庆育:《物权法定的立法表达》,《华东政法大学学报》2019 年第 5 期,第 106 页。
③ See E. V. Vavilin, *Rights Execution and Obligations Realisation in the Structure of Civil Legal Relationship*, 2007 Russian Juridical Journal 100, 100 - 104(2007).
④ See Ioana Nicolae, Roxana Matefi, *A Comparative View on the Civil Legal Act and the Legal Fact as Sources of the Legal Relationship*, 2017 Pandectele Romane 81, 81 - 88(2017).
⑤ 最高人民法院民法典贯彻实施工作领导小组:《中华人民共和国民法典总则编理解与适用(下册)》,人民法院出版社 2020 年版,第 686 页。
⑥ 参见王利明:《民法(第八版上册)》,中国人民大学出版社 2020 年版,第 129 页。
⑦ 房绍坤、李范瑛、张洪波编:《婚姻家庭继承法(第七版)》,中国人民大学出版社 2021 年版,第 228 页。

步指出,遗赠本质上属于赠与关系,受遗赠人表示接受,赠与法律关系才成立;遗赠不能直接导致物权变动,应适用物权变动的一般规则。①有学者提出,"遗赠产生物权变动适用法律行为物权变动一般规则,不会产生权利主体真空的问题,符合物权变动的逻辑"。②类似观点不胜枚举。遗赠人死亡后,遗嘱生效,受遗赠人不能直接取得债权,毕竟依循《民法典》第 1124 条第 2 款,受遗赠人在知道受遗赠后 60 日内,还需作出接受受遗赠的表示。其作出放弃受遗赠表示,或到期没有表示的,均无法享有债权。陈甦教授、谢鸿飞教授持相同观点,"受遗赠权在性质上为一种债权,受遗赠人表示接受遗赠后,即取得请求继承人或者遗产管理人按照遗嘱的规定向其交付遗赠财产的权利"。③我国"实际上确立了一种以债权形式主义为原则,以公示对抗主义为例外的二元物权变动模式",④基于遗赠民事法律行为引起物权变动,应适用不动产物权变动的一般规则。实践中,"陈珩、王晓榕等遗赠纠纷案"⑤"金某等遗赠纠纷案"⑥"李某等遗赠纠纷案"⑦等案件的判决予以证成。是以,遗赠的法律性质为单方民事法律行为,以遗赠方式设立居住权,受遗赠人在知道受遗赠后 60 日内作出接受表示的,债权成立,应适用法律行为设立居住权的一般规则。意即,

---

① 参见黄薇主编:《中华人民共和国民法典物权编解读》,中国法制出版社 2020 年版,第 62 页。
② 中国审判理论研究会民事审判理论专业委员会:《民法典物权编条文理解与司法适用》,法律出版社 2020 年版,第 63 页。
③ 陈甦、谢鸿飞主编:《民法典评注继承编》,中国法制出版社 2020 年版,第 316 页。
④ 王利明:《民法(第八版上册)》,中国人民大学出版社 2020 年版,第 247 页。
⑤ 山东省烟台市芝罘区人民法院(2021)鲁 0602 民初 7138 号民事判决书。
⑥ 山东省济宁市兖州区人民法院(2021)鲁 0812 民初 3149 号民事判决书。
⑦ 上海市第二中级人民法院(2021)沪 02 民终 4975 号民事判决书。

经由《民法典》第371条参照适用第368条,采登记生效主义。放眼域外立法,遗赠方式设立居住权采登记生效主义亦有例可循。如德国法上不动产物权变动采登记生效主义,《德国民法典》第873条第1款即规定:"以法律不另有规定为限,就转让土地所有权,以某项权利对土地设定负担,以及转让此种权利或对此种权利设定负担而言,权利人和相对人之间必须达成关于发生权利变更的合意,且必须将权利的变更登记于土地登记簿"。①结合《德国民法典》第1090条第1款居住权设立条款和第2176条遗赠债权效力条款,遗赠方式设立居住权的,居住权自登记时设立。综上,借鉴域外立法经验,采用文义解释、体系解释等方法,遗赠是单方民事法律行为,遗赠方式设权规则应以第368条为中心,采取登记生效主义。

三、裁判方式:践行确认、给付与形成的三层逻辑规则

巡视现有立法,我国《民法典》只有第366条和第371条明确规定合同和遗嘱设立方式,却没有明确提及裁判方式设立居住权。诉讼作为保障居住权的最后一道防线,司法实践中法院通过裁判方式设立居住权屡见不鲜,但适用规则却存在差异。基于此,有必要确立裁判设立居住权方式,并结合现有立法和司法实践,依循法律文书的类型,践行确认、给付与形成的三层逻辑规则,明确裁判方式设权适用规则。

---

① 《德国民法典(第五版)》,陈卫佐译注,法律出版社2020年版,第396页。

（一）裁判方式设权的规范确立

《民法典》第 366 条采用"合同"表述,表明合同只是居住权设立的一种形式,至于居住权何时有效设立,则需依循《民法典》第 368 条,即登记时设立。同样,《民法典》第 371 条存在"遗嘱方式"字眼,表示居住权可以通过遗嘱的形式设立,至于受遗赠人或遗嘱继承人何时取得居住权,则需参照居住权章节的有关规定,主要指第 368 条"居住权自登记时设立"之规定。依循区分原则,居住权是否登记,不影响居住权合同或遗嘱的效力。[1]《民法典》第 215 条合同的效力与物权变动区分条款予以佐证,即以合同方式设立居住权者,居住权合同因登记而转变为物上之债。[2]是以,合同方式、遗嘱方式设立居住权,仅仅是居住权设立的一种形式,并不代表居住权一定设立。以此类推,裁判方式设立居住权,应理解为不同于合同方式、遗嘱方式的居住权设立方式,至于居住权何时设立,则另当别论。进一步来讲,依循民事诉讼法基本理论,依当事人的诉请,裁判作出的法律文书分为确认性法律文书、给付性法律文书、形成性法律文书。[3]以诉讼为例,原告诉请确认其主张的法律关系存在或不存在的诉,是确认之诉,判决确认法律关系存在或不存在的是确认性判决。[4]原告诉请被告履行一定给付义务的,是给付之诉,则法院判决要求被告履行一定给付义

---

[1] See Huang Zhixiong, Ying Yaohui, *The Application of the Principle of Distinction in the Cyber Context: A Chinese Perspective*, 102 International Review of the Red Cross 335, 335 - 365(2020).

[2] 参见汪洋:《民法典意定居住权与居住权合同解释论》,《比较法研究》2020 年第 6 期,第 105 页。

[3] 参见《民事诉讼法学》编写组编:《民事诉讼法学(第三版)》,高等教育出版社 2022 年版,第 35 - 36 页。

[4] 参见刘哲玮:《确认之诉的限缩及其路径》,《法学研究》2018 年第 1 期,第 126 - 145 页。

务的,是给付性判决。①原告诉请变更某法律关系的,是变更之诉,或称形成之诉。与之相应,变更涉案法律关系的判决则为形成性判决。②对应居住权纠纷案件,依据当事人的诉求不同,存在确认之诉、给付之诉、形成之诉,法院针对性作出的法律文书亦分为确认性、给付性、形成性法律文书。居住权纠纷案件中,确认性法律文书产生确认当事人之间法律关系的效果,如确认居住权合同有效,此时居住权的设立仍需办理登记。③给付性法律文书通常要求住宅所有权人履行办理居住权登记的给付义务,此时居住权的设立亦需办理登记。形成性法律文书可以改变既存的法律关系,产生居住权设立之法律效果,我国《民法典》第 229 条规定的"法律文书"专指形成性法律文书。基于此,裁判方式设立居住权理应限于形成性法律文书。

然而,从司法实践来看,部分法院却作出确认性法律文书,直接判决当事人享有居住权。如在"袁某与杨某等居住权纠纷案"中,④法院认定协议中有关袁某居住权住宅 A 的条款有效,依循《民法典》第 366 条判决袁某享有涉案住宅的居住权,并要求被告将住宅 A 及车库交由袁某居住。无独有偶,"王根与王桂花赠与合同纠纷案"中,⑤法院依循《民法典》第 366 条、第 368 条,亦判决被告王

---

① 参见崔玲玲:《诉的类型新论——对诉的类型传统理论的扬弃》,《河北法学》2013 年第 1 期,第 38 - 47 页。
② 参见陈桂明、李仕春:《形成之诉独立存在吗? ——对诉讼类型传统理论的质疑》,《法学家》2007 年第 4 期,第 113 - 121 页。
③ 参见张海燕:《合同解除之诉的解释论展开》,《环球法律评论》2022 年第 5 期,第 83 - 98 页。
④ 江苏省高级人民法院发布二十个家事纠纷典型案例(2021—2022 年度)之十一:袁某与杨某等居住权纠纷案——协议约定居住权益 老有所居应予保护。
⑤ 天津市河东区人民法院(2021)津 0102 民初 4055 号民事判决书。

桂花对涉案住宅享有居住权。类似案件不胜枚举。可见,司法实践中以裁判方式保护居住权,却非局限于形成性法律文书,确认性法律文书、给付性法律文书设立居住权屡见不鲜,且法院对居住权应否登记看法不一。此境遇下,不同类型法律文书设立居住权时,适用规则具体为何,亟须明晰。

（二）裁判方式设权规则的区分

鉴于司法实践中裁判方式设权规则混乱,依循民事诉讼法基本理论、物权法基本理论,区分确认性法律文书、给付性法律文书、形成性法律文书设权规则刻不容缓,尤其是明确不同设权方式下居住权登记的效力。对此,本书依循法律文书类型,结合诉讼中当事人的法律关系,区分不同法律文书设立居住权时居住权设立的时间以及登记的效力,以明晰裁判方式设权规则。相关情形见裁判设立居住权诉讼类型表（表2）,下文展开说明。

1. 确认性法律文书设权

居住权设立纠纷引发确认之诉的,居住权登记的效力类型化处理存在以下情形。一是,一方当事人请求法院确认合同中居住权设立条款有效。法院据此作出确认性法律文书,仅发挥确认当事人之间存在或不存在居住权合同关系的作用,并不直接改变原有的物权状态。[1]此时,居住权设立与否,应回归《民法典》第368条,登记产生居住权设立的法律效果。法院确认存在居住权合同关系的,居住权自登记时设立。二是,遗赠人以遗嘱的方式为受遗赠人设立居住权。继承开始后,住宅所有权的承继人（遗嘱继承人

---

[1] 参见曹志勋:《论我国法上确认之诉的认定》,《法学》2018 年第 11 期,第 45 - 60 页。

或法定继承人或其他受遗赠人)却否认受遗赠人享有居住权,受遗赠人诉请确认其享有居住权,法院对此作出其享有居住权的法律文书。①上文已提及,遗赠具有债权效力,遗赠方式设立居住权的,居住权自登记时设立。此时法院作出的确认性法律文书,仅确认存在遗赠法律关系,不产生居住权设立之法律效果,居住权的设立仍应回归《民法典》第368条,居住权自登记时设立。三是,被继承人以遗嘱的方式为遗嘱继承人设立居住权。继承开始后,住宅所有权的承继人(其他遗嘱继承人或法定继承人或受遗赠人)却否认遗嘱继承人享有居住权,后者诉请确认其享有居住权,法院作出确认遗嘱中居住权设立条款有效的法律文书。前文已提及,以遗嘱继承方式设立居住权的,依循第230条遗嘱继承人自继承开始时取得居住权,登记只宣示所有权上存在居住权负担。此时法院作出确认性法律文书,只确认存在遗嘱继承法律关系,并不产生居住权设立之法律效果,居住权的设立应回归《民法典》第230条,居住权自继承开始——被继承人死亡时设立。

2. 给付性法律文书设权

居住权纠纷引发给付之诉的,设权规则应根据居住权登记的效力区分认定。一是,居住权合同约定,一方当事人(住宅所有权人)负有协助另一方办理居住权登记的义务,而住宅所有权人拒绝履行义务。另一方当事人诉请对方协助其办理登记,法院确认合同有效,作出法律文书要求住宅所有权人履行协助登记义务。给付性法律文书只产生要求住宅所有权人履行协助登记义务的作

---

① 参见王杏飞、王安冉:《论〈民法典〉中的形成权及其诉讼实现》,《广西社会科学》2021年第10期,第18-27页。

用,并不能直接产生物权变动的效果。①此时,应回归《民法典》第
368 条,居住权自登记时设立。二是,遗嘱明确表示住宅所有权的
承继人(遗嘱继承人或法定继承人或其他受遗赠人)负有协助受遗
赠人办理居住权登记的义务。继承开始后,住宅所有权的承继人
拒绝履行义务,受遗赠人诉请协助登记,法院确认遗赠法律关系,
作出承继人履行协助登记义务的法律文书。②遗赠具有债权效力,
遗赠方式设立居住权的,居住权自登记时设立。此时法院作出的
给付性法律文书,仅要求义务人协助登记,不产生居住权设立之
法律效果,居住权的设立规则应以《民法典》第 368 条为中心,居
住权自登记时设立。 三是,遗嘱要求住宅所有权的承继人(其他
遗嘱继承人或法定继承人或受遗赠人)协助遗嘱继承人办理居住
权登记。继承开始后,住宅所有权的承继人拒绝协助办理登记,
遗嘱继承人诉请履行义务,法院确认遗嘱继承法律关系,作出住
宅承继人履行协助登记义务的法律文书。以遗嘱继承方式设立
居住权的,适用登记宣示主义。③此时法院作出的给付性法律文
书,仅要求义务人协助登记,不产生居住权设立之法律效果,而设
权规则应以《民法典》第 230 条为中心,居住权自继承开始——被
继承人死亡时设立。

3. 形成性法律文书设权

居住权设立纠纷引发形成之诉,法院作出形成性法律文书,

①　参见李辉:《形成权诉讼与形成之诉关系辨析》,《法学论坛》2016 年第 1 期,第 71 - 78 页。
②　参见匡青松、肖述华:《第三人异议之诉性质的新思考》,《法学杂志》2011 年第 4 期,第 129 - 131 页。
③　参见谭启平、卓洁辉:《论房屋所有权初始登记应提交材料的范围》,《现代法学》2011 年第 3 期,第 43 - 54 页。

设权规则应根据诉讼案件的法律关系予以类型化。一是,合同方式设权未约定居住权登记之法律义务。住宅所有权人违约,另一方当事人诉请判决其享有居住权。法院确认居住权合同有效,并作出另一方当事人享有居住权的法律文书,属于形成性法律文书。①依循《民法典》第 229 条,另一方当事人在法律文书生效时直接取得居住权。意即,居住权的设立时间为法律文书生效时。生效的法律文书已产生设立居住权之法律效果,居住权无须依循《民法典》第 368 条登记设立。王利明教授指出,"一旦判决或者裁定生效,新的权利人在没有办理登记的情况下也享有物权,可以基于该物权对抗原权利人和原权利的债权人,也可以基于其享有的物权的事实要求登记机关变更登记"②。由此推之,居住权人可基于生效法律文书,对抗住宅所有权人,以维护其居住利益。至于登记,只产生进一步宣示住宅所有权存在居住权负担之效力,毕竟形成性法律文书设立居住权"是依据公法进行的变动,因为有公权力的介入,物权变动的状态往往比较明确,物权变动本身已经具有很强的公示性,能够满足物权变动对排他效力的要求"。③二是,遗嘱明确表示为受遗赠人设立居住权。继承开始后,住宅所有权的承继人(遗嘱继承人或法定继承人或其他受遗赠人)却予以否认,受遗赠人遂诉请法院判决其享有居住权,法院据此作出受遗赠人享有居住权的形成性法律文书。形成性法律

---

① 参见孙瑞玺:《物权确认请求权制度适用三题》,《湖南科技大学学报(社会科学版)》2016 年第 6 期,第 66-70 页。
② 王利明:《民法(第八版上册)》,中国人民大学出版社 2020 年版,第 250 页。
③ 最高人民法院民法典贯彻实施工作领导小组主编:《中华人民共和国民法典物权编理解与适用(上册)》,人民法院出版社 2020 年版,第 160 页。

文书生效可直接产生居住权设立的法律效果,住宅上原有的物权关系发生变动,居住权人无需登记即可取得居住权。换言之,此时登记至多发挥进一步宣示居住权存在之作用。①三是,被继承人生前以遗嘱的方式,为遗嘱继承人设立居住权。继承开始后,住宅所有权的承继人(其他遗嘱继承人或法定继承人或受遗赠人)却予以否认,遗嘱继承人诉请法院判决其享有居住权。法院据此作出被继承人享有居住权的形成性法律文书。然而,遗嘱继承人却非法律文书生效时取得居住权,而是继承开始时。原因在于,《民法典》第 229 条指称的法律文书,仅限于在其生效时引起物权变动的形成性法律文书。然而,依循《民法典》第 230 条因继承取得物权条款,遗嘱继承具有直接引发物权变动的法律效力,即继承开始时遗嘱继承人已取得住宅的居住权。②换言之,继承开始时,住宅上已存在居住权负担。此境遇下,法院作出被继承人享有居住权的法律文书生效时,并不能改变原有的物权关系——居住权已然设立,至多产生确认居住权已设立,或要求住宅所有权的承继人交付住宅,以满足生活居住需要的效力。③进一步来讲,居住权设立纠纷引发形成之诉,法院作出确认居住权已设立的法律文书属于确认性法律文书。④要求住宅所有权的承继人交付住宅者,则是给付性法律文书。⑤反之,认定法律文书生

① 参见郭红伟、金俭:《遗嘱方式设立居住权的法律适用冲突及消解路径》,《南京社会科学》2022 年第 7 期,第 81 - 92 页。

② 参见汪洋:《中国法上基于遗赠发生的物权变动——论〈民法典〉第 230 条对〈物权法〉第 29 条之修改》,《法学杂志》2020 年第 9 期,第 62 - 75 页。

③ 参见崔建远:《民法分则物权编立法研究》,《中国法学》2017 年第 2 期,第 48 - 66 页。

④ 参见赵秀举:《论确认之诉的程序价值》,《法学家》2017 年第 6 期,第 108 页。

⑤ 参见胡骏:《民事确认之诉的利益及其类型化研究》,《学海》2020 年第 2 期,第 146 页。

效时居住权设立,或引发《民法典》第 229 条与第 230 条的适用冲突。基于继承开始时遗嘱继承人已取得居住权,此时登记并不发生居住权设立之效力,只产生进一步宣示住宅上存在居住权负担之效果。此外,婚姻家庭纠纷中,形成性法律文书直接设立居住权的,居住权设立的时间亦是法律文书生效时,登记进一步宣示所有权上存在居住权负担。如此,裁判方式设权适用规则得以明确,法院依据当事人的诉求作出不同类型的法律文书,居住权登记的效力、设立的时间亦有所不同,我国居住权制度的准确适用得到进一步保障。

表 2　裁判设立居住权诉讼类型表

诉的类型	确认之诉		给付之诉		形成之诉	
法律文书	确认性法律文书		给付性法律文书		形成性法律文书	
法律关系	合同、遗赠	遗嘱继承	合同、遗赠	遗嘱继承	合同、遗赠、婚姻家庭	遗嘱继承
登记效力	设立	宣示	设立	宣示	宣示	宣示
设立时间	登记时	继承开始时	登记时	继承开始时	文书生效时	继承开始时

第三节　居住权与所有权、抵押权冲突的消解规则

居住权的设立存在合同、遗嘱、裁判方式,每种方式中居住权的设立时间、居住权登记的效力大相径庭,前文已然作出区分。以合同方式设权,适用基于法律行为引起的物权变动规则,居住权自登记时设立。居住权已办理登记的,住宅所有权转让给受让人,住宅所有权上的居住权负担仍然存在。依循《民法典》第 326 条用益物权人权利的行使条款,居住权人在居住权存续期间行使

居住权不受所有权人干涉。然而,居住权没有办理登记的,依循物权法定原则,并未发生居住权设立之物权变动,住宅所有权上不存在居住权负担。此时,居住权合同当事人只享有债权,原则上无法对抗受让人的所有权物权,受让人有权要求占有、使用住宅的自然人腾出住宅。当事人因此失去居住保障,二者的利益冲突由此产生。保护受让人的所有权是合理的,但实践中部分法院却判决所有权上存在居住权负担,部分学者亦主张优先保护合同当事人,以实现居住权制度保障特定主体居住利益的功能。[①]同样,遗赠方式设权未办理居住权登记,住宅所有权转让给受让人,此时受让人、受遗赠人之间产生利益冲突,存在相似境况。遗嘱继承方式设权,遗嘱继承人自继承开始时取得居住权,却未办理居住权登记,则住宅所有权转让给受让人后,应优先保护受让人的所有权,还是遗嘱继承人的居住权,有待考察。裁判方式设权,法院作出确认性法律文书、给付性法律文书、形成性法律文书,根据裁判设立居住权诉讼类型表(表 2),三种法律文书下居住权设立时间、登记效力存在差异。居住权未办理登记时,住宅所有权转让给受让人,住宅所有权是否存在居住权负担,亦有待明晰。此外,居住权的设立对抵押权的实现产生消极影响,居住权与抵押权的冲突由此产生。此境遇下,有必要明确居住权与所有权、抵押权冲突的消解规则,确立权利保护的先后顺序,平衡居住权人与住宅所有权人、住宅受让人、抵押权人利益的同时,实现我国居住权制度保障特定主体居住利益、促进住宅多元利用的功能。

---

① 参见马强:《民法典居住权规定所涉实务问题之研究》,《法律适用》2022 年第 5 期,第114 页。

一、确立居住权与所有权冲突的消解规则

居住权制度适用中,不同设权方式下居住权与所有权的冲突屡见不鲜。依循用益物权的效力优先于所有权规则,优先保护用益物权不存争议。然而,居住权没有办理登记的,居住人只享有债权,坚持适用物权优先于债权规则或难以保障居住人的居住利益,难以实现我国居住权制度保障特定主体居住利益的功能。司法实践中法官做法不一,学界对此亦争议较大,导致居住权与所有权冲突的消解规则至今不明。对此,宜区分合同方式设权、遗嘱方式设权、裁判方式设权,结合居住人的实际经济状况,确立居住权与所有权冲突的消解规则,助力居住权制度保障特定主体居住利益的实现。

(一)合同方式设权

合同方式设权时,居住权已办理登记的,住宅所有权转让给受让人,受让人于不动产登记处事先知晓居住权已设立,其不得干涉居住权的行使。居住权未办理登记的,居住人只享有债权。受让人事先无法知晓所有权上存在居住权负担,原则上所有权的效力优先。①然而,出于对居住人居住利益的保障,不宜直接优先保护所有权,而应结合居住权是否无偿设立以及居住人的实际生活状态,确立二者利益冲突的消解规则。包括以下几种情形:一是,居住权无偿设立,居住人没有经济实力再租房居住。衡量居住人、受让人的利益关系,居住权合同订立的目的是保障居住人的居住利益,居住利益属于生存利益,②居住人腾出此住宅,其

---

① 参见高永周:《债权平等:逻辑、风险与政策》,《北方法学》2021年第3期,第19-29页。
② 参见王泽鉴:《民法学说与判例研究(第六册)》,北京大学出版社2009年版,第146页。

将处于无房可住的生存困难境地,而受让人的住宅所有权属于财产权。依循民事权益位阶理论,①居住人的生存利益处于高位阶,受让人的财产权处于低位阶,两者相较,应优先保护高位阶的生存利益。居住人基于居住权合同享有债权,债权优先于受让人的住宅所有权,似乎有违"物权优先于债权"原则。②"物权为支配权、绝对权,债权为请求权、相对权,由于两者权利本质属性的差异,物权优先于债权为物权法乃至民法的重要原则。其又具体表现为所有权、用益物权及担保物权皆优先于债权。"③然而,巡视现有立法,债权优先于物权却存在先例。《民法典》第725条所有权变动不破租赁条款规定:"租赁物在承租人按照租赁合同占有期限内发生所有权变动的,不影响租赁合同的效力。"依循此款规定,租赁权设定在前,住宅所有权转移在后,所有权的受让人不得干涉承租人行使租赁权债权,学界称之为"买卖不破租赁"。④"买卖不破租赁"打破"物权优先于债权"原则存在实例,⑤居住人债权优先于受让人住宅所有权存在可能。杨仁寿教授指出,"类推适用,系就法律未规定之事项,此附援引与其性质相类似之规定,以为适用。类推适用系基于平等原则之理念,而普遍为法院所使用,'相类似之案件,应为相同之处理'之法理,为类推适用之基本原理"。⑥居住人债权优先于受让人所有权,属于"法律未规定之

① 参见王利明:《论民事权益位阶:以〈民法典〉为中心》,《中国法学》2022年第1期,第32页。
② 参见张鹏:《物债二分体系下的物权法定》,《中国法学》2013年第6期,第67—78页。
③ 陈华彬:《论物权优先于债权原则及其例外情形》,《财经法学》2021年第5期,第17页。
④ 朱虎、张梓萱:《买卖不破租赁:价值的确立、贯彻与回调》,《苏州大学学报(法学版)》2022年第3期,第18页。
⑤ 参见张铭化:《反思"买卖不破租赁"》,《中国政法大学学报》2019年第3期,第92页。
⑥ 杨仁寿:《法学方法论(第二版)》,中国政法大学出版社2012年版,第194页。

事项"。《民法典》第725条适用于承租人债权与受让人所有权冲突、承租人居住生存利益应予优先保障情形。①居住权无偿设立，居住人没有经济实力再租房居住境遇下，居住人债权与受让人所有权冲突，债权人居住生存利益应予优先保障。②二者"性质相类似"，符合类推适用规则。是以，类推适用《民法典》第725条所有权变动不破租赁条款，居住权合同期限内，住宅所有权发生变动的，不影响居住权合同的效力。居住人债权与受让人所有权冲突境遇下，应优先维护居住人居住利益再次得到印证。此时，居住人虽可继续占有、使用住宅以满足其生活居住需求，但为了全面保障居住人的居住利益，以及明确住宅的真实权利状态，住宅受让人应及时协助办理居住权登记。对此，有法官持相同主张，"对于无偿设立的居住权，如果又发生在具有特定身份关系的人之间，居住权人除了这套房屋又居无定所，由于其系解决居住者有其屋的问题，具有社会保障的性质，应当比照买卖不破租赁的原则处理，在确认买受人所有权的前提下，保障居住权人享有居住权，并要求其尽快补办居住权登记手续"③。居住利益优先保护，可以实现居住权制度的特定主体居住利益保障功能，存在合理性。是以，居住权无偿设立，当事人未办理登记，且居住人没有经济实力再租房居住的，住宅所有权受让人不得干涉居住人在居住合同约定期限内继续占有、使用住宅，以满足其生活居住需求。二是，居住权无偿设立，居住人有经济实力再租房居住。居住权

---

① 参见王利明：《论"买卖不破租赁"》，《中州学刊》2013年第9期，第48页。

② See E. A. Michurin, *Restrictions on Property Rights of Physical Persons concerning Habitation : Starting Positions*, 2006 Law and Safety 121, 121 - 124(2006).

③ 马强：《民法典居住权规定所涉实务问题之研究》，《法律适用》2022年第5期，第117页。

合同虽保障居住人的居住利益,但其有经济实力再租房时,腾出此住宅不会导致其处于无房可住的生存困难境地,则依靠居住权制度保障其居住利益的急迫性是欠缺的。[①]此时,应遵守《民法典》第 209 条不动产物权登记的效力条款、第 368 条居住权的设立条款,优先保护受让人的所有权,而非居住人的居住利益。三是,居住权有偿设立,居住人没有经济实力再租房居住。此时,应考虑居住权合同约定的金额以及当地的经济发展水平要素,判断优先保护的对象。合同约定的金额较大,居住人依据居住权合同要求违约方承担违约责任,所得赔偿足以支撑其在本地租房居住的,依靠居住权制度保障其居住利益的急迫性欠缺,应优先保障受让人的所有权。反之,居住权约定的金额较小,居住人所得赔偿不足以支撑其在本地租房居住的,则应优先保护居住人的居住利益。否则,居住人腾出此住宅,其将处于无房可住的生存困难境地。[②]四是,居住权有偿设立,居住人有经济实力再租房居住。这是最理想的情形,此时应遵循物权公示公信原则,保护受让人的所有权。[③]如住宅所有权人 A 享有度假区内某套住宅的所有权,自然人 B 与住宅所有权人 A 签订居住权合同,约定 A 在此住宅上为 B 设立长期居住权,以满足 B 在度假时的生活居住需要,却未办理居住权登记。住宅所有权人 A 将该住宅出售给第三人 C,并办理所有权转移登记,C 享有住宅的所有权物权。B 仅对 A

① See Emily Bergeron, *Adequate Housing Is a Human Right*, 44 Human Rights［ii］,［ii］(2019).
② See James Farrell, *The Road Home：Australians' Right to Adequate Housing*, 34 Alternative Law Journal 227, 227-232(2009).
③ 参见郭明瑞:《关于物权法公示公信原则诸问题的思考》,《清华法学》2017 年第 2 期,第 28 页。

享有请求交付住宅供其占有、使用的债权,不得对抗 C 的所有权,C 有权要求 B 腾出住宅。住宅受让人依循《民法典》第 235 条行使返还原物请求权,有权要求居住人腾出住宅。①居住人继续占有、使用住宅的,受让人可依据第 179 条要求其承担相应的民事责任。是以,合同方式设权时,居住权与所有权的冲突消解规则应结合居住权是否办理登记、居住权设立是否有偿、居住人有无能力再租房综合确定,具体见合同方式设立居住权住宅转让情形表(表 3)。

表 3   合同方式设立居住权住宅转让情形表

	情形 1	情形 2	情形 3	情形 4	情形 5
居住权是否登记	已登记	没有登记	没有登记	没有登记	没有登记
是否有偿	/	无偿	无偿	有偿	有偿
有无经济能力租房	/	无经济实力	有经济实力	无经济实力	有经济实力
优先保护对象	居住权人	居住人	受让人	居住人	受让人
优先保护权利	居住权	居住权	所有权	居住权	所有权
应否补办居住权登记	/	补办	不补办	补办	不补办

（二）遗嘱方式设权

根据权利主体是否为继承人,遗嘱方式设权可分为遗赠方式设权和遗嘱继承方式设权。两种设权方式中居住权登记的法律效力存在差异,则居住权制度适用中,居住权与所有权冲突的消解规则应区分确立。

---

① 参见滕佳一:《返还原物请求权体系解释论》,《比较法研究》2017 年第 6 期,第 49 页。

1. 遗赠方式设权

遗赠方式设权属于基于法律行为设立物权,适用物权变动的一般规则,居住权自登记时设立。[1]居住权已登记的,受让人取得住宅所有权,不得干涉居住权人在居住权存续期间占有、使用住宅自不待言。遗赠是遗赠人赠与受遗赠人积极财产利益的法律行为,是纯获益性的,受遗赠人取得财产利益无需支付相应的对价。[2]换言之,遗赠方式设立居住权均为无偿。此境遇下,居住权未办理登记的,仅考虑受遗赠人的实际生活状态,衡量受遗赠人的居住利益、住宅受让人的所有权财产权利即可,具体情形见遗赠方式设立居住权住宅转让情形表(表4)。居住权未办理登记,受遗赠人没有经济实力再租房居住。此时,住宅是居住人生存利益的基础保障,[3]居住人腾出此住宅,将处于无房可住的生存困境。依循民事权益位阶理论,[4]受遗赠人的生存利益处于高位阶,受让人的住宅所有权财产权利处于低位阶,两者相较,应优先保护高位阶的生存利益。[5]因而,宜认定住宅所有权上存在居住权负担,住宅受让人应协助办理居住权登记。然而,居住权未办理登记,受遗赠人有经济实力再租房居住的,居住人腾出此住宅不会处于无房可住的生存困难境地。[6]应遵循物权变动公示公信

---

[1] 参见孙维飞:《论物权变动的"清偿模式"》,《中外法学》2023年第1期,第221-240页。

[2] 参见李永军:《论遗赠在继承中的法律效力》,《清华法学》2023年第1期,第24-37页。

[3] See Robert C. Holmes, *The Clash of Home Rule and Affordable Housing: The Mount Laurel Story Continues*, 12 Connecticut Public Interest Law Journal 325, 325-360(2013).

[4] 参见王利明:《论民事权益位阶:以〈民法典〉为中心》,《中国法学》2022年第1期,第32页。

[5] See Michelle Kelly-Louw, *The Right of Access to Adequate Housing*, 15 Juta's Business Law 35, 35-39(2007).

[6] See Sahar Segal, *The International Human Right to Adequate Housing: An Economic Approach*, 20 Chicago Journal of International Law 486, 486-529(2020).

原则,居住权未办理登记,所有权上不存在居住权负担,优先保护受让人的所有权。

表 4   遗赠方式设立居住权住宅转让情形表

	情形 1	情形 2	情形 3
居住权是否登记	已登记	没有登记	没有登记
有无经济能力租房	/	无经济实力	有经济实力
优先保护对象	居住权人	受遗赠人	受让人
优先保护权利	居住权	居住权	所有权
应否补办居住权登记	/	补办	不补办

2. 遗嘱继承方式设权

遗嘱继承方式设立居住权,适用非基于法律行为引起物权变动的特殊规则,依循《民法典》第 230 条,遗嘱继承人自继承开始时取得居住权,登记仅产生对外宣示居住权设立的效果。继承开始后,居住权已登记的,第三人于不动产登记中心处查询知晓住宅上存在居住权负担,则住宅所有权转让给受让人,居住权的行使不受影响。转让住宅所有权时,依据遗嘱同时办理居住权登记的,受让人亦知晓住宅上存在居住权负担,居住权亦不受影响。然而,转让住宅所有权前,居住权未办理登记,且转让之时,住宅所有权人亦未办理居住权登记的,受让人取得住宅所有权后,却会引发居住权人、住宅所有权受让人的利益冲突,表现为住宅所有权人是否有权占有、使用住宅。《民法典》第 232 条规定:"处分依照本节规定享有的不动产物权,依照法律规定需要办理登记的,未经登记,不发生物权效力。"通常情况下,特定民事主体依循第 230 条取得住宅所有权,其再转让所有权显然适用第 232 条,所有权的转让自登记时发生效力。此时,居住权人的居住权是一并受到"处分"而消灭,还是仍然存在不受影响,却有待明晰。居住权一并"处分"而消灭的,住宅受让人得到优先保护,获得完整的所有权,居住权人无权继续占有、使用住宅。反之,居住权人的居住权不受影响,住宅受让人需容忍所有权上的居住权负担。[1]解决此问题的关键在于,明确《民法典》第 232 条"处分"的内涵与外延。

王泽鉴教授认为,处分行为"指直接使某种权利发生、变更或消灭的法律行为",包括"发生物权法上效果"的物权行为,"以债权或无体财产权作为标的"处分的准物权行为。[2]依此观点,第 230 条指称的"处分",似乎包含在不动产物权标的上设立债权的处分。然而,第 230 条处于民法典物权编通则分编的物权设立、变更、转让和消灭章节,此条款属于权利人处分非因法律行为而享有的不动产物权的原则性规定,体系解释上,专指物权处分。有学者持相同观点,"本条规定中的'处分',指依法律行为而进行的物权变动,如不动产转让、赠与或在不动产上设定抵押权等"。[3]由此推之,第 230 条不动产物权的"处分"指"依法律行为而进行的物权变动"。其进一步指出,第 232 条的"处分""是指转让和设立不动产物权的民事法律行为"。然而,第 232 条"享有"字眼表明,依循第 229 条、第 230 条、第 231 条"享有"的不动产物

---

① 参见李永军:《物权的本质属性究竟是什么? ——〈物权法〉第 2 条的法教义学解读》,《比较法研究》2018 年第 2 期,第 24 - 38 页。

② 参见王泽鉴:《民法物权(第二版)》,北京大学出版社 2010 年版,第 63 页。

③ 最高人民法院民法典贯彻实施工作领导小组主编:《中华人民共和国民法典物权编理解与适用(上册)》,人民法院出版社 2020 年版,第 178 页。

权已然设立,则在其已"享有"不动产物权上再"设立"相同的物权,显然不可能。结合《民法典》第209条不动产物权登记的效力条款,第232条规定的"处分"应解释为变更、转让、消灭不动产物权的法律行为。此外,根据《民法典》总则编民事权利章节第114条物权的定义及类型条款,物权是权利人依法享有的对特定的物进行直接支配和排他的权利。①依循体系解释,第232条指称的"处分"不动产物权的民事主体,限于对不动产"享有"直接支配和排他权利的权利主体,"处分"的外延得以明确。由此推之,居住权的权利主体是遗嘱继承人,而住宅所有权人只享有所有权,其依循《民法典》第232条转移所有权时,无权对居住权一并进行变更、转让、消灭的处分。此境遇下,受让人取得所有权后,不得干涉居住权的行使。值得注意的是,受让人取得所有权后,应及时协助居住权人补办登记。否则,受让人再处分所有权的,居住权因未登记而缺乏公示效力,②住宅的真实权利状态无法为他人所知,势必对交易安全、居住权人的利益、第三人的利益产生不利影响。③如住宅所有权的受让人在住宅上为他人再设立居住权,并办理居住权登记的,将引发原居住权人(遗嘱继承人)与新的居住权人的利益冲突。综上,应区分住宅所有权处分前、处分时居住权是否登记,于不同情形中平衡居住权人、住宅所有权受让人的利益关系,确立居住权与所有权冲突的解决规则,具体见遗嘱继

---

① 参见尹田:《论物权对抗效力规则的立法完善与法律适用》,《清华法学》2017年第2期,第38-45页。

② 参见杨永清:《论公示公信原则》,《法律适用》2007年第10期,第21-24页。

③ 参见赵万忠:《交易安全保护的反思与重构》,《甘肃政法学院学报》2012年第5期,第123-127页。

承方式设立居住权住宅转让情形表(表5)。

表5　遗嘱继承方式设立居住权住宅转让情形表

	情形 1	情形 2	情形 3
处分前　居住权是否登记	已登记	没有登记	没有登记
处分时　居住权是否登记	/	登记	没有登记
优先保护对象	居住权人	居住权人	居住权人
优先保护权利	居住权	居住权	居住权
应否补办居住权登记	/	/	补办

(三)裁判方式设权

根据裁判设立居住权诉讼类型表(表2),以裁判方式设权,诉讼中当事人之间的法律关系存在差异。依法律文书性质不同,居住权的设立时间、登记效力大相径庭。受让人的所有权与居住权人的居住权或居住人的居住利益之间产生冲突在所难免。此境遇下,应区分不同的法律文书类型,考量住宅所有权人与居住权人或居住人之间的法律关系、居住权人或居住人的实际生活状态、居住权的设立是否有偿、居住权是否办理登记等因素,确立裁判方式设权时居住权与所有权冲突的消解规则,在充分实现居住权制度保障特定主体居住利益功能的同时,平衡受让人与居住权人或居住人的利益。

1. 确认性法律文书设权

确认性法律文书设权只产生确认当事人之间存在特定关系的效果,居住权并不能直接设立。[①]法律文书生效后,住宅所有权

---

① 参见张卫平:《诉的利益:内涵、功用与制度设计》,《法学评论》2017年第4期,第1-11页。

转让给受让人的,应依据法律文书确认的法律关系,逐一判断居住权的设立状态,进而明确居住权应否优先保护,确立居住权与所有权冲突的消解规则。结合确认性法律文书设立居住权住宅转让情形表(表 6),存在以下几种情形:一是,法律文书确认合同关系中居住权条款有效,居住权已办理登记。住宅所有权转让时,受让人于不动产登记处查询知晓住宅上存在居住权负担,其不得干涉居住权人行使权利。二是,法律文书确认合同中居住权条款有效,没有办理居住权登记。基于居住权制度的特定主体居住利益保障功能,此时应考量合同当事人的实际生活状态、居住权是否有偿设立。当事人有经济实力再租房居住的,并非迫切地需要住宅保障其生存居住利益。应依循"物权优先于债权"原则,①保护受让人的所有权。然而,居住权无偿设立,且当事人无经济能力再租房的,其腾出住宅后无经济能力再租房居住。依循民事权益位阶理论,②应保障高位阶的当事人的生存居住利益,而非低位阶的受让人所有权财产权。否则,其将面临无房可住的生存困境,③住宅受让人应协助补办居住权登记。此外,当事人无经济能力租房,但居住权有偿设立的,原则上应优先保障受让人的所有权,毕竟当事人可以要求违约方赔偿损失。但合同约定的金额较小,违约方赔偿损失后,其无经济能力再租房居住的,则

---

① 参见龙俊:《公示对抗下"一般债权"在比较法中的重大误读》,《甘肃政法学院学报》2014年第 4 期,第 37 - 48 页。

② 参见王利明:《论民事权益位阶:以〈民法典〉为中心》,《中国法学》2022 年第 1 期,第 32 页。

③ See R. G. Evans, *Does an Insolvent Debtor Have a Right to Adequate Housing*, 25 South African Mercantile Law Journal 119, 119 - 147(2013).

表 6　确认性法律文书设立居住权住宅转让情形表

法律关系	合同关系				遗赠关系			遗嘱继承	
登记的效力	设立							宣示	
是否登记	是	否			是	否		是	否
有无经济能力租房	/	有	无		/	有	无	/	
是否有偿设立	/	/	是	否	/	/		/	
优先保护对象	居住权人	所有权人	所有权人	居住权人	居住权人	所有权人	居住权人	居住权人	
优先保护权利	居住权	所有权	所有权	居住权	居住权	所有权	居住权	居住权	
应否补办登记	/	否	否	补办	/	否	补办	否	补办

应优先保护居住利益。[1]三是,法律文书确认遗嘱中的居住权条款有效,居住权已办理登记。受让人在居住权存续期间不得干涉其行使权利。四是,法律文书确认遗嘱中的居住权条款有效,居住权没有办理登记。受遗赠人没有经济能力租房居住,此时应优先保障受遗赠人的生存居住利益,住宅受让人协助补办居住权登记。[2]受遗赠人有经济能力租房居住的,则无需通过居住权保障其居住利益,受让人所有权优先。五是,遗嘱继承方式设立居住权,继承开始时遗嘱继承人取得居住权。受让人取得住宅所有权时,住宅已然存在居住权负担,居住权人占有、使用住宅,受让人

① See Kena Azevedo Chaves, Mario Monzoni, Leticia Ferraro Artuso, *Belo Monte Dam：Rural Resettlement*, *Participatory Process and the Right to Adequate Housing*, 15 Revista Direito GV, 1－27 (2019).
② See Linda McKay-Panos, *Is There a Human Right to Affordable and Adequate Housing*, 27 Law Now 16, 16－18(2003).

不得干涉。居住权没有登记的,受让人应协助补办登记,避免对交易安全、居住权人的利益以及第三人的利益产生不利影响。①

2.给付性法律文书设权

给付性法律文书设权通常要求住宅所有权人履行居住权登记的给付义务。"确认判决的内容是对民事法律关系是否存在进行确认,判决一旦确定就发生作用,无需强制执行,因此,确认判决无执行力。形成(变更)判决是使某项民事法律关系变更或消灭,该判决同样是一旦确定就发生作用,无需强制执行,也无执行力。因此,理论上一般认为,仅给付判决具有执行力"。②由此推之,给付性法律文书生效后,住宅所有权人拒不履行居住权登记义务的,权利人可以申请法院强制执行,要求其履行登记义务。③我国《民事诉讼法》第243条即作出明确规定,给付性法律文书生效后,义务人必须履行给付义务。其拒不履行的,权利人可依循此款规定申请强制执行。因而,给付性法律文书设立居住权的,通常情况下住宅所有权人会办理居住权登记。④登记对外宣示住宅所有权上存在居住权负担,⑤住宅所有权人将所有权转让给受让人,其不得干涉居住权的行使,这是最理想的状态。然而,依循我国《民事诉讼法》第246条,申请执行的期间为两年。

---

① 参见于宏伟:《物权变动模式之选择与交易安全》,《法律科学(西北政法学院学报)》2005年第6期,第4页。
② 常怡主编:《民事诉讼法学》(第五版),中国政法大学出版社2021年版,305页。
③ 参见邵长茂:《中国民事强制执行法的元规则》,《法律科学(西北政法大学学报)》2022年第6期,第79-92页。
④ 参见谷佳杰:《民法典的实施与民事强制执行法的协调和衔接》,《河北法学》2021年第10期,第20-37页。
⑤ 参见赵俊、宋惠民:《物权的公示公信原则思考》,《理论探索》2006年第3期,第155-157页。

给付性法律文书规定居住权登记期间的,自履行期间最后一日起计算;规定分期履行的,从最后一期履行期限届满之日起计算;没有规定履行期间的,从给付性法律文书生效之日起计算。权利人超过两年申请居住权登记强制执行,住宅所有权人依循《最高人民法院关于适用〈中华人民共和国民事诉讼法〉的解释》(以下简称《民事诉讼法司法解释》)第 481 条第 1 款提出异议,[1]人民法院审查异议成立的,将裁定不予执行。此境遇下,居住权没有办理登记,优先保护受让人所有权者,居住人腾出住宅,其无经济能力再租房居住的,将面临无房可住的生存困境。[2]优先保护居住人,则住宅受让人无法实际占有、使用住宅,二者的利益冲突由此产生。"给付之诉是原告对被告主张给付请求权,请求法院予以确认同时要求被告给付的诉讼,因此,给付之诉的审理须对给付的权利义务关系予以确认,确认之诉是给付之诉的前提"。[3]由此推之,给付性法律文书设立居住权,前提是确认合同、遗嘱中的居住权条款有效,并基于此要求住宅所有权人履行居住权登记义务。意即,给付性法律文书已涵盖确认性法律文书的内容。居住人超过两年申请居住权登记强制执行,住宅所有权人依循《民事诉讼法司法解释》第 481 条第 1 款提出抗议的,给付性法律文书仍发挥确认合同、遗嘱中的居住权条款有效的作用,与确认性法律文书效力相同。此时,居住权与所有权冲突

---

[1] 参见《最高人民法院关于适用〈中华人民共和国民事诉讼法〉的解释》。

[2] See Benjamin Gronowski, *The Right to a Nationality and the Right to Adequate Housing: An Analysis of the Intersection of Two Largely Invisible Human Rights Violations*, 1 Statelessness & Citizenship Review 239, 239 - 262(2019).

[3] 毕玉谦主编:《民事诉讼法学(第三版)》,中国政法大学出版社 2022 年版,第 179 页。

的解决规则,应根据确认性法律文书设立居住权住宅转让情形
表(表 6),适用上文确认性法律文书设权时居住权与所有权冲突
的解决规则。

3.形成性法律文书设权

结合裁判设立居住权诉讼类型表(表 2),形成性法律文书可
直接设立居住权,居住权登记产生进一步宣示住宅所有权上存在
居住权负担的效果。①换言之,居住权存续期间,无论居住权是否
办理登记,居住权的行使都不受他人干涉。此境遇下,为进一步
明确居住权与所有权的关系,有必要细化受让人行使所有权的自
由与限制。居住权负担意味着所有权的权能并不完整,而是受到
限制的。②依循《民法典》第 207 条物权平等保护原则条款、第 240
条所有权的定义条款,所有权的完整权能包括占有、使用、收益、
处分权能,他人不得侵犯所有权人行权。学理上,占有、使用、收
益、处分权能为所有权的积极权能,排除他人干涉是所有权的消
极权能。③居住权人有权占有、使用住宅,受让人不得再对住宅行
使占有、使用权能,第一重限制得以明确。以占有、使用住宅为前
提的收益积极权能,亦受到限制。④如居住权存续期间,除非当事
人之间另有约定,否则受让人不得出租居住权人占有、使用的住
宅获取收益,第二重限制浮出水面。住宅所有权人行使处分权

---

① 参见姚欢庆:《不动产物权变动规则例外研究》,《浙江社会科学》2009 年第 5 期,第 30 -
34 页。
② 参见蔡立东:《从"权能分离"到"权利行使"》,《中国社会科学》2021 年第 4 期,第 87 -
105 页。
③ 参见王泽鉴:《民法物权(第二版)》,北京大学出版社 2010 年版,第 112 - 113 页。
④ 参见朱庆育:《物权法定的立法表达》,《华东政法大学学报》2019 年第 5 期,第 106 -
115 页。

能,可以设立他物权,变更或转让所有权。①受让人不得在居住权人占有、使用的房间或整个住宅上再设立居住权,否则构成《民法典》第 326 条规定的"干涉用益物权人行使权利",第三重限制由此形成。基于上述限制,受让人行权范围得以明确。居住权与所有权冲突的解决规则亦得以确立。此外,居住权人占有、使用住宅的一间或几间房间,受让人对住宅上的其他房间可以行使占有、使用、收益权能。除此之外,住宅所有权人行使权利不受他人干涉,所有权的消极权能可以正常行使。

一. 明确居住权与抵押权冲突的消解规则

第三人为实现债权,通常在住宅上设立抵押权,因而实践中居住权与第三人债权、抵押权的冲突,最终体现为居住权与抵押权的冲突。居住权是用益物权,关注住宅的使用价值,而抵押权是担保物权,聚焦住宅的交换价值。②理论上同一住宅上居住权与抵押权可以同时存在,不存在权利冲突。然而,居住权人实际占有、使用住宅,必将导致住宅的交换价值减损,或有碍抵押权的实现。同样,居住权设立时没有办理登记,抵押权人行权导致住宅被查封,居住权的实现亦遭受阻碍,二者的冲突浮出水面。审视现有立法,《民法典》第 366 条至第 371 条没有明确规定二者冲突的消解规则,依循物权法一般原则却难以妥善解决二者的冲突。对此,宜区分先居后抵、先抵后居两种情形,考量居住权是否

---

① 参见崔建远:《物权编对四种他物权制度的完善和发展》,《中国法学》2020 年第 4 期,第 26-43 页。
② 参见王利明、尹飞、程啸:《中国物权法教程》,人民法院出版社 2007 年版,第 290 页。

办理登记、设立方式、居住权人生活状态等因素,明确居住权与抵押权冲突的消解规则,以实现居住权制度充分发挥保障特定主体居住利益、促进住宅多元利用的功能。

（一）先居后抵

居住权设立在前,居住权与抵押权冲突的消解规则应分情况确定。一是,当事人之间签订居住权合同,并办理居住权登记。登记对外公示住宅的法律状况,[1]当事人办理抵押权之前,可以于不动产登记处查询知晓住宅上存在居住权负担,并对住宅的流转价值存在心理预期。通常情形下,其不会同意在住宅上设立抵押权。坚持设立抵押权者,"抵押权设立之前的用益关系,既然具备了对抗抵押权的要件,也可以对抗拍得人",[2]则先设立的居住权效力优先于后设立的抵押权。抵押权人实现物权申请拍卖住宅,居住权人行权应不受影响。《最高人民法院关于人民法院民事执行中拍卖、变卖财产的规定（2020 修正）》第 28 条第 2 款即对此作出明确规定,"拍卖财产上原有的租赁权及其他用益物权,不因拍卖而消灭"。[3]二是,当事人之间签订居住权合同,没有办理居住权登记。居住人因没有办理登记,居住权并未设立,其只对住宅所有权人享有债权。物权效力优先于债权,[4]抵押权的效力显然优先于债权,则抵押权实现理应不受债权的影响。然而,居住权制度具有保障特定主体居住利益的功能,居住权合同约定

---

① 参见高永周:《论物权公示公信的法律结构》,《河北法学》2021 年第 3 期,第 91－102 页。
② ［日］我妻荣:《新订担保物权法》,申政武、封涛、郑芙蓉译,中国法制出版社 2008 年版,第 273 页。
③ 《最高人民法院关于人民法院民事执行中拍卖、变卖财产的规定》（2020 修正）。
④ 参见韩松:《论物权的排他效力与优先效力》,《政法论坛》2003 年第 2 期,第 55 页。

无偿设立居住权,且居住人没有经济能力再租房的,如居住人为老年人、残疾人、未成年人或生活有特殊困难又缺乏劳动能力的成年人,抵押权的实现势必导致居住人处于无房可住的生存困境。[1]此时,依循民事权益位阶理论,[2]应优先保护高位阶的居住人的生存居住利益,而非处于低位阶的抵押权人的财产权。三是,遗赠方式设立居住权,并办理居住权登记。居住权设立在前,抵押权设立在后,"先设立并公示的物权优先于后设立的物权",[3]居住权的行使不受影响。四是,遗赠方式设立居住权,没有办理居住权登记。前文已提及,遗赠方式设权适用物权变动的一般规则,居住权自登记时设立,则受遗赠人没有办理居住权登记的,只对住宅所有权人享有债权请求权。物权的效力优先于债权,[4]则抵押权的效力应优先于遗赠人的债权,抵押权实现理应不受债权的影响。然而,受遗赠人是没有经济能力再租房的自然人,如居住人为老年人、残疾人、未成年人或生活有特殊困难又缺乏劳动能力的成年人。依循民事权益位阶理论,[5]应优先保护高位阶的居住人的生存居住利益,而非处于低位阶的抵押权人的财产权。[6]五是,遗嘱继承方式设立居住权,并办理登记。设立在先

---

[1]　See Benjamin Gronowski, *The Right to a Nationality and the Right to Adequate Housing : An Analysis of the Intersection of Two Largely Invisible Human Rights Violations*, 1 Statelessness & Citizenship Review 239, 239 - 262(2019).

[2]　参见王利明:《论民事权益位阶:以〈民法典〉为中心》,《中国法学》2022 年第 1 期,第 32 页。

[3]　崔建远:《物权法(第五版)》,中国人民大学出版社 2021 年版,第 44 页。

[4]　参见赵秀梅:《抵押权除去租赁权问题研究——以〈民法典〉第 405 条的解释论为中心》,《社会科学》2021 年第 11 期,第 97 - 104 页。

[5]　参见王利明:《论民事权益位阶:以〈民法典〉为中心》,《中国法学》2022 年第 1 期,第 32 页。

[6]　See Benjamin Gronowski, *The Right to a Nationality and the Right to Adequate Housing : An Analysis of the Intersection of Two Largely Invisible Human Rights Violations*, 1 Statelessness & Citizenship Review 239, 239 - 262(2019).

的用益物权效力优先于担保物权，此时居住权效力优先自不待言。六是，遗嘱继承方式设立居住权，没有办理登记。遗嘱继承方式设权适用特殊物权变动规则，居住权自继承开始时设立，前文已经论证。此时居住权的效力理应优先于抵押权。然而，由于居住权并未办理登记，抵押权人事先并不知晓住宅上存在居住权负担，坚持居住权的效力优先，则信守登记公信力的抵押权人的利益因此遭受损害。有学者即指出，"如果不承认登记的公信力，如前所述，则会使不动产的交易处于不安定状态，即所谓有害于动的安全。但是，如果承认公信力，相反地，不仅会有害于所谓静的安全，而且还会促进不动产的商品化"①。事实上，遗赠方式设权时，住宅所有权人亦从被继承人处继受取得所有权，则其设立抵押权属于《民法典》第233条规定的处分非因民事法律行为享有的不动产物权情形。住宅所有权人办理抵押权登记时，应一并办理所有权登记，遗嘱继承人理应一同前往办理居住权登记。遗嘱继承人没有办理居住权登记者，自身对维护居住权"所谓静的安全"存在过错，则出于保障"不动产的交易"安定状态的考虑——保障交易安全，抵押权的效力应优先于居住权。值得注意的是，遗嘱继承人是没有经济能力再租房的自然人时，如遗嘱继承人为老年人、残疾人、未成年人或生活有特殊困难又缺乏劳动能力的成年人，②则应优先保障遗嘱继承人的生存居住利益，此时居住权优先。七是，确认性法律文书、给付性法律文书设权，并

---

① ［日］我妻荣：《新订物权法》，［日］有泉亨补订，罗丽译，中国法制出版社2008年版，第223页。
② 参见王利明：《论民事权益位阶：以〈民法典〉为中心》，《中国法学》2022年第1期，第32页。

办理登记。居住权设立在前,效力优先于抵押权。八是,确认性法律文书、给付性法律文书设权,没有办理登记。依循物权效力优先原则、[①]公示公信原则,[②]原则上抵押权优先。当事人是没有经济能力再租房的自然人时,[③]却应优先保障其生存居住利益。九是,形成性法律文书设权,没有办理登记。形成性法律文书生效时,居住权设立,原则上设立在前的居住权效力优先。正如上文所言,若当事人是没有经济能力再租房的自然人,其生存居住利益应予优先保护,否则出于交易安全保障之考虑,抵押权效力优先。十是,形成性法律文书设权,并办理登记。此时,设立在前的居住权效力优先于抵押权毋庸置疑。如此,居住权设立在前,抵押权设立在后,二者权利冲突的消解规则得以明确。

（二）先抵后居

抵押权登记在前,抵押人在住宅上再设立居住权并办理登记的,属于对抵押财产的处分,却无需通知抵押权人。原因在于,《民法典》第 406 条只规定"抵押人转让抵押财产的,应当及时通知抵押权人",并未要求抵押人对抵押财产实施其他处分行为时通知抵押权人。意即,《民法典》第 406 条只对抵押人实施所有权转移之处分行为作出一定的限制,并未限制抵押人实施其他处分行为。处分行为意指,"直接移转、变更、消灭权利,或者在权利上设定负担的法律行为"。[④]由此推之,抵押人在住宅上设立居住权

---

① 参见[日]我妻荣:《新订债权总论》,王燚译,中国法制出版社 2008 年版,第 7 页。
② 参见[日]我妻荣:《新订物权法》,[日]有泉亨补订,罗丽译,中国法制出版社 2008 年版,第 220 - 225 页。
③ 参见王利明:《论民事权益位阶:以〈民法典〉为中心》,《中国法学》2022 年第 1 期,第 32 页。
④ [德]维尔纳·弗卢梅:《法律行为论》,迟颖译,法律出版社 2012 年版,第 165 页。

并办理登记,属于在所有权上设定负担的法律行为,亦不受限制。
抵押权是以住宅的交换价值优先受偿为内容的担保物权,居住权
的设立使得所有权人无法占有、使用住宅,住宅的交换价值必将
减少。此时,抵押权人似乎有权依循《民法典》第 408 条要求抵押
人停止居住权的设立行为,以避免住宅交换价值的减少,或在居
住权设立后请求办理注销登记,以恢复抵押财产的价值,或要求
抵押人提供与减少的交换价值相应的担保。然而,《民法典》第
408 条规定的“抵押人的行为”并非抵押人按照自己的意思“创造
性地形成法律关系”的法律行为,①而是指积极地实施“砍伐抵押
的林木、拆除抵押的房屋、因不当驾驶造成抵押的车辆损坏”等行
为,或“对抵押的危旧房屋不做修缮、对抵押的机动车不进行定期
的维修保养、有库房却任由抵押的机器设备在室外风吹雨淋等”
消极的不作为。②因而,“抵押人的行为”属于事实行为,而非法律
行为。③由此推之,即使居住权设立之法律行为引发住宅的流转
价值减少,抵押权人也无权依据《民法典》第 408 条要求抵押人停
止居住权的设立行为,或在居住权设立后请求办理注销登记。有
学者进一步指出,“以标的物使第三人用益不能够构成对抵押权
的侵害,即使是第三人用益的法律关系不合法也是一样的”。④现
实的问题是,依循“时间在先,权利在先”原则,⑤设立时间在后的

---

① 参见[德]维尔纳·弗卢梅:《法律行为论》,迟颖译,法律出版社 2012 年版,第 28 页。
② 参见黄薇主编:《中华人民共和国民法典物权编解读》,法律出版社 2020 年版,第 686 页。
③ 参见孙宪忠、朱广新主编:《民法典评注:物权编》,中国法制出版社 2020 年版,第 181
　页。董学立执笔撰写。
④ [日]我妻荣:《新订担保物权法》,申政武、封涛、郑芙蓉译,中国法制出版社 2008 年版,
　第 354 页。
⑤ 参见王利明等:《民法学(第六版)》,法律出版社 2020 年版,第 487 页。程啸执笔撰写。

居住权无法对抗在先的抵押权,则居住权人将面临抵押权实现时权利被涤除的风险,彼时其居住利益难以得到保障。此外,当居住权人为没有经济能力再租房的自然人时,如遗嘱继承人为老年人、残疾人、未成年人或生活有特殊困难又缺乏劳动能力的成年人,法院或出于生存居住利益的保障,不及时拍卖住宅,则抵押权的实现将遭受不利影响。如在"刘某某与王某某执行异议之诉纠纷案"中①,法院认定案外人刘某某享有涉案住宅的居住权,并要求拍卖涉案住宅时注明案外人享有居住权,抵押权的实现遭受不利影响。为消除潜在的权利冲突风险,平衡抵押权人和居住权人的利益,抵押人在抵押财产上再设立居住权的,应事先告知当事人抵押权设立现状,并取得抵押权人的同意。告知当事人抵押权设立现状,当事人可以自行决定是否承担抵押权实现时居住权被涤除的风险。②取得抵押权人的同意,即为了避免居住权人是没有经济能力再租房的自然人而影响其将来实现抵押权。③事实上,部分地区已然在出台的"居住权登记办法"中明确要求居住权的设立应取得抵押权人的同意,以消除现在的权利冲突风险。如石家庄市自然资源和规划局发布的《不动产居住权登记办法(试行)》的第 13 条明确要求,"申请不动产居住权登记的不动产有抵押登记的,申请人还应当提交抵押权人同意的书面材料"。④安庆

---

① 河北省唐山市路北区人民法院(2021)冀 0203 执异 122 号裁定书。
② See Zahra Takhshid,*Assumption of Risk in Consumer Contracts and the Distraction of Unconscionability*,42 Cardozo Law Review 2183,2183 - 2232(2021).
③ See Kh. O. Ugurchiyeva,*Implementation of the Justice Principle in Civil Relations*,2011 Actual Problems of Economics and Law 266,266 - 268(2011).
④ 参见《石家庄市自然资源和规划局关于印发〈不动产居住权登记办法(试行)〉的通知》,石家庄市自然资源和规划局网,http://zrghj.sjz.gov.cn/sjzzrzy/zwgk/fdzdgknr/zcfg/flfg/10717462773366263808.html,2023 年 6 月 14 日访问。

市自然资源和规划局、①合肥市自然资源和规划局、②淮北市自然资源和规划局、③界首市自然资源和规划局（林业局）④等部门发布的"居住权登记办法"作出相同要求。抵押权设立在前，抵押人设立居住权时需取得抵押权人的同意再次得到印证。

---

① 参见《安庆市不动产居住权登记办法（试行）》，安庆市自然资源和规划局网，https：//zrzy-hghj.anqing.gov.cn/bdcdj/ywgzd/2001646501.html，2023 年 6 月 14 日访问。

② 参见《合肥市居住权登记操作规范（试行）》，合肥市自然资源和规划局网，https：//zrzyhghj.hefei.gov.cn/xwzx/yhdjccyshjzl/zcyfg/14865053.html，2023 年 6 月 14 日访问。

③ 参见《关于开展居住权登记工作的通知（试行）》，淮北市人民政府网，https：//www.huaibei.gov.cn/xwzx/mszx/62218691.html，2023 年 6 月 14 日访问。

④ 参见《界首市不动产居住权登记（试行）指南》，界首市人民政府网，https：//www.ahjs.gov.cn/xxgk/detail/6295cd2e8866882d178b4569.html，2023 年 6 月 14 日访问。

第四章　居住权制度适用的扩张

　　我国继受了传统居住权制度保障弱势婚姻家庭成员居住利益的理念,但仅规定了合同方式、遗嘱方式设立居住权。居住权制度保障弱势婚姻家庭成员居住利益的前提是,婚姻家庭成员之间达成居住权设立合意。无法达成合意的,则无法通过居住权制度保障。同理,在继承关系中,遗嘱人可以为遗嘱继承人或受遗赠人设立居住权,但弱势法定继承人的居住利益却难以直接通过居住权制度满足,居住权制度保障特定主体居住利益的功能无法充分实现。宜结合司法实践对《民法典》相关条款进行解释,明确婚姻家庭关系、继承关系中法院可通过裁判方式为弱势家庭成员设立居住权。也即,在合同方式、遗嘱方式设立居住权之外,通过裁判方式设立居住权,保障无法达成居住权设立合意的弱势家庭成员的居住利益。除此之外,为充分实现居住权制度促进住宅多元利用的功能,本书聚焦以房养老、盘活闲置农房和合资建房,分析居住权制度适用以房养老、盘活闲置农房和合资建房的可能与优势,进而明确适用的具体路径。如此,在消解上述居住权制度适用过窄困境的同时,完成居住权制度适用的有限扩张。

第一节　婚姻家庭关系中裁判方式扩张适用的系统化

　　我国《民法典》婚姻家庭编没有规定特定家庭成员的法定居住权,而是交由家庭成员协商设立意定居住权,体现了居住权制度适用遵循意思自治原则的特性。司法实践中,家庭成员之间无法达成居住权设立合意,且弱势家庭成员的居住利益无法得到保障,其只能诉请法院裁判设立居住权。然而,法官对身份权下的居住权利和用益物权居住权的认识却存在差异,同案不同判的情形时有发生,弱势家庭成员居住利益难以得到及时保障。对此,宜对《民法典》婚姻家庭编弱势家庭成员利益保障条款进行解释,实现裁判方式设立亲属间居住权的系统化,明确抚养义务、扶养义务、赡养义务的义务主体负有保障权利人居住利益的义务,权利人享有身份权下的居住权利。进而确立父母子女关系、夫妻关系、兄弟姐妹关系、(外)祖孙关系中的义务主体,以指引法官在诉讼中准确适用条款,通过裁判方式为居住利益无法得到保障的弱势家庭成员设立居住权,达致居住权制度在婚姻家庭领域的扩张适用,充分实现居住权制度保障特定主体居住利益的功能。

一、抚养关系中扩张适用的路径建构

　　我国居住权制度的适用依循意思自治原则。抚养关系中,抚养人与被抚养人可以签订居住权合同,在抚养人的住宅上为被抚养人设立居住权,保障其居住利益。然而,抚养人拒绝保障被抚养人居住利益的,居住权制度却难以适用,由此导致被抚养人面

临生存居住利益无法满足的困境。此情形下,即便法院判决抚养人履行抚养义务,实践中仍可能存在抚养人拒绝执行判决导致被抚养人居住利益无法得到保障的难题。对此,宜对相关条款进行解释,明确抚养人对被抚养人负有居住利益保障义务,法院可基于抚养义务作出形成性法律文书设立居住权,及时保障被抚养人的居住利益,充分发挥居住权制度保障特定主体居住利益的功能。

（一）父母子女关系

学界通说,抚养义务来源于亲权制度,是父母对子女负有的不得抛弃的法定义务,我国《民法典》总则编第 26 条第 1 款即对父母履行抚养未成年子女的义务作出原则性规定。《民法典》婚姻家庭编第 1058 条、1067 条第 1 款、第 1071 条、第 1072 条、第 1074 条第 1 款等条款对抚养义务作出具体要求。然而,上述条款仅规定义务主体负有抚养义务,没有明确提及父母基于抚养义务保障未成年子女的居住利益,依循文义解释亦难以直接得出。按照法律解释学理论,文义解释难以直接得出居住利益保障义务,可采用目的解释,探讨抚养义务条款的立法目的。[①]抚养义务,主要指父母履行"物质上供养子女和在日常生活中照料子女"的义务,[②]目的是满足子女的生存需要,保障子女健康成长。正因如此,《民法典》相关条款专门规定抚养义务。未成年子女的健

---

① See Edwin A Kellaway, *Principles of Legal Interpretation of Statutes*, *Contracts and Wills*, Butterworths, 1995, p.49.
② 参见巫昌祯、夏吟兰:《婚姻家庭法学(第二版)》,中国政法大学出版社 2016 年版,第143 页。

康成长,基础要求是生存利益得到满足,具体表现为衣食住行的满足。①其中,有房可住属于子女健康成长最基础的物质需求,父母保障未成年子女的居住利益符合《民法典》抚养义务条款的立法精神。是以,依循目的解释,抚养义务理应涵盖对未成年子女居住利益的保障。父母要求未成年子女搬离其住宅的,属于违反抚养法定义务,二者产生纠纷成诉的,法官可发挥自由裁量权,基于抚养义务作出形成性法律文书,直接为未成年子女设立用益物权居住权。进一步来讲,《民法典》第 1058 条要求,夫妻双方共同承担对未成年子女抚养的义务。因此,二者均应保障未成年子女的居住利益:夫妻双方共同拥有多套住宅的,保障未成年子女的居住利益自不待言;夫妻共同拥有一套住宅的,应以此套住宅保障未成年子女的居住利益;夫或妻一方各自拥有住宅的,二者的住宅均应用于保障未成年子女的居住利益;夫妻一方拥有住宅的,则应以一方的住宅保障未成年子女的居住利益。故而,父母拒绝保障未成年子女的居住利益,法院可基于抚养义务作出形成性法律文书,直接为未成年子女设立用益物权居住权。

《民法典》第 26 条第 1 款明确表示,父母有抚养未成年子女的法定义务,子女年满 18 周岁成为成年人,父母对其抚养义务理应随之终止。毕竟成年人正常情况下具有完全的民事行为能力,应凭借自身的劳动能力获取经济收入,以满足其自身的生活居住需要。然而,"由于目前社会经济发展水平的局限,社会对公民个体的综合保障系统难以健全,再加上公民个人生理、心理、学习、

---

① 参见最高人民法院民法典贯彻实施工作领导小组主编:《中华人民共和国民法典总则编理解与适用(上册)》,人民法院出版社 2020 年版,第 163 页。

就业存在着现实的差异,成年不等于有劳动能力,有劳动能力不等于有独立经济来源和生活保障"。[1]子女成年后,存在其无法依靠自身劳动获取经济收入满足生活需求的情形。对此,《民法典》第 1067 条第 1 款采用"父母不履行抚养义务的,未成年子女或者不能独立生活的成年子女,有要求父母给付抚养费的权利"表述,表明父母对不能独立生活的成年子女亦负有抚养义务。现实的问题是,"不能独立生活的成年子女有权要求父母给付抚养费"表明,父母对不能独立生活的成年子女履行的抚养义务,似乎以给付其请求的抚养费为限,并不涵盖居住利益保障。依循民事权益位阶理论,[2]抚养费属于财产利益,不能独立生活的成年子女的居住利益属于生存利益,二者相较,前者位阶显然较低。对于不能独立生活的成年子女而言,抚养费属于独立生活所需的较"轻"的利益,居住利益是其独立生活所必需的利益,是较"重"的利益。[3]《民法典》第 1067 条第 1 款保障不能独立生活的成年子女有权请求给付抚养费,表明此款规定的赡养义务包含保障不能独立生活的成年子女所需的较"轻"的利益。"法文虽未规定,惟依规范目的衡量,其事实较之法律所规定者,更有适用之理由,而径行适用该法律规定"。[4]不能独立生活的成年子女所需的较"轻"的利益得到立法的明确保障,则较"重"的居住利益当然应得到保障。故而,依循当然解释,《民法典》第 1067 条第 1 款指称的"抚

---

① 杨大文、龙翼飞:《婚姻家庭法(第八版)》,中国人民大学出版社 2020 年版,第 202 页。

② 参见王利明:《论民事权益位阶:以〈民法典〉为中心》,《中国法学》2022 年第 1 期,第 32 页。

③ See Edward Sivin, *Residence Restriction on Custodial Parents：Implications for the Right to Travel*, 12 Rutgers Law Journal 341, 341 - 364(1981).

④ 杨仁寿:《法学方法论》,中国政法大学出版社 1999 年版,第 120 页。

养义务"理应包含保障居住利益。结合《最高人民法院关于适用〈中华人民共和国民法典〉婚姻家庭编的解释(一)》(以下简称《民法典婚姻家庭编司法解释(一)》)第 41 条,不能独立生活的成年子女的范围应作出进一步限定,限于"尚在校接受高中及其以下学历教育,或者丧失、部分丧失劳动能力等非因主观原因而无法维持正常生活的成年子女"。是以,夫妻关系存续期间,父母对不能独立生活的成年子女负有保障其居住利益的抚养义务得以明确。由于抚养义务是父母的法定义务,夫妻离婚的,双方仍负有保障未成年子女、不能独立生活的成年子女居住利益的抚养义务,《民法典》第 1084 条第 2 款采用"离婚后,父母对于子女仍有抚养、教育、保护的权利和义务"表述,予以重申。基于此,父母拒绝保障不能独立生活的成年子女居住利益时,法院亦可作出形成性法律文书,为不能独立生活的成年子女设立用益物权居住权。

值得注意的是,父母负有的保障未成年子女、不能独立生活的成年子女居住利益的抚养义务,并不限于婚生子女。父母对非婚生子女、养子女、有抚养关系的继子女亦负有保障居住利益的义务。《民法典》第 1071 条第 1 款明确表示,非婚生子女享有与婚生子女同等的权利,任何组织或者个人不得加以危害和歧视。依循此款规定,非婚生的未成年子女、不能独立生活的成年子女有权要求其生父母履行保障居住利益的义务。其不履行此义务成诉的,法官可以发挥自由裁量权作出形成性法律文书,在其生父母的住宅上设立用益物权居住权。实践中,非婚生的未成年子女、不能独立生活的成年子女,并不一定由其生父或生母直接抚养,生父或生母的抚养义务却不受影响。依循《民法典》第 1071

条、《民法典婚姻家庭编司法解释(一)》第 42 条,不直接抚养的生父或生母给付子女生活费、教育费、医疗费等抚养费后,非婚生的未成年子女、不能独立生活的成年子女的居住利益仍无法得到保障,双方产生纠纷成诉的,法院可基于抚养义务直接作出形成性法律文书,在不直接抚养的生父或生母的住宅上设立用益物权居住权。此外,《民法典》第 1072 条第 2 款规定,"继父或者继母和受其抚养教育的继子女间的权利义务关系,适用本法关于父母子女关系的规定"。"适用"字眼表明,继父、继母对受其抚养教育的继子女负有的抚养义务,直接适用《民法典》第 26 条第 1 款、第 1067 条第 1 款、第 1084 条第 2 款。意即,受其抚养教育的继子女是未成年子女、不能独立生活的成年子女的,继父、继母对其负有保障居住利益的抚养义务。同样,《民法典》第 1111 条第 1 款采用"自收养关系成立之日起,养父母与养子女间的权利义务关系,适用本法关于父母子女关系的规定"表述,表明收养关系存续期间,养父母与养子女间的权利义务关系可以直接适用《民法典》第 26 条第 1 款、第 1067 条第 2 款、第 1084 条第 2 款抚养义务条款。养子女是未成年子女、不能独立生活的成年子女的,养父母负有保障其居住利益的抚养义务。据此,继父母或养父母若拒绝保障未成年的继子女、养子女或不能独立生活的成年继子女、养子女的居住利益,法院亦可基于抚养义务直接设立用益物权居住权。

值得注意的是,根据《民法典》第 1111 条第 1 款,收养关系存续期间,养子女与生父母的权利义务关系消除,生父母不负有保障未成年子女、不能独立生活的成年子女居住利益的抚养义务。

收养关系解除后,养子女是未成年子女、不能独立生活的成年子女,养子女与养父母的权利义务关系消除。其因居住利益难以得到保障,诉请在原养父母保障居住利益的,法院虽可直接作出形成性法律文书设立用益物权居住权,却非基于抚养义务。综上,婚生子女、非婚生子女、有抚养关系的继子女、养子女是未成年子女、不能独立生活的成年子女,其诉请法院保障其居住利益的,法院可发挥自由裁量权,基于抚养义务作出形成性法律文书,在其亲生父母、有抚养关系的继父母、养父母的住宅上设立用益物权居住权,以满足其生活居住的需要。

(二)(外)祖孙关系

通常情况下,父母对未成年子女负有保障其居住利益的抚养义务。然而,实践中父母死亡或丧失劳动能力情形的发生不可避免,此时未成年子女面临生存危机。为保障其生存利益,维护家庭关系稳定和社会秩序安宁,《民法典》第 1074 条第 1 款要求祖父母、外祖父母在一定条件下对未成年孙子女、外孙子女负有抚养义务。此条款没有明确规定祖父母、外祖父母的抚养义务涵盖保障未成年孙子女、外孙子女的居住利益,但审视第 1074 条第 1 款祖孙之间的抚养义务条款、《民法典》第 1067 条第 1 款父母的抚养义务条款,二者同属于《民法典》婚姻家庭编家庭关系章节的父母子女关系和其他近亲属关系小节,皆规定了对未成年家庭成员的抚养义务。依循体系解释,两条款的语义解释上应保持一致,即前文依循目的解释确立《民法典》第 1067 条第 1 款指称的抚养义务包含保障未成年子女居住利益境遇下,第 1074 条第 1 款规定的祖父母、外祖父母抚养义务应与其保持一致。进一步剖析,立法者设置《民法典》第 1067 条第 1 款、第 1074 条第 1 款,皆出于保障未成年家庭成员健康成长的目的,后者是对前者的补充。即父母已经死亡或者父母无力抚养未成年子女时,有负担能力的祖父母、外祖父母才负有抚养义务。是以,第 1074 条第 1 款规定的抚养义务应涵盖保障未成年孙子女、外孙子女的居住利益。故而,父母已经死亡或者父母无力抚养未成年子女时,有负担能力的祖父母、外祖父母负有保障未成年孙子女、外孙子女居住利益的义务。其拒绝履行义务的,未成年孙子女、外孙子女诉请保障其居住利益,法官可发挥自由裁量权,依循第 1074 条第 1 款作出形成性法律文书,在有负担能力的祖父母、外祖父母的住宅上设立用益物权居住权。

值得注意的是,依循文义解释,《民法典》第 1074 条第 1 款的适用存在三大前提条件,则法院应在满足前提条件的基础上作出形成性法律文书设立用益物权居住权,而不得肆意设权。一是,祖父母、外祖父母有负担能力。有负担能力,通常指“以自己的劳动收入和其他收入满足自己和第一顺序扶养权人(配偶、子女和父母)的合理生活、教育、医疗等需求后仍有剩余”。[①]二是,父母已经死亡或者父母无力抚养。结合《民法典》第 15 条、第 46 条,父母死亡包括父母自然死亡、法院宣告死亡。死亡产生父母民事权利义务消失效果,未成年子女的居住利益因此无法得到保障。父母无力抚养,主要指“不能以自己的收入满足子女合理的生活、

---

① 最高人民法院民法典贯彻实施工作领导小组主编:《中华人民共和国民法典婚姻家庭编继承编理解与适用》,人民法院出版社 2020 年版,第 229 页。

教育、医疗等需要"。①三是，孙子女、外孙子女是未成年人，即未满十八周岁。有学者提出，"祖孙之间的扶养适用于'养祖孙'关系和有事实上扶养、教育关系的'继祖孙关系'"。②言外之意，未成年子女是婚生子女、非婚生子女、养子女、有抚养关系的继子女，其父母已经死亡或者父母无力抚养的，有负担能力的祖父母、外祖父母均应保障其居住利益。未成年婚生子女适用第 1074 条第 1 款自不待言。然而，审视《民法典》第 1071 条非婚生子女的权利条款、第 1072 条继父母与继子女间的权利义务关系条款、第 1111 条收养效力条款，三条款对非婚生子女、有抚养关系的继子女、养子女的权利义务表述却大相径庭。非婚生父母、有抚养关系的继父母、养父母的近亲属的权利义务关系，并非均适用《民法典》关于子女与父母的近亲属关系的规定。换言之，未成年非婚生子女、有抚养关系的继子女、养子女主张维护其居住利益的，法院基于抚养义务作出形成性法律文书设立用益物权居住权应予区分。具体而言，《民法典》第 1071 条第 1 款采用"非婚生子女享有与婚生子女同等的权利"表述，表明未成年非婚生子女可直接依循《民法典》婚生子女有关条款行使权利。未成年婚生子女有权适用《民法典》第 1074 条第 1 款主张祖父母、外祖父母保障其居住利益，未成年非婚生子女可直接适用此款规定无庸置辩。法院可直接适用此款规定，基于抚养义务设立用益物权居住权。《民法典》第 1072 条第 2 款明确规定，"继父或者继母和受其抚养

---

① 最高人民法院民法典贯彻实施工作领导小组主编：《中华人民共和国民法典婚姻家庭编继承编理解与适用》，人民法院出版社 2020 年版，第 228 页。

② 杨大文、龙翼飞：《婚姻家庭法（第八版）》，中国人民大学出版社 2020 年版，第 204 页。

教育的继子女间的权利义务关系,适用本法关于父母子女关系的
规定"。依循文义解释,继父母与有抚养关系的继子女之间的权
利义务关系,适用《民法典》关于父母子女关系的规定,而其与继
父母的近亲属间的权利义务关系,却不适用《民法典》关于子女与
父母的近亲属关系的规定。《民法典》第 1074 条第 1 款是祖孙之
间的抚养义务条款,属于子女与父母的近亲属关系的规定,而非
父母子女关系的规定,未成年继子女无法适用不言自明。换言
之,存在"继祖孙关系"的祖父母、外祖父母不对继孙子女负有抚
养义务。此境遇下,未成年继孙子女依循《民法典》第 1074 条第
1 款诉请有"继(外)祖孙关系"的祖父母、外祖父母保障其居住利
益的,法官的自由裁量权应受到一定的限制,不得基于抚养义务
直接作出形成性法律文书设立用益物权居住权。与之形成鲜明
对比的是,第 1111 条采用"养子女与养父母的近亲属间的权利义
务关系,适用本法关于子女与父母的近亲属关系的规定"表述,法
院适用《民法典》第 1074 条第 1 款,基于抚养义务作出形成性法
律文书设立用益物权居住权,存在一定的合理性。部分学者持相
同主张,限制法院基于抚养义务在"继(外)祖孙关系"中设立用益
物权居住权得到学界支持。① 如有学者即明确提出,《民法典》第
1074 条中的祖父母、外祖父母,"包括自然血亲祖父母、自然血亲外
祖父母、养祖父母、养外祖父母……对于因继父母抚养教育继子女
所形成的拟制血亲而言,继子女与继父母的父母为姻亲关系,不应

---

① 参见曹诗权主编:《婚姻家庭继承法学》,中国法制出版社 2008 年版,第 208 页;王洪:
《婚姻家庭法》,法律出版社 2003 年版,第 302 页。

适用关于祖父母、外祖父母与孙子女、外孙子女关系的规定"①。

是以,未成年子女是婚生子女、非婚生子女、养子女,且父母已经死亡或者父母无力抚养的,有负担能力的祖父母、外祖父母有保障其居住利益的义务。其拒绝履行义务引发诉讼的,法院可依循《民法典》第 1074 条第 1 款,基于抚养义务作出形成性法律文书,设立用益物权居住权。

二、扶养关系中扩张适用的路径建构

扶养义务,指夫妻之间、兄弟姐妹之间依法发生的经济供养、生活扶助、精神上扶养义务,②我国《民法典》第 1059 条、第 1075 条分别规定夫妻间的相互扶养义务、兄弟姐妹间的扶养义务。两条款采用"有相互扶养的义务""有扶养的义务"的原则性表述,可以进一步解释出扶养义务包含居住利益保障,但特定家庭成员基于扶养义务享有的居住权利源于身份权,而非用益物权居住权。扶养关系中,义务人拒绝履行扶养义务成诉的,法院可基于扶养义务作出形成性法律文书,在义务人的住宅上设立用益物权居住权,以充分发挥居住权制度保障特定主体居住利益的功能。

(一)夫妻关系

夫妻之间存在特殊身份关系,彼此之间的扶养义务是婚姻关系存续的本质要素,③《民法典》第 1059 条第 1 款即明确表示,夫

---

① 薛宁兰、谢鸿飞主编:《民法典评注·婚姻家庭编》,中国法制出版社 2020 年版,第 336 页。
② 参见余延满:《亲属法原论》,法律出版社 2007 年版,第 524 页。
③ 参见王利明主编:《中国民法典学者建议稿及立法理由:人格权编·婚姻家庭编·继承编》,法律出版社 2005 年版,第 388 页。

妻有相互扶养的义务。依循文义解释,第 1059 条第 2 款明示,一方
不履行扶养义务的,需要扶养的一方可以主张给付扶养费,则夫
妻之间的扶养义务包含扶养费之给付。审视第 1059 条第 1 款、
第 2 款的关系,夫妻之间的扶养义务却不应限于扶养费之给付,
而应包含居住利益保障。原因在于,第 2 款采用"在另一方不履
行扶养义务时,有要求其给付扶养费的权利"表述,表明给付扶养
费只是履行扶养义务的一种形式,而非全部。否则,第 1059 条直
接对第 2 款扶养费之给付作出规定即可,第 1 款无存在必要。基
于此,夫妻关系存续期间,需要扶养的一方要求另一方履行居住
利益保障之扶养义务存在可能。由此,需要进一步明确第 1059
条第 2 款"扶养义务"的内涵与外延,以判断居住利益之保障是否
归属夫妻之间扶养义务的内容。

　　通说认为,扶养义务包含生活保持义务、生活扶助义务,前者
是夫妻之间、父母子女之间负有的义务,后者则发生在近亲属之
间。"生活保持义务,系指扶养为身份关系本质上不可或缺之要
素,维持对方生活即在保持自己之生活……夫妻间之扶养亦是在
保持自己之生活,故其程度与自己之程度相等,虽牺牲自己地位
相当之生活,亦不得不予以维持"。[1]由此推之,夫妻之间的扶养
义务以维持对方生活为核心,并以保障对方生活水平与自己的生
活水平相等为要求,自然包括居住利益的保障。居住利益属于生
存利益范畴,是自然人满足生活需求的最基础利益,夫妻之间的
扶养义务理应包含居住利益保障。据此,夫妻一方面临无房可住

---

[1] 林秀雄:《亲属法讲义》,元照出版有限公司 2011 年版,第 372 页。

困境,其诉请法院要求对方保障其居住利益,法官可基于夫妻之间的扶养义务,发挥自由裁量权设立居住权,"刘月鹏、刘树奎居住权纠纷案"的判决便是最好例证。[1]

值得注意的是,实践中法院通常设立用益物权居住权,以保障离婚时生活困难一方的居住利益。此时,居住权设立却非出于夫妻之间的扶养义务,毕竟此义务以婚姻关系成立为基础,夫妻离婚的,彼此不负有扶养义务。如"叶某某诉黄某某离婚纠纷案"中,[2]法院出于保障黄某某的居住生存利益,避免其处于离婚后无房可住的困境,判决其对涉案住宅享有居住权。回顾我国现有立法,《民法典》第 1090 条明确离婚时法定的离婚经济帮助义务,经济帮助以适当为限,且以一方生活困难、另一方有负担能力为前提。离婚时双方协商不成的,法院或可依循此款规定,基于离婚经济帮助义务,作出形成性法律文书设立用益物权居住权,以充分发挥居住权制度保障特定主体居住利益的功能。

(二)兄弟姐妹关系

前文已提及,近亲属之间的扶养义务是生活扶助义务,而非生活保持义务。"生活扶助义务,系指近亲属间之扶养,乃是偶然的、例外的现象。在一方无力生活时,他方有扶养余力之情形下,始负扶养之义务,即偶然由外部受领生活之扶助,故称为生活扶助义务。"[3]由此推之,我国《民法典》第 1075 条规定的兄弟姐妹间的扶养义务,包含兄、姐对弟、妹的扶养义务和弟、妹对兄、姐的

---

[1] 葫芦岛市连山区人民法院(2021)辽 1402 民初 3522 号民事判决书。
[2] 浙江省温州市中级人民法院发布 8 起妇女权益保护典型案例之七:叶某某诉黄某某离婚纠纷案——为生活困难妇女离婚后设立居住权。
[3] 林秀雄:《亲属法讲义》,元照出版有限公司 2011 年版,第 372 页。

扶养义务,理应属于生活扶助义务。前者以兄、姐有负担能力、父母已经死亡或者父母无力抚养、弟、妹未成年为前提,后者以弟、妹有负担能力、弟、妹由兄、姐扶养长大、兄、姐缺乏劳动能力又缺乏生活来源为前提。生活扶助义务不同于生活保持义务,义务人无需达到保障权利人生活水平与自己的生活水平相等的程度,但需满足其基础生存需要。居住利益属于生存利益范畴,[①]义务人依循《民法典》第 1075 条保障权利人的居住利益,不会苛以其过重的负担,存在合理性。《民法典》第 1075 条采用"未成年""缺乏劳动能力又缺乏生活来源"表述,限定权利人的范围,亦出于保障基础生存利益的目的。基于此,对于父母已经死亡或者父母无力抚养的未成年弟、妹,有负担能力的兄、姐理应负有保障居住利益的义务。同样,对于缺乏劳动能力又缺乏生活来源的兄、姐,由其扶养长大的有负担能力的弟、妹对其负的扶养义务,亦包含居住利益保障。值得注意的是,居住利益保障完全出于扶养义务,义务人拒绝履行义务的,权利人只享有债权请求权,无法直接基于扶养义务对义务人的住宅享有用益物权居住权。义务人拒绝履行扶养义务,权利人诉请法院为其设立用益物权居住权的,法院却可基于扶养义务作出形成性法律文书直接设立用益物权居住权。

依循《民法典》第 1071 条、第 1072 条、第 1111 条,兄弟姐妹关系存在自然血亲兄弟姐妹、收养关系形成的兄弟姐妹、继兄弟

---

① See Koldo Casla, *The Rights We Live in : Protecting the Right to Housing in Spain through Fair Trial, Private and Family Life and Non-Retrogressive Measures*, 20 International Journal of Human Rights 285, 285 - 297(2016).

姐妹三种情形。对此,有学者指出,自然血亲兄弟姐妹、拟制血亲兄弟姐妹之间,在一定条件下存在扶养义务。[①]意即,上述三种关系均适用第 1075 条,法院可基于扶养义务在三种关系中设立用益物权居住权。有学者却指出,第 1075 条指称的兄弟姐妹,专指自然血亲兄弟姐妹、收养关系形成的兄弟姐妹,"继兄、姐对继弟、妹没有扶养义务,但是继弟、妹对扶养其长大缺乏劳动能力又缺乏生活来源的继兄、姐有扶养义务"。[②]换言之,法院不得基于扶养义务在继兄弟姐妹间设立用益物权居住权。为消解上述纷争,保障特定主体的居住利益,宜结合《民法典》第 1071 条、第 1072 条、第 1075 条、第 1111 条,采用体系解释的方法,明确存在扶养义务的兄弟姐妹关系,以便法院基于扶养义务准确设立用益物权居住权,避免其肆意行使自由裁量权。一是,自然血亲兄弟姐妹。结合《民法典》第 1071 条非婚生子女的权利条款,非婚生子女、婚生子女享有同等的权利,兄弟姐妹是自然血亲,无论是否婚生,均应在一定条件下负有扶养义务。学界对此不存争议,世界多国亦持相同立法。如《日本民法典》第 877 条第 1 款明确表示,"直系血亲及兄弟姐妹负相互扶养的义务"。[③]是以,自然血亲兄弟姐妹关系中,法院可基于扶养义务设立用益物权居住权。二是,收养关系形成的兄弟姐妹。《民法典》第 1111 条收养效力条款第 1 款表明,养子女与养父母的近亲属间的权利义务关系,适用《民法典》关于子女与父母的近亲属关系的规定。结合《民法典》第

---

① 参见吴国平、张影主编:《婚姻家庭法原理与实务(第四版)》,中国政法大学出版社 2018 年版,第 212 页。
② 薛宁兰、谢鸿飞主编:《民法典评注:婚姻家庭编》,中国法制出版社 2020 年版,第 348 页。
③ 《日本民法典》,刘士国、牟宪魁、杨瑞贺译,中国法制出版社 2018 年版,第 220 页。

1045 条亲属、近亲属及家庭成员条款第 2 款,兄弟姐妹为近亲属,第 1075 条兄弟姐妹间的扶养义务条款显然适用于收养关系形成的兄弟姐妹。故而,法院可基于扶养义务在收养关系形成的兄弟姐妹中设立用益物权居住权。三是,继兄弟姐妹。依循《民法典》第 1072 条继父母与继子女间的权利义务关系条款,继父母、受其抚养教育的继子女间的权利义务关系,适用《民法典》关于父母子女关系的规定,而继子女与继父母的近亲属的权利义务关系,却非适用《民法典》关于子女与父母的近亲属关系的规定。基于此,继兄弟姐妹之间不适用第 1075 条,彼此之间不负有法定的扶养义务。法院不可基于抚养义务在继兄弟姐妹关系中设立用益物权居住权。然而,继兄弟姐妹关系中,兄、姐扶养未成年弟、妹长大,此后兄、姐缺乏劳动能力又缺乏生活来源的,依循权利义务相一致原理,[①]兄、姐主张弟、妹给付生活费,弟、妹应予给付。其诉请法院对弟、妹的住宅设立用益物权居住权的,法院则不得直接依循第 1075 条设权。综上,自然血亲兄弟姐妹、收养关系形成的兄弟姐妹之间负有一定条件下的法定扶养义务,义务内容包含居住利益保障。兄弟姐妹之间没有以合同方式设立居住权并办理登记的,权利人无法对义务人的住宅享有用益物权居住权。相反,义务人拒绝履行扶养义务,法院却可依循《民法典》第 1075 条,基于扶养义务作出形成性法律文书设立用益物权居住权,以保障其居住利益。

---

① 参见郑贤君:《权利义务相一致原理的宪法释义——以社会基本权为例》,《首都师范大学学报(社会科学版)》2007 年第 5 期,第 41 页。

三、赡养关系中扩张适用的路径建构

《民法典》第 26 条第 2 款、第 1067 条第 2 款、第 1069 条、第 1074 条规定父母子女关系、祖孙关系中存在赡养义务,却没有进一步明确赡养义务的具体内容。目的解释、体系解释下,赡养义务应涵盖对权利人居住利益的保障。然而,现有立法没有规定权利人基于赡养义务对义务人的住宅享有用益物权居住权,除非双方签订居住权合同并办理登记,否则权利人不享有用益物权居住权,只享有身份权下的居住权利。赡养关系中,义务人拒绝保障居住利益的,权利人诉请法院维护其合法权益,法官却可基于赡养义务直接设立用益物权居住权。

(一) 父母子女关系

《民法典》第 26 条第 2 款明确表示,成年子女对父母负有赡养义务,却没有详述赡养义务的具体内容。《民法典》第 1067 条第 2 款子女的赡养义务条款进一步规定,成年子女不履行赡养义务的,缺乏劳动能力或者生活困难的父母,有要求成年子女给付赡养费的权利。依循文义解释,成年子女对父母的赡养义务包含给付赡养费,但居住利益应否属于赡养义务范畴,却无法得出。依循法律解释学理论,现有赡养义务条款没有明确规定居住利益保障事项,根据文义解释亦难以直接得出结论时,可采用目的解释方法,探讨赡养义务条款的立法目的,确立赡养义务是否涵盖居住利益保障。[①]

学界通说,子女对父母的赡养义务属于生活保持义务,即义

[①] See Edwin A Kellaway, *Principles of Legal Interpretation* of Statutes, *Contracts and Wills*, Butterworths, 1995, p.49.

务人需以维持权利人生活为核心,按照自己的生活标准保障权利
人的生活处于同等水平。[①]回顾我国《民法典》第 26 条第 2 款、第
1067 条第 2 款,立法者明确规定成年子女对父母的赡养义务为
一项法定义务,意在解决成年子女不赡养老人的社会现实问题,
实现老有所养,进而促进家庭关系的和睦,落实社会主义核心价
值观。[②]老有所养,最基础需求的便是居住利益得到保障,毕竟有
房可住是自然人生存最基础的条件。目的解释下,成年子女对父
母的赡养义务理应涵盖保障基础居住利益。基于此,义务主体拒
绝保障居住利益,法院可基于赡养义务直接设立用益物权居住
权。多数学者持相同主张,确立赡养义务涵盖居住利益保障得到
学界支持,法院基于赡养义务直接设立用益物权居住权存在理论
支撑。如有学者提出,成年子女对父母的赡养义务,包含"妥善安
排老年人的住房,不得强迫老年人居住或者迁居条件低劣的房
屋"[③]。妥善安排老年人的住房,属于保障居住利益的具体要求。
有学者提出,"赡养人应当履行对老年人经济上供养、生活上照料
和精神上慰藉的义务,照顾老年人的特殊需要"。[④]经济上的供
养,最基础和最核心的便是保障权利人的生存居住利益。类似主
张不一而足。然而,生存居住利益的保障并非用益物权居住权设
立的保障,立法上没有明确规定义务人负有为权利人设立用益物
权居住权的义务,则当事人之间没有签订居住权合同并办理登记

---

① 参见林秀雄:《亲属法讲义》,元照出版有限公司 2011 年版,第 372 页。
② 参见黄薇主编:《中华人民共和国民法典总则编解读》,法律出版社 2020 年版,第 78 页。
③ 黄薇主编:《中华人民共和国民法典婚姻家庭编解读》,法律出版社 2020 年版,第 138 页。
④ 最高人民法院民法典贯彻实施工作领导小组主编:《中华人民共和国民法典婚姻家庭编
　　继承编理解与适用》,人民法院出版社 2020 年版,第 186 页。

的,权利人对义务人的住宅不享有用益物权居住权。相反,义务人不保障其居住利益,法院却可基于赡养义务设立用益物权居住权,"宋某某诉宋某赡养纠纷案"①"夏涛、程婷诉夏本鑫、仲依群要求分割家庭共有房产因有损老年人权益被驳回案"②"张某诉李某乙赡养费纠纷案"③等案件的判决便是最好例证。

(二)(外)祖孙关系

《民法典》第 1074 条第 2 款明确要求,子女已经死亡或者子女无力赡养父母,有负担能力的孙子女、外孙子女对祖父母、外祖父母负有赡养义务。"子女已经死亡或者子女无力赡养""有负担能力"字眼表明,此款规定的孙子女、外孙子女赡养义务属于近亲属之间的生活扶助义务,而非生活保持义务。④换言之,孙子女、外孙子女履行赡养义务,无需以维持权利人生活为核心,履行义务无需达到保障权利人的生活水平与自己的生活水平相同程度,但需满足其基础生存需要。基于此,法院可基于赡养义务,直接在义务人的住宅上设立用益物权居住权。依循《民法典》第 1074条第 2 款,法院基于赡养义务直接设立用益物权居住权需满足三大前提条件。一是,权利人与义务人存在(外)祖孙关系。结合《民法典》第 1071 条非婚生子女的权利条款、第 1072 条继父母与继子女间的权利义务关系条款、第 1111 条收养效力条款,(外)祖孙关系存在自然血亲(外)祖孙关系、继(外)祖孙关系、养(外)祖

---

① 王林清、杨心忠、赵蕾:《婚姻家庭纠纷裁判精要与规则适用》,北京大学出版社 2014 年版,第 416－420 页。

② 江苏省苏州市中级人民法院(2011)苏中民终字第 2116 号民事判决书。

③ 重庆法院弘扬社会主义核心价值观典型案例(第一批)之四:张某诉李某乙赡养费纠纷案。

④ 参见林秀雄:《亲属法讲义》,元照出版有限公司 2011 年版,第 372 页。

孙关系三种情形,法院却不可基于赡养义务在三种关系中直接设立用益物权居住权。具体而言,依循《民法典》第 1071 条,非婚生子女与婚生子女的权利义务相同,则成年的婚生孙子女、外孙子女和非婚生孙子女、外孙子女与祖父母、外祖父母存在自然血亲的,法院可直接适用《民法典》第 1074 条第 2 款设立用益物权居住权。意即,自然血亲(外)祖孙关系中法院可基于赡养义务设立用益物权居住权。审视《民法典》第 1072 条,不存在类似"继子女与继父母的近亲属间的权利义务关系,适用《民法典》关于子女与父母的近亲属关系的规定"表述,则继(外)祖孙关系不适用《民法典》第 1074 条第 2 款(外)祖孙之间的赡养义务条款。换言之,继(外)祖孙关系之间不存在法定的赡养义务,法院不可基于赡养义务在继(外)祖孙关系中设立用益物权居住权。与之相反,《民法典》第 1111 条采用"养子女与养父母的近亲属间的权利义务关系,适用本法关于子女与父母的近亲属关系的规定"表述,养(外)祖孙之间的权利义务关系,可直接适用第 1074 条第 2 款。意即,养(外)祖孙关系中,法院可基于赡养义务直接设立用益物权居住权。二是,子女已经死亡或者子女无力赡养。子女已经死亡包括自然死亡、法院宣告死亡。子女无力赡养,通常指"祖父母、外祖父母的子女不能以自己的收入满足其合理的生活、教育、医疗等需要"。①三是,成年的孙子女、外孙子女有负担能力。有负担能力,通常指"以自己的劳动收入和其他收入满足自己和第一顺序扶养权人(配偶、子女和父母)的合理生活、教育、医疗等需求后仍

---

① 最高人民法院民法典贯彻实施工作领导小组主编:《中华人民共和国民法典婚姻家庭编继承编理解与适用》,人民法院出版社 2020 年版,第 229 - 230 页。

有剩余"。①是以，(外)祖孙关系是自然血亲(外)祖孙关系、养(外)祖孙关系，祖父母、外祖父母的子女已经死亡或者无力赡养的，孙子女、外孙子女负有保障祖父母、外祖父母居住利益的赡养义务。意即，法院可基于赡养义务，在自然血亲(外)祖孙关系、养(外)祖孙关系中设立用益物权居住权，以保障其居住利益，充分发挥居住权制度保障特定主体居住利益的功能。

第二节　继承关系中扩张适用的特殊制度架构

巡视《民法典》继承编，未发现用益物权居住权设立相关规定，法定继承人主张居住利益保障似无直接的法律依据，其诉请法院设立居住权面临巨大的败诉风险。对此，多数学者主张参照域外立法，在我国继承制度中引入法定居住权，以保障被继承人生存配偶的居住利益。②然而，我国《民法典》2021 年 1 月 1 日才施行，现有立法体系下单独增加被继承人生存配偶居住权保障条款，显然不现实。退一步来讲，即便单设此条款，实践中未成年子女、老年人父母、生活有特殊困难的成年子女等法定继承人同样面临居住利益保障需求，单独设置生存配偶法定居住权条款显然无法全面发挥居住权制度保障特定主体居住利益功能。对此，维护特定法定继承人的居住利益，宜对相关条款进行规范解释，明确特定法定继承人的居住利益应受保障，给实践提供确定性指

---

① 最高人民法院民法典贯彻实施工作领导小组主编：《中华人民共和国民法典婚姻家庭编继承编理解与适用》，人民法院出版社 2020 年版，第 229 页。

② 参见曾大鹏：《居住权的司法困境、功能嬗变与立法重构》，《法学》2019 年第 12 期，第 65 页。

引。同时,对遗产管理人的法定登记义务进行规范解释,最终通过居住权制度在继承关系中的扩张适用。

一、创设特定法定继承人的居住权保留制度

我国《民法典》继承编没有规定特定法定继承人的法定居住权,而是交由继承人在遗产分割时自由协商设立居住权。此种立法设置有尊重继承人自由分割遗产之功,却留有无法充分保障弱势法定继承人居住利益之虞,难以充分实现居住权制度保障特定主体居住利益的功能。对此,宜结合域外立法实践,采用文义解释、目的解释、体系解释等方法对《民法典》继承编相关条款进行规范解释,创设特定法定继承人的居住权保留制度,明确特定法定继承人居住利益应受保障的具体情形,给实践提供确定性指引。

(一)继承人:必留居住权

《民法典》第 1130 条遗产分配的原则条款第 2 款明确表示,生活有特殊困难又缺乏劳动能力的继承人,分配遗产时,应当予以照顾。此款规定位于《民法典》继承编法定继承章节,"生活有特殊困难又缺乏劳动能力的继承人"指的是法定继承人。例如,一共有 A、B、C、D 共 4 位法定继承人,遗产为一定数额的金钱,则 A、B、C、D 每人理应分得 1/4 份遗产,但 D 为生活有特殊困难又缺乏劳动能力的法定继承人,其取得的遗产份额应超过 1/4。按照学界通说,"生活有特殊困难",通常指没有生活来源,或有生活来源但经济收入难以保障最低生活水平。"缺乏劳动能力",一般指"尚无劳动能力或因年迈、病残等原因,丧失或部分丧失劳动能

力的情况"。①同时满足两项条件的法定继承人,属于家庭成员中的"弱者"。为了弘扬我国养老育幼、照顾病残的传统美德,以及遵循《民法典》第 6 条指称的公平原则,立法者设置照顾特殊困难者规则,②对其进行特殊照顾。基于此,遗产包含住宅,法定继承人满足上述两个条件且无房可住的,则分配遗产时,主张为其设立用益物权居住权的,其他法定继承人应予以照顾,优先保障其居住利益。毕竟居住利益属于生存利益,应得到优先保障。审视域外实践,部分国家已然对此作出规定,遗产分配时优先保障继承人中"弱者"的居住利益有例可循。例如《俄罗斯民法典》第1168 条第 3 款明确规定:"如果遗产中的住房(房屋、住宅)等不能实物分割,则在遗产分割时,继承开始前居住在该处而且没有其他住房的继承人对于不是住房所有人的其他继承人享有作为其继承份额取得该住房的优先权。"③依循此款规定,"继承开始前居住在该处而且没有其他住房的继承人"属于继承人中的"弱者",出于对其居住利益的保障,其享有获得住宅所有权的优先权。《意大利民法典》第 540 条第 2 款采用"配偶,即使与其他被传唤人竞合时,对于家族居住用的房屋居住权利,及在曾为死者的所有或者共有场合,对于曾为其备品的动产的使用权利,亦应保留"表述,④设置了被继承人生存配偶居住权的特留份,旨在保障其生存所必需的居住利益。其他国家或地区存在类似做法。

---

① 最高人民法院民法典贯彻实施工作领导小组主编:《中华人民共和国民法典婚姻家庭编继承编理解与适用》,人民法院出版社 2020 年版,第 543 页。

② 参见陈甦、谢鸿飞主编:《民法典评注:继承编》,中国法制出版社 2020 年版,第 79 页。

③ 《俄罗斯联邦民法典(全译本)》,黄道秀译,北京大学出版社 2007 年版,第 404 - 405 页。

④ 《意大利民法典》,陈国柱译,中国人民大学出版社 2010 年版,第 110 页。

回顾我国现有立法,我国《民法典》第 1141 条设置了特定继承人的遗产必留份,与《意大利民法典》第 540 条第 2 款设置的特留份相似。《意大利民法典》第 540 条第 2 款特留份涵盖居住权保障境遇下,我国可参照此条款,采用文义解释、扩张解释、体系解释等方法,明确遗产必留份可包含用益物权居住权,方便保障特定法定继承人的居住利益。《民法典》第 1141 条表明,自然人以遗嘱处分个人财产的,应为缺乏劳动能力又没有生活来源的继承人保留必要的遗产份额。依循文义解释,自然人不得直接按照遗嘱分割所有遗产,而应在保留必要遗产份额之后,处分剩余的遗产。按照遗嘱取得遗产的继承人为遗嘱继承人,遗嘱之外取得财产的继承人为法定继承人,则此款规定的必留份,显然是为缺乏劳动能力又没有生活来源的法定继承人保留的。"缺乏劳动能力又没有生活来源"表明,为法定继承人中的"弱者"专门留出必留份,可以"保护他们的基本生存权益",贯彻"保护弱者利益原则"。①《民法典》第 1159 条遗产分割时的义务条款明确要求,分割遗产时,应当为缺乏劳动能力又没有生活来源的继承人保留必要的遗产予以印证。

《民法典》第 1141 条中的"遗产"字眼表明,必留份应属于财产利益,居住权属于用益物权,是一项财产权,显然属于可以作为必留份的遗产。"份额"通常指一定的比例或成数,语义范围难以涵盖居住权。此境遇下,可对《民法典》第 1141 条规定的"遗产份额"进行扩张解释,涵盖用益物权居住权。"扩张解释是指与立法

---

① 陈甦、谢鸿飞主编:《民法典评注:继承编》,中国法制出版社 2020 年版,第 168 页。

目的和立法意图相比较,法条的字面含义过于狭窄,通过解释使法条的字面含义扩张,以符合立法目的和立法意图。"①《民法典》第 1141 条设置必留份,目的在于保障特定法定继承人的基本生存利益,居住权之设立保障其生存居住利益,显然属于基本生存利益范畴,则必留份包含居住权符合立法意图。从实践操作来看,居住权作为"遗产份额"在住宅的一间或几间房间上设立,以保障特定法定继承人的居住利益,亦是可行的。有学者持相似观点,"我国法律则未对必留份规定具体的份额,在实践中要根据个案的具体情况而确定,以满足必留份权利人的生活需要"。②由此推之,为特定法定继承人设置居住权,作为必留份的内容之一存在可能。"遗产份额"可以包括用益物权居住权,得到佐证。是以,遗产包含住宅,且缺乏劳动能力又没有生活来源的法定继承人居住利益无法得到保障的,其依循《民法典》第 1141 条主张在住宅上为其设立居住权的,理应予以支持。

值得注意的是,《民法典》第 1141 条必留份条款适用于缺乏劳动能力又没有生活来源的法定继承人,但其他弱势的法定继承人亦可主张为其设立居住权。原因在于,缺乏劳动能力,有生活来源但经济收入难以保障其最低生活水平的法定继承人,亦可能存在居住利益保障需求。意即,除去缺乏劳动能力条件,"没有生活来源"只是"生活有特殊困难"的一种情形。③正因如此,《民法典》第 1130 条第 2 款要求,"对生活有特殊困难又缺乏劳动能力

① 王利明:《法律解释学(第二版)》,中国人民大学出版社 2016 年版,第 239 页。
② 黄薇主编:《中华人民共和国民法典继承编解读》,法律出版社 2020 年版,第 99 页。
③ 参见最高人民法院民法典贯彻实施工作领导小组主编:《中华人民共和国民法典婚姻家庭编继承编理解与适用》,人民法院出版社 2020 年版,第 543 页。

的继承人,分配遗产时,应当予以照顾"。审视《民法典》第 1130 条第 2 款、第 1141 条,前者处于《民法典》继承编法定继承章节,属于保障特定法定继承人利益的原则性规定,后者位于继承编遗嘱继承和遗赠章节,是按照遗嘱处分遗产时保留特定法定继承人必留份的专门规定。依循体系解释,后者必留份条款是前者保障特定法定继承人利益之原则性规定在按遗嘱处分遗产中的延伸。基于此,对于"缺乏劳动能力又没有生活来源的法定继承人",居住利益保障直接适用第 1141 条自不待言。其他"生活有特殊困难又缺乏劳动能力的继承人"居住利益之保障,则应依循第 1130 条第 2 款。综上,遗产包含住宅,生活有特殊困难又缺乏劳动能力的法定继承人在遗产分割时无房可住的,可以依循《民法典》第 1130 条第 2 款要求其他继承人对其进行照顾,为其设立居住权。同样,遗嘱人立遗嘱处分个人财产的,可根据《民法典》第 1141 条,以设立居住权的形式保留必留份,保障缺乏劳动能力又没有生活来源的法定继承人的居住利益。

回顾司法实践,法院已然认可遗嘱人为缺乏劳动能力又没有生活来源的法定继承人设置法定居住权,甚至在遗产分割时直接判决特定法定继承人享有居住权,足见为特定法定继承人必留居住权与司法实践做法一致。如在"方某与孙某遗嘱继承纠纷案"中,[①]法院认可遗嘱人为法定继承人(生存配偶)必留居住权的做法,判决孙某对涉案住宅享有终身居住权。在"崔某诉张某等继承纠纷案"中,[②]被继承人并未设置遗嘱,法院主张遗产分割时应

① 北京市西城区人民法院(2018)京 0102 民初 9544 号民事判决书。
② 河北省邢台市桥西区人民法院(2017)冀 0503 民初 2584 号民事判决书。

保障法定继承人（老年人）的居住利益,判决崔某对涉案住宅享有终身居住权。在"苏某等法定继承纠纷案"中,①被继承人没有留下遗嘱,法院直接判决遗产分割时为无其他住所的、有精神病的法定继承人设立居住权。在"沈某等与陈某法定继承纠纷案"中,②被继承人没有通过遗嘱设立居住权,法院判决遗产分割时为缺乏劳动能力又没有生活来源的法定继承人（未成年人）设立居住权,以保障其生存居住利益。类似案件不胜枚举。可见,尽管我国立法上并未设置老年人、未成年人、残疾人等弱势法定继承人的法定居住权,但为了充分保障弱势法定继承人的居住利益,居住权制度在继承关系中可以扩张适用。遗嘱人可为缺乏劳动能力又没有生活来源的法定继承人必留居住权。遗产分割时,生活有特殊困难又缺乏劳动能力的法定继承人无房可住,其主张为其设立居住权的,理应予以照顾。

（二）胎儿:预留居住权

依循《民法典》第13条自然人民事权利能力的起止条款,自然人的民事权利从出生时起到死亡时止,居住权的权利主体理应为自然人。"胎儿者,乃母体内之儿也。自受胎时起至出生完成之时,谓之胎儿。"③胎儿仍在母体之内,尚未发生出生之法律事实,无法对他人的住宅行使居住权。然而,《民法典》第16条胎儿利益的特殊保护条款表明,涉及遗产继承、接受赠与等胎儿利益保护的,胎儿视为具有民事权利能力。依循文义解释,居住利益

① 广东省佛山市顺德区人民法院(2020)粤0606民初18792号民事判决书。
② 湖北省崇阳县人民法院(2020)鄂1223民初1612号民事判决书。
③ 胡长清:《中国民法总论》,中国政法大学出版社1997年版,第60页。

属于胎儿利益范畴,遗产继承过程中,涉及胎儿居住利益保护的,胎儿应视为具有民事权利能力。《民法典》第 1155 条胎儿预留份条款进一步作出规定,遗产分割时,应当保留胎儿的继承份额。"继承份额"指胎儿继承的遗产份额。"遗产,是指被继承人死亡时所遗留的,依照继承法律规范转移给他人的个人合法财产。"①学界通说认为,民法上的财产存在物、物和有价证券、财产权利和义务三种含义,而作为遗产的财产,指的是财产权利和义务,"即遗产包括被继承人死亡时遗留的全部财产权利和义务"。②由此推之,居住权属于用益物权,是一项财产权,理应属于胎儿可以继承的遗产。"份额"字眼表明,胎儿继承的遗产似乎应是可以进行分割的一定比例的财产,居住权是一项完整用益物权,文义解释下难以被囊括。此境遇下,可对"继承份额"作扩张解释,确立胎儿预留份可包括居住权。"扩张解释是指与立法目的和立法意图相比较,法条的字面含义过于狭窄,通过解释使法条的字面含义扩张,以符合立法目的和立法意图。"③《民法典》第 1155 条专门设置胎儿预留份条款,原因是胎儿继承权益对其出生后的生存关系重大,目的在于"通过对胎儿继承权益的保护来保障胎儿在被孕育期间及出生后未来数年内的生存与发展"。④居住利益属于生存利益范畴,居住权能保障胎儿在出生后有房可住,维护其生存

---

① 房绍坤、李范瑛、张洪波编:《婚姻家庭继承法(第七版)》,中国人民大学出版社 2012 年版,第 176 页。
② 最高人民法院民法典贯彻实施工作领导小组主编:《中华人民共和国民法典婚姻家庭编继承编理解与适用》,人民法院出版社 2020 年版,第 673 页。
③ 王利明:《法律解释学(第二版)》,中国人民大学出版社 2016 年版,第 239 页。
④ 中国审判理论研究会民事审判理论专业委员会:《民法典继承编条文理解与司法适用》,法律出版社 2020 年版,第 235 页。

之基本需要。因而,胎儿预留份包括居住权,能有效保障胎儿出生后的生存和发展,符合《民法典》第 1155 条之立法目的。居住权可以在住宅的一间或几间房间上设立,"继承份额"的字面含义扩张至对住宅部分房间的居住权,以保障胎儿的居住利益,亦是解释得通的。是以,采用扩张解释确立胎儿预留份可包括居住权,存在合理性。朱庆育教授指出,"虽然一般性地把权利能力的始期确定为受胎之日不值得赞同,但基于人道主义思想,对于胎儿亦应提供必要的保护"①。由此推之,居住利益属于胎儿出生后生存所必需的利益,对其保护显然是"必要"的,侧面印证了胎儿预留份可包括居住权。反之,否定胎儿预留份包括居住权,则意味着在遗产继承中,胎儿不具有取得居住权的民事权利能力,与《民法典》第 16 条相悖,亦有违公平原则。②进一步来讲,《民法典》第 1141 条必留份条款采用"遗产份额"表述,《民法典》第1155 条胎儿预留份条款采用"继承份额"表述,二者同处于《民法典》继承编,对"份额"的解释应保持一致,以维护我国继承制度内部的统一。上文已对《民法典》第 1141 条必留份条款"遗产份额"作出解释,可涵盖居住权,《民法典》第 1155 条规定的"继承份额"亦可包括居住权。综上,依循文义解释、扩张解释等方法,《民法典》第 1155 条规定的胎儿预留份可包含居住权。遗产包含住宅的,遗产分割时,可依循此款规定,在胎儿预留份中为胎儿预留居住权。如此,胎儿出生后的居住利益可以得到充分保障,居住权制度亦可充分发挥保障特定主体居住利益的功能。

---

① 朱庆育:《民法总论》,北京大学出版社 2013 年版,第 375 页。
② 参见[日]山本敬三:《民法讲义 I·总则》,解亘译,北京大学出版社 2004 年版,第 24 页。

二、砌筑遗产管理人法定登记义务认定规则与追责机制

前文已提及,继承关系中,存在以遗赠、遗嘱继承方式设立居住权、为生活有特殊困难又缺乏劳动能力法定继承人必留居住权以及为胎儿预留居住权三类情形。遗赠方式设立居住权,适用《民法典》第 368 条,居住权自登记时设立。通说住宅所有权人应协助办理登记,[①]实践中法院多持相同主张。[②]然而,现有立法没有明确规定遗赠关系中住宅所有权人的居住权法定登记义务,则要求其办理居住权登记最多是学者建议或司法实践的参考意见,不具有强制性。由此导致居住权无法及时设立的问题屡屡发生,引发的诉讼案件也与日俱增。同样,遗嘱继承方式设立居住权、为生活有特殊困难又缺乏劳动能力的法定继承人必留居住权,以及为胎儿预留份居住权,面临相似困境。居住权没有办理登记的,权利人的居住利益无法得到有效保障。基于此,为全面维护特定主体的居住利益,有必要采用法律解释方法,砌筑遗产管理人法定登记义务认定规则与追责机制,即明确遗产管理人负有居住权登记的法定义务,进而以居住权登记为中心,确立遗产管理人违反法定登记义务的损害赔偿责任,以保障居住权的有效设立,真正实现居住权制度保障特定主体居住利益的功能。

（一）明确遗产管理人的法定登记义务

我国《民法典》出台前,我国并不存在系统的、完善的遗产管理制度,彼时实践中遗产长时间无人管理、继承人无法知晓遗产

---

① 参见崔建远:《物权编对四种他物权制度的完善和发展》,《中国法学》2020 年第 4 期,第 37 页。

② 《首例经法院生效文书设立的居住权,登记啦!》,澎湃新闻网,https://www.thepaper.cn/newsDetail_forward_12628932,2023 年 6 月 22 日访问。

的实际价值、继承人隐匿、私分、侵吞遗产等现象频发,被继承人处分遗产的自由意志并未得到完全尊重,共同继承人、受遗赠人、遗产债权人等民事主体的利益屡遭侵害。[①]为回应实践需求,我国借鉴域外立法,设置完整的遗产管理制度,并通过《民法典》继承编第 1145 条遗产管理人的选任条款、第 1146 条遗产管理人的指定条款、第 1147 条遗产管理人的职责条款、第 1148 条遗产管理人未尽职责的民事责任条款、第 1149 条遗产管理人的报酬条款,实现"保护好遗产、保障被继承人处置遗产的意志之实现、保护继承人及受遗赠人的合法权益、保护被继承人的债权人的债权"[②]目的。基于此,可通过遗产管理人制度,对第 1147 条遗产管理人的职责条款进行解释,施以遗产管理人居住权登记的法定义务,实现遗产的顺利分割,保障相关主体的居住利益。[③]

　　剖析《民法典》第 1147 条,第 1 项至第 5 项明确列举遗产管理人负有清理遗产、报告遗产情况、处理债权债务、分割遗产等法定义务,以"指导遗产管理人依法履行遗产管理职责,避免管理失误及损害继承法律关系当事人的合法权益"。[④]第 6 项"实施与管理遗产有关的其他必要行为"是一项兜底条款,表明遗产管理人在五项法定义务之外,还负有实施其他必要行为的义务。"兜底条款是以前面的各项规定为典型情形,对剩余的次要事项,以命

---

① 参见陈苇、石婷:《我国设立遗产管理制度的社会基础及其制度构建》,《河北法学》2013 年第 7 期,第 13 页。
② 杨立新:《我国继承制度的完善与规则适用》,《中国法学》2020 年第 4 期,第 96 页。
③ 参见刘宇娇:《民法典视阈下遗产管理人制度之价值取向与功能定位》,《学术探索》2021 年第 5 期,第 117 - 123 页。
④ 杨立新:《我国继承制度的完善与规则适用》,《中国法学》2020 年第 4 期,第 96 页。

题的形式作总括式规定,它是一种特殊形式的例示规定。"①立法者在《民法典》第 1147 条第 6 项设置兜底条款,意在保持《民法典》第 1147 条遗产管理人的职责条款的开放性和包容性,避免列举性条款对遗产管理人法定义务的遗漏,进而适应社会情势变迁,回应实践需求。依循文义解释,遗产管理人于不动产登记中心处办理居住权登记,可以确立或宣示作为遗产的住宅所有权上存在居住权负担,明确居住权人、住宅所有权人的权利义务,属于"实施与管理遗产有关的行为"。具体而言,遗赠方式设立居住权时,采用登记生效主义,遗产管理人办理登记可以有效设立居住权,真正实现履行《民法典》第 1147 条第 5 款指称的按照遗嘱分割遗产法定义务的效果。遗嘱继承方式设立居住权的,登记仅宣示住宅上存在居住权负担,遗产管理人办理登记却是以遗嘱为依据的,是与管理遗产有关的行为。为生活有特殊困难又缺乏劳动能力的法定继承人设立居住权,以及根据胎儿预留份设立居住权,属于按照《民法典》第 1130 条第 2 款、第 1141 条以及第 1155 条对遗产进行处理,亦是与管理遗产有关的行为。从"苏某等遗嘱继承纠纷案"②"张某等遗嘱继承纠纷案"③"王某等遗嘱继承纠纷案"④等案件的判决来看,认定居住权登记是与遗产处理有关的行为得到法院支持。

我国民法中引入遗产管理人制度,目的在于"保护好遗产、保

---

① 刘风景:《例示规定的法理与创制》,《中国社会科学》2009 年第 4 期,第 95 页。
② 广东省肇庆市端州区人民法院(2017)粤 1202 民初 3161 号民事判决书。
③ 上海市嘉定区人民法院(2021)沪 0114 民初 16641 号民事判决书。
④ 上海市浦东新区人民法院(2021)沪 0115 民初 20868 号民事判决书。

障被继承人处置遗产的意志之实现、保护继承人及受遗赠人的合法权益、保护被继承人的债权人的债权"。①遗赠方式设立居住权、遗嘱继承方式设立居住权时,遗产管理人依据遗嘱办理居住权登记,可以充分"保障被继承人处置遗产的意志之实现",显然是"必要"的行为。居住权登记可以充分保障受遗赠人、遗嘱继承人的居住利益,避免受遗赠人因没有办理登记而无法取得居住权、遗嘱继承人因居住权未登记而与受让住宅所有权的第三人产生利益冲突,则登记对于"保护继承人及受遗赠人的合法权益",亦是"必要"的。为生活有特殊困难又缺乏劳动能力的法定继承人设立居住权,居住权登记可以强化对生活有特殊困难又缺乏劳动能力法定继承人的居住利益保护,毕竟其主要是没有劳动能力的未成年人、年迈的老年人、残疾人、病人。②办理登记境遇下,住宅所有权人否认住宅上存在居住权负担,弱势法定继承人再诉请法院保障其居住权,必将面临现实困境。可见,遗产管理人办理居住权登记,对于保障生活有特殊困难又缺乏劳动能力的法定继承人的居住权,是"必要"的。基于胎儿预留份设立居住权时,遗产管理人办理居住权登记,可以充分保障胎儿出生后数年内的居住生存利益,显然是"必要"的。此时,因胎儿尚未出生,居住权的权利主体可以登记为胎儿的母亲,毕竟胎儿仍在母亲体内孕育。胎儿娩出时为活体的,可以变更居住权的权利主体。胎儿娩出时为死体的,遗产管理人依循《民法典》第1155条,按照法定继承处

---

① 杨立新:《我国继承制度的完善与规则适用》,《中国法学》2020年第4期,第96页。
② 参见最高人民法院民法典贯彻实施工作领导小组主编:《中华人民共和国民法典婚姻家庭编继承编理解与适用》,人民法院出版社2020年版,第543页。

理胎儿预留份,及时办理注销登记。故而,遗产管理人办理居住权登记,可以及时保障受遗赠人、遗嘱继承人、生活有特殊困难又缺乏劳动能力法定继承人、胎儿的居住利益,显然属于第 1147 条第 6 项"实施与管理遗产有关的其他必要行为",遗产管理人负有办理居住权登记的法定义务。

(二)违反登记义务的损害赔偿责任认定

上文已通过对《民法典》第 1147 条第 6 项兜底性条款进行解释,确立了遗产管理人负有办理居住权登记的法定义务,以保障相关主体的居住利益。然而,有学者指出,"遗产的管理与分配涉及诸多主体的利益,遗产管理人在进行清偿债务、分割遗产时,若处置不当,反而会引发继承纠纷,背离制度设计之目的。特别是在继承人担任遗产管理人时,由于事关自己的继承利益,继承人虽可能更加尽职,但也存在滥用权利、监守自盗的风险"[①]。由此推之,实践中遗产管理人怠于履行居住权登记义务或滥用遗产管理权利的,受遗赠人、遗嘱继承人、生活有特殊困难又缺乏劳动能力的法定继承人、胎儿的居住利益无法得到充分保障,严重者居住利益遭受严重侵害。对此,宜对《民法典》第 1148 条遗产管理人未尽职责的民事责任条款、第 1149 条遗产管理人的报酬条款进行解释,以遗产管理人获取报酬为中心,构建"重大过失"认定标准,以督促遗产管理人及时履行居住权登记义务。

《民法典》第 1148 条仅对遗产管理人未尽职责的民事责任作出一般性规定,存在故意或重大过失情形,造成继承人、受遗赠

---

① 中国审判理论研究会民事审判理论专业委员会:《民法典继承编条文理解与司法适用》,法律出版社 2020 年版,第 176 页。

人、债权人损害的,遗产管理人才承担民事责任。对此,多数学者认为,遗产管理人履行义务时,尽到善良管理人的注意义务即可。遗产管理人明知不当行为会侵害继承人、受遗赠人、债权人利益的,构成故意;没有尽到善良管理人的注意义务,侵害继承人、受遗赠人、债权人利益的,是重大过失。如有学者提出,"所谓故意就是明知会侵害他人权益而为之。所谓重大过失就是违反一般正常管理者应尽的谨慎注意义务"。①亦有学者主张,"对于遗产管理人过错的认定,应以是否尽到善良管理人义务为标准进行判断。所谓善良管理人义务是指遗产管理人应当忠实、谨慎地履行法律义务,一般情况下应做到及时通知、报告、保管等"。②由此推之,遗产管理人没有履行办理居住权登记之法定义务,导致受遗赠人、遗嘱继承人、生活有特殊困难又缺乏劳动能力法定继承人、胎儿的居住利益遭受损害,系出于"故意"或没有尽到善良管理人的注意义务构成"重大过失"的,才承担民事责任。遗产管理人没有获得报酬的,要求其办理居住权登记义务时尽到善良管理人的注意义务即可,存在合理性。毕竟按照过于严格的标准,要求其以较高程度的注意无偿履行义务,有违公平原则。正因如此,我国《民法典》第 897 条保管人的赔偿责任条款明确表示,无偿保管人在保管期内尽到善良管理人的注意义务即可,其因故意或重大过失造成保管物毁损、灭失的,才承担赔偿责任。故而,依循公平原则,遗产管理人没有获得报酬,履行义务尽到善良管理人义务,

---

① 黄薇主编:《中华人民共和国民法典继承编解读》,法律出版社 2020 年版,第 99 页。
② 中国审判理论研究会民事审判理论专业委员会:《民法典继承编条文理解与司法适用》,法律出版社 2020 年版,第 176 页。

但没有办理居住权登记的,不得要求其承担损害赔偿责任。违反善良管理人义务没有办理登记的,属于"重大过失"。"明知"受遗赠人、遗嘱继承人、生活有特殊困难又缺乏劳动能力的法定继承人、胎儿享有居住权,却没有办理登记的,属于"故意"。如受遗赠人、遗嘱继承人、生活有特殊困难又缺乏劳动能力的法定继承人、胎儿的母亲请求办理居住权登记的,遗产管理人却不履行义务。①

然而,遗产管理人获得报酬的,其应尽的居住权登记之注意义务宜高于善良管理人标准。按照权利义务理论,②遗产管理人办理居住权登记具有获得报酬的权利的,其尽到的注意义务应与之相应,以区别于无偿办理居住权时尽到的注意义务。意即,高于善良管理人标准的注意义务。回顾我国现有立法,《民法典》第929条受托人的赔偿责任条款表明,受托人获得报酬的,应承担更高的注意义务,其因一般过错造成委托人损失的,即应承担赔偿责任;没有获得报酬的,尽到善良管理人注意义务即可,因故意或者重大过失造成委托人损失的,承担赔偿责任。可见,根据遗产管理人是否获得报酬,判断其应尽到的注意义务程度,在现有立法上有例可循。部分学者持相同观点,③确立获得报酬的遗产管理人尽到高于善良管理人的注意义务,得到学界支持。如有学者提出,"依据《民法典》第1149条的规定,有偿担任遗产管理

---

① 参见郭红伟、金俭:《遗嘱方式设立居住权的法律适用冲突及消解路径》,《南京社会科学》2022年第7期,第89页。
② 参见吕炳斌:《论〈民法典〉个人信息保护规则蕴含的权利——以分析法学的权利理论为视角》,《比较法研究》2021年第3期,第40页。
③ 参见最高人民法院民法典贯彻实施工作领导小组主编:《中华人民共和国民法典婚姻家庭编继承编理解与适用》,人民法院出版社2020年版,第634页。

人,因一般过失造成遗产毁损、灭失,给继承人、受遗赠人或者债权人等造成损害,因不具有故意或者重大过失的要件而免除赔偿责任,显然违反《民法典》第 6 条关于公平原则规定的要求,会使遗产管理人的权利和义务不对等,造成不公平的后果"。①此外,居住权虽然是一项用益物权财产权,但继承关系中受遗赠人、遗嘱继承人、生活有特殊困难又缺乏劳动能力法定继承人、胎儿居住权之设立,主要目的是保障生存所必需的居住利益。居住利益属于生存利益范畴,按照生存利益优先原则,②获得报酬的遗产管理人应尽到高于善良管理人的注意义务,以充分保障居住利益,亦具有合理性。是以,遗产管理人获得报酬的,其没有履行居住权登记义务时,"重大过失"的认定应设置较高的标准——因一般过失没有办理居住权登记即属于"重大过失"。综上,依循权利义务理论、公平原则、生存利益优先原则,对《民法典》第 897 条、第 929 条、第 1148 条、第 1149 条进行解释,宜以"获得报酬"为中心确立遗产管理人"重大过失"认定标准。没有获得报酬的遗产管理人,因未尽到善良管理人的注意义务而没有办理居住权登记,才构成"重大过失";获得报酬的,因一般过失没有办理登记的,即属于"重大过失",应当承担民事责任。如此,受遗赠人、遗嘱继承人、生活有特殊困难又缺乏劳动能力的法定继承人、胎儿的居住利益能够及时得到保障,居住权制度保障特定主体居住利益的功能得以真正实现。

---

① 杨立新:《论遗产管理人失职损害赔偿责任》,《湖湘法学评论》2023 年第 2 期,第 23 页。
② 参见王利明:《民法上的利益位阶及其考量》,《法学家》2014 年第 1 期,第 84 页。

第三节 其他关系中扩张适用的逻辑证成与模式建构

通过居住权制度在婚姻家庭、继承关系中扩张适用的路径建构，部分消解了居住权制度适用中无法充分实现保障特定主体居住利益功能的困境。除此之外，宜在其他关系中扩张适用居住权制度，以进一步消解居住权制度适用领域过窄困境，在实现居住权制度保障功能的同时，促进住宅的多元利用。学界对此多持肯定看法，并指出居住权制度在以房养老、宅基地"三权分置"改革、合资建（购）房、时权式酒店中存在适用空间，但对制度适用的合理性以及具体路径之研究仍有不足。基于此，本书针对性提出居住权制度在以房养老、盘活闲置农房和合资建房中扩张适用，证成制度扩张适用的正当性与优势，并建构制度适用的具体模式，为实践提供指引。至于时权式酒店，其不动产证书上登记的用途为"酒店"而非"住宅"，不符合居住权制度适用的客体条件，因而无法设立居住权，居住权制度扩张适用空间不足。

一、以房养老

我国社会存在"家庭式以房养老"和"金融式以房养老"两种模式，前者发生在家庭关系中，较为常见。后者是我国为应对社会巨大的以房养老需求，从域外引入的"住房反向抵押"制度。实践中，二者均效果不佳。居住权分离住宅的使用价值和交换价值，理论上居住权制度存在适用以房养老的空间。部分学者持相同观点，对居住权制度适用以房养老具体路径的研究却有待加深。对此，本书进一步剖析居住权制度适用以房养老的正当性与优势,并结合域外实践建构居住权制度适用以房养老的具体模式,以充分发挥居住权制度保障特定主体居住利益和促进住宅多元利用的功能。

(一)以房养老中扩张适用的正当性与优势剖析

现有的以房养老模式虽可在一定程度上满足老年人的养老需求,却存在诸多弊端,如易引发家庭成员矛盾,以房养老模式运营成本过高。居住权制度重视住宅的使用价值,而非交换价值,适用以房养老存在正当性。居住权制度可以在不改变老年人居住原有住宅的基础上,满足其养老需求,存在巨大优势。

1. 以房养老中扩张适用的正当性

居住权将住宅所有权的占有、使用权能分离,形成一项独立的权利。[①]由此,住宅的使用价值和交换价值得以分离,住宅得到多元利用。居住权人利用住宅的使用价值,体现为占有、使用住宅。住宅所有权人对住宅的支配权受到一定的限制,仍可以实施转让所有权的处分行为,住宅的交换价值得以保留。[②]现有居住权制度主要适用于住宅所有权人为他人设立居住权,自己保留住宅的交换价值,存在一定的局限性。基于居住权分离住宅的使用价值和交换价值,居住权制度扩张适用以房养老存在空间。老年人将自己所有的住宅转让给他人,即转移住宅的交换价值。同时,老年人保留住宅的使用价值,即约定住宅所有权受让人为老年人设立居住权。[③]如此,老年人在不改变原有生活居住环境的

---

① 参见[德]曼弗雷德·沃尔夫:《物权法》,吴越、李大雪译,法律出版社2002年版,第17页。

② 参见易继明:《财产权的三维价值——论财产之于人生的幸福》,《法学研究》2011年第4期,第74-85页。

③ 参见徐建刚:《论使用可能性丧失的损害赔偿》,《法商研究》2018年第2期,第138-149页。

情形下,得以依靠住宅满足养老需求,住宅亦得到充分利用,存在正当性。多数学者持有相同观点,主张居住权制度扩张适用以房养老存在正当性。如有学者提出,"老年人完全可以通过在自己的房子上设定居住权,而将房子低价转让给子女或者其他人,从而将通常作为遗产的房屋加以变现,将生后的钱拿到生前来花。这样既改善了我国老年人的生活状态,提高了其生活质量,又保障其老有所居的要求"。①有学者亦提出,"巨大的以房养老需求充分证明居住权制度在我国具有十分重要的现实意义……以房养老这一新时代的迫切需求充分证明,居住权不仅没有过时,反而将焕发出前所未有的生机和活力"。②类似观点不胜枚举。事实上,我国设置居住权制度之前,域外国家为应对人口老龄化问题,③已通过居住权制度满足老年人的以房养老需求。最具代表性的是法国名为"viager"的制度,即老年人将住宅的所有权转让给贷款人,贷款人一次性支付给老年人低于住宅市场价格的现金或按月支付现金,而老年人可以终身居住"自己的"原有住宅。在老年人死后,贷款人取得住宅的完整所有权,④再次印证了居住权制度适用以房养老存在正当性。回顾我国,司法实践中已然存

① 申卫星:《从"居住有其屋"到"住有所居"——我国民法典分则创设居住权制度的立法构想》,《现代法学》2018 年第 2 期,第 109 - 110 页。
② 鲁晓明:《论我国居住权立法之必要性及以物权性为主的立法模式——兼及完善我国民法典物权编草案居住权制度规范的建议》,《政治与法律》2019 年第 3 期,第 17 页。
③ See Philip B. Springer, *Home Equity Conversion Plans as a Source of Retirement Income*, 48 Social Security Bulletin 10, 10 - 19(1985); Debra Pogrund Stark et al., *Complex Decision-Making and Cognitive Aging Call for Enhanced Protection of Seniors Contemplating Reverse Mortgages*, 46 Arizona State Law Journal 229, 299 - 364(2014).
④ 参见肖俊:《空虚所有权交易与大陆法系的以房养老模式》,《上海财经大学学报》2017 年第 1 期,第 119 页。

在类似老年人设立居住权以房养老的案例,但主要发生在婚姻家庭领域,居住权制度适用以房养老存在先例。具有代表性的"陈某与王某、关某继承纠纷一审民事纠纷案"中,①老年人王某1、关某将其所有的住宅转让给孙子王某,孙子王某接受赠与的条件是,保障二人有权在住宅中终身居住,且对二人尽到赡养义务,便是发生老年人以房养老的实例。随着我国人口老龄化问题愈发严重,居住权制度扩张适用以房养老,将不再局限于婚姻家庭领域,老年人可与金融机构签订以房养老协议。可见,居住权制度扩张适用以房养老,可以在满足老年人居住利益的同时,实现住宅的多元利用,②存在正当性,未来必将发展为一种典型的养老模式。

2. 以房养老中扩张适用的优势

纵观我国现有的以房养老模式,主要分为"家庭式以房养老"和"金融式以房养老"两大类,二者皆存在明显不足。"家庭式以房养老"主要指,老年人将唯一住宅赠与家庭成员,并约定其可终身居住,接受赠与的家庭成员须给老年人养老送终。例如,在农村地区,一户村民只能申请一处宅基地,并在宅基地上建造一套(栋)住宅,家庭成员共同生活。老年人会选择特定子女为其养老送终,其去世后住宅为该特定子女所有,俗称"养老腾宅"。③城镇地区存在类似做法,老年人将住宅赠与特定子女,子女接受赠与的条件是,保障老年人在住宅终身居住,并给老年人养老送终。

---

① 山东省泗水县人民法院(2018)鲁 0831 民初 28 号民事判决书。
② 参见王亚柯、叶雨彤、汤晟:《以房养老:经验、困境与发展路径》,《江海学刊》2020 年第 1 期,第 240 - 245 页。
③ 参见申卫星:《视野拓展与功能转换:我国设立居住权必要性的多重视角》,《中国法学》2005 年第 5 期,第 84 页。

由于我国传统文化中存在"孝道"的思想,晚辈应尊重父母、孝敬父母的观念扎根在社会意识中,子女为父母养老送终已成为社会习惯。在"孝道"思想的影响下,子女会履行赡养义务,而不会允许老年人独居养老。[1]加之老年人通常存在"承绕膝之欢,享天伦之乐"[2]的心理需求,目前以房养老以"家庭式以房养老"为主。此种方式具有保障老年人安度晚年之效,但留有继承人因住宅归属产生纠纷之虞。居住权制度适用"家庭式以房养老",可完美克服上述弊端。如老年人直接将住宅转计给特定继承人,并要求其设立终身居住权,可以避免老年人去世后继承人因住宅归属产生纠纷,存在较大优势。[3]除此之外,居住权是一项用益物权,具有稳定性,更有利于保障老年人的居住利益,一定程度上避免了赡养义务人不履行义务导致老年人无房可住,居住权制度适用以房养老的优势再次显现。

随着我国老龄化问题愈发严重,只依靠"家庭式以房养老"尚不足以满足老年人的养老需求。对此,我国借鉴了美国的"住房反向抵押"制度,逐渐发展出"金融式以房养老"。"住房反向抵押是一系列金融产品的集成创新,涉及抵押、资产评估、信贷、资产证券化、保险等,其本质上是一种盘活不动产价值的权益转换制度。"[4]"金融式以房养老"基本模式是,老年人将住宅抵押给金融

---

① 参见姚远:《养老:一种特定的传统文化》,《人口研究》1996年第6期,第30-35页。
② 于红滃:《中国家庭养老的传统文化基础》,《中国老年学杂志》1999年第6期,第373-375页。
③ 参见付子堂、付承为:《〈民法典〉居住权制度的社会功能研究》,《甘肃政法大学学报》2022年第1期,第1-12页。
④ 程威:《住房反向抵押的制度反思与规范构建》,《法学研究》2023年第1期,第56页。

机构贷款,金融机构支付相应的对价,老年人去世后金融机构得以拍卖住宅以偿还贷款。①"金融式以房养老"看似合理,实践中操作却遭遇多重障碍。如住宅抵押给金融机构,子女因此无法继承住宅,通常极力反对。②老年人受传统养老观念影响,不愿意尝试"金融式以房养老"。"金融式以房养老"产品运营成本高,金融机构短期难以回本,因而通常积极性不高。③事实上,"金融式以房养老"旨在不改变老年人占有、使用住宅的状态下,充分利用住宅的交换价值,老年人可以据此获得相应的对价,但"当事人间既没有借贷的意思表示,也没有担保的意思表示,抵押权无从谈起"。④与之相反,居住权重视住宅的使用价值,而非交换价值,居住权制度适用以房养老,可以有效避免"金融式以房养老"带来的交易风险,更符合老年人安定养老生活的需求,优势明显。⑤故而,现有的"家庭式以房养老"和"金融式以房养老"皆存在明显的不足,而居住权制度可以在满足不同老年人养老需求的同时,弥补现有养老方式的不足,存在较大优势。

(二)以房养老中扩张适用的模式建构

结合域外实践,可建构居住权制度适用以房养老的具体模式。老年人可以将住宅转让给特定家庭成员,家庭成员取得"空

---

① 参见袁昊:《论"以房养老"中的老年人保护——以反向抵押为切入》,《河南财经政法大学学报》2021 年第 6 期,第 62 页。

② 参见水名岳:《以房养老:方案与对策》,东方出版社 2018 年版,第 140 - 143 页。

③ 参见周俊生:《保险机构为何对以房养老不感冒》,《经济研究参考》2014 年第 54 期,第 33 页。

④ 申卫星:《从"居住有其屋"到"住有所居"——我国民法典分则创设居住权制度的立法构想》,《现代法学》2018 年第 2 期,第 110 页。

⑤ 参见林洋、唐万钰:《我国居住权制度的解构模式及其规则重释》,《学术探索》2021 年第 7 期,第 98 - 112 页。

虚所有权",并约定家庭成员为其设立终身居住权。同样,老年人可以将住宅转让给金融机构,金融机构取得"空虚所有权",双方约定金融机构为其设立居住权,且一次性或按月支付一定的养老费用。

1. 老年人与家庭成员:设权模式与实现

受传统文化的影响,我国社会中老年人主要依靠子女养老,尽到赡养义务的子女通常在老年人去世后继承住宅。居住权制度适用家庭关系可以实现老年人以房养老的需求,同时保障家庭关系和睦。[1]老年人可以与子女签订协议,约定住宅转让给子女,子女需为其设立终身居住权并办理登记,同时子女需尽到赡养义务。此种模式可称为"赡养型以房养老"。老年人缺乏经济来源的,其可与子女约定按月或一次性支付一定的费用,以满足其生活居住的需要。相较于老年人依据赡养义务协议而享有的债权,居住权是一项用益物权,对老年人居住利益保障的力度更大。[2]同样,按照用益物权效力优先原则,[3]子女取得住宅所有权后,不得干涉老年人行使居住权。结合上文居住权与所有权、抵押权冲突的解决规则,居住权设立在先,登记对外宣示住宅的真实权利状态,即便子女转让住宅所有权或再设立抵押权,老年人行使居住权亦不受影响。"抵押权设立之前的用益关系,既然具备了对

① 参见孔润年:《传统"孝"德内涵的演变与现代转换》,《道德与文明》2011 年第 3 期,第 84 - 88 页。
② 参见戴孟勇:《"物权优先于债权"理论之质疑》,《政治与法律》2010 年第 7 期,第 98 - 107 页。
③ 参见李永军:《物权的本质属性究竟是什么?——〈物权法〉第 2 条的法教义学解读》,《比较法研究》2018 年第 2 期,第 24 - 38 页。

抗抵押权的要件,也可以对抗拍得人"。①除此之外,实践中丧偶老年人再婚较为常见,夫妻一方死亡时,另一方老年人因与去世一方子女不存在自然血亲关系,②其居住利益或难以得到保障。此境遇下,享有住宅所有权的老年人可与其子女约定,将住宅转让给子女并为另一位老年人设立终身居住权,子女履行赡养义务,以保障老年人居住利益。③

我国房地产市场迅猛发展,房价上升较快,子女无能力独资购房。老年人通常将毕生积蓄用于子女购房,却导致其养老缺乏资金保障。老年人可以与子女约定,由其出资为其购房,但子女需为其设立终身居住权,并尽到赡养义务。此种模式可称为"购房型以房养老"。老年人可与子女进一步约定,待其年老后按月支付一定金额的养老费用。④此种模式下,子女的住房需求在老年人的帮助下得到满足,老年人亦可充分利用自己的积蓄实现以房养老,有助于家庭和睦。综上,家庭关系中,居住权制度适用以房养老,可采用"赡养型以房养老""购房型以房养老"模式,实现老年人以房养老需求。

2. 老年人与金融机构:设权模式与实现

居住权制度可在不改变老年人占有、使用住宅的状态下,充分利用住宅的交换价值,弥补"金融式以房养老"的不足,⑤防止

① [日]我妻荣:《新订担保物权法》,申政武、封涛、郑芙蓉译,中国法制出版社 2008 年版,第 273 页。
② 参见薛宁兰:《自然血亲亲子身份的法律推定》,《清华法学》2023 年第 1 期,第 55-67 页。
③ 河北省沧州市中级人民法院(2016)冀 09 民终 87 号民事判决书。
④ 参见何丽新、朱欣蕾:《〈民法典〉视域下居住权的养老功能与实现路径》,《厦门大学学报(哲学社会科学版)》2022 年第 2 期,第 129-140 页。
⑤ 参见申卫星:《从"居住有其屋"到"住有所居"——我国民法典分则创设居住权制度的立法构想》,《现代法学》2018 年第 2 期,第 110 页。

"套路贷"侵害老年人的利益。[①]老年人可以与金融机构签订协议,约定住宅转让给金融机构,金融机构为老年人设立终身居住权。同时,金融机构考量住宅的位置、户型、面积以及老年人的年龄等因素,评估住宅的价值,进而一次性支付对应的价款或每月按期支付固定的金额。金融机构取得住宅的"空虚所有权",[②]老年人去世后,其取得完整的所有权。住宅上存在居住权负担,其交换价值有所减损,但金融机构依旧可以设立抵押权,或将"空虚所有权"进行交易,有助于住宅的多元利用。对老年人而言,居住权制度可以避免"住房反向抵押"制度带来的交易风险,老年人获得用益物权居住权,而非债权,居住利益得到强有力的保障,安稳的养老生活需求得以满足。[③]此外,居住权设立在前,即便金融机构在住宅上再设立抵押权,用益物权优先于担保物权,老年人行使居住权亦不受影响。金融机构转让"空虚所有权",由于居住权设立在先并办理登记,老年人行使居住权亦不受影响。

考虑到金融机构相较于老年人处于优势地位,双方在签订居住权合同时应明确金融机构承担更多的义务。[④]囿于我国《民法典》第366条至第371条并未规定居住权伴随债之关系,可借鉴《瑞士民法典》第776条至第778条、[⑤]《法国民法典》第625条至

---

① 参见陈兴良:《套路贷犯罪研究》,《法制与社会发展》2021年第5期,第5-21页。
② 参见鲁晓明:《论反向抵押权制度在民法典〈物权〉编之建构》,《清华法学》2018年第5期,第162页。
③ 参见土利明:《论民法典的民本性》,《中国人民大学学报》2020年第4期,第2-10页。
④ See Alexandra Krskova, *The Principle of Justice in Socialist Law*, 60 Pravny Obzor: Teoreticky Casopis Pre Otazky Statu a Prava 452, 452-464(1977).
⑤ 参见《瑞士民法典》,戴永盛译,中国政法大学出版社2016年版,第266-274页。

第 636 条、①《德国民法典》第 1031 条至第 1093 条②以及《日本民法典》第 1028 条至第 1041 条③等域外国家或地区规定的法定居住权伴随债之关系条款,进一步明确金融机构的居住权登记、住宅重大修缮、不得干涉居住权行使、公证住宅财产清单等义务。同时,为维护金融机构的权益,居住权合同亦应确定老年人的义务,④如善意使用住宅义务、⑤不得滥用居住权义务、⑥事后担保义务、⑦必要修缮义务。⑧如此,居住权制度在满足老年人以房养老需求的同时,可以平衡老年人、金融机构的利益,充分实现我国居住权制度保障特定主体居住利益、促进住宅多元利用的功能。

二、盘活闲置农房

2018 年中央一号文件要求,"完善农民闲置宅基地和闲置农房政策,探索宅基地所有权、资格权、使用权'三权分置',落实宅基地集体所有权,保障宅基地农户资格权和农民房屋财产权,适度放活宅基地和农民房屋使用权,不得违规违法买卖宅基地,严格实行土地用途管制"。⑨我国 2019 年修订的《土地管理法》的第

---

① 参见《德国民法典(第五版)》,陈卫佐译注,法律出版社 2020 年版,第 435 - 449 页。
② 参见《日本民法:条文与判例(下册)》,王融擎编译,中国法制出版社 2018 年版,第 1217 - 1220 页。
③ 参见《法国民法典》,罗结珍译,北京大学出版社 2010 年版,第 182 - 189 页。
④ 参见林诚二:《民法理论与问题研究》,中国政法大学出版社 2000 年版,第 7 页。
⑤ 参见王利明:《民法(第八版上册)》,中国人民大学出版社 2020 年版,第 46 页。
⑥ 参见[日]我妻荣:《新订民法总则》,于敏译,中国法制出版社 2008 年版,第 32 页。
⑦ 参见郭明瑞、房绍坤、张平华:《担保法》,中国人民大学出版社 2017 年版,第 7 页。
⑧ 参见最高人民法院民法典贯彻实施工作领导小组主编:《中华人民共和国民法典物权编理解与适用(下册)》,人民法院出版社 2020 年版,第 901 页。
⑨《中共中央、国务院关于实施乡村振兴战略的意见》。

62 条第 6 款作出回应,农村集体经济组织及其成员盘活闲置农房已是大势所趋。盘活闲置农房①中扩张适用居住权制度,有助于贯彻促进乡村振兴政策要求,存在正当性。居住权可以在不改变农房所有权人的前提下,实现农房的多元利用,优势明显。根据闲置农房所在集体土地的性质,可构建宅基地闲置农房、农村集体建设用地闲置农房②盘活模式。

（一）盘活闲置农房中扩张适用的正当性与优势剖析

盘活闲置农房中扩张适用居住权制度,农房所有权人无需转让农房,即可实现农房的多元利用,这既符合现有闲置农房盘活政策,又不违反《土地管理法》相关规定,正当性与优势凸显。

1.盘活闲置农房中扩张适用的正当性

居住权制度改变了以土地为对象的单一不动产用益物权体系,增加了以住宅为对象的居住权用益物权,“形成以土地物权为主、辅之以房屋物权的不动产用益物权新格局”。③居住权制度扩张适用盘活闲置农房,在闲置农房所有权上设立居住权,而非在集体土地所有权上设立居住权,改变了传统以集体土地为对象的不动产用益物权模式,重视集体土地之上农房的用益,有助于农房的利用,显然存在正当性。以闲置宅基地农房为例,依循《土地管理法》第 62 条,村民一户只能拥有一处宅基地的使用权,并有

---

① 居住权制度适用的闲置农房,专指住宅用途的农房。
② 实践中,农村集体经济组织在集体建设用地上建造农房屡见不鲜,如《海东市人民政府关于印发〈海东市农村住房建设和宅基地管理办法〉的通知》（东政〔2014〕34 号）即对集体建设农房的管理作出规定。本书所指的集体建设用地闲置农房,指集体经济组织在宅基地之外的集体建设用地上建立的、供集体经济组织成员居住的、具有身份性质的农房。
③ 鲁晓明:《“居住权”之定位与规则设计》,《中国法学》2019 年第 3 期,第 229 页。

权在宅基地上建造农房供家庭居住,农房只能在农村集体经济组织内部流转,村民出卖、出租、赠与农房后,再申请宅基地使用权的,不予批准。换言之,宅基地使用权具有身份限制,权利人必须具有农村集体经济组织成员资格。"房地一体"主义下,农村集体经济组织成员之外的自然人无法取得宅基地使用权,亦无法行使宅基地使用权建造农房。①居住权的设立不考虑当事人的身份,宅基地农房所有权人可以自由地为存在居住利益的自然人设立居住权。居住权人无需具有农村集体经济组织成员资格,即可取得一项用益物权,对闲置宅基地农房排他地占有、使用,闲置农房得到充分利用,显然是正当的。②对于农房的所有权人而言,其对宅基地的身份性权利得到维护,仍享有宅基地使用权和宅基地农房的所有权,并不因居住权的设立而失去权利,亦是正当的。根据《民法典》第 368 条、第 369 条,闲置农房的所有权人可与存在居住利益的自然人签订有偿的居住权合同,并约定设立了居住权的农房可用于出租,则农房所有权人可通过设立居住权获取收益,农房的财产价值得到挖掘。随着居住权制度在盘活闲置农房上的进一步扩张适用,农房所有权人得以利用闲置农房取得经济收入,有助于缩减城乡之间、农村内部发展和收入差距,③助力乡村振兴,盘活闲置农房中扩张适用居住权制度的正当性不言自明。

---

① 参见丁宇峰、付坚强:《宅基地流转的规范逻辑》,《学海》2022 年第 4 期,第 147 页。

② 参见綦磊:《宅基地"三权分置"政策的经营型居住权实现路径》,《江汉论坛》2022 年第 12 期,第 120 页。

③ 参见焦富民:《乡村振兴视域下宅基地"三权分置"改革的法律制度设计》,《江海学刊》2022 年第 4 期,第 171 页。

2. 盘活闲置农房中扩张适用的优势

审视现有盘活闲置农房的方案,多数关注宅基地使用权的分离与权利再塑造,进而盘活宅基地上的闲置农房,却鲜有直接聚焦闲置农房本身者。如有学者提出,可将宅基地"三权分置"的法律构造确立为"'宅基地所有权—宅基地使用权(农户资格权)—次级用益物权'",①以盘活闲置农房。有学者则提出,"在宅基地'三权'分置之下,通过从宅基地使用权派生出宅基地使用权的租赁权或利用权,将后者定性为市场化的权利,宅基地使用权无论是抵押还是转让,最终非本集体经济组织成员的受让人仅取得宅基地使用权的租赁权或利用权,宅基地使用权仍然由原集体经济组织成员享有"。②有学者提出,宅基地"三权分置"可"解读为'所有权+资格权(主要是最先受让权和优先受让权)+不动产用益物权'",③以充分发挥宅基地使用权和收回权的保障功能,促进农房在集体经济组织之外流转和宅基地上的合作建房模式开发。

现有方案从宅基地本身出发,进行"三权分置"解读,以盘活闲置农宅,存在一定的合理性。然而,其关注宅基地本身,而非聚焦闲置农房,由此引发学界纷争,不利于盘活闲置农宅。剖析现有方案,其之所以没有从闲置农房本身出发,外因是贯彻 2018 年中央一号文件的政策"三权分置"的政策要求,内因是我国《民法

---

① 刘国栋、蔡立东:《农村宅基地权利制度的演进逻辑与未来走向》,《南京农业大学学报(社会科学版)》2020 年第 6 期,第 115 页。

② 高圣平:《宅基地制度改革政策的演进与走向》,《中国人民大学学报》2019 年第 1 期,第 27 页。

③ 高海:《宅基地"三权分置"的法律表达——以〈德清办法〉为主要分析样本》,《现代法学》2020 年第 3 期,第 112 页。

典》出台前只存在以土地为对象的单一不动产用益物权体系。居住权制度下,以住宅为对象的不动产用益物权改变了以往单一的不动产用益物权体系,则从闲置农房本身的用益出发,而非直接剖析农房下的宅基地,可直接盘活闲置农房,优势明显。具体而言,闲置农房所有权上直接设立居住权负担,无需在宅基地上分离出次级用益物权,既符合一物一权原则,①又节省了宅基地上再分离其他权利而产生的立法成本。居住权制度直接适用盘活闲置农宅,无需通过宅基地"三权分置"的解读实现政策目的,可以消解学界争锋,亦是存在优势的。农房所有权人仍可行使宅基地使用权或农村集体建设用地使用权,而居住权人只享有农房的居住权,不违反"房地一体"主义,更是优势明显。②农房所有权人在闲置农房上设立居住权,所有权受到一定的限制,但居住权到期后,农房所有权恢复完整权利状态,仍可发挥保障农民住有所居的功能,宅基地也不因农房所有权上设立居住权而丧失保障功能。此外,闲置农房上设立居住权,消除了以往城镇居民购买闲置宅基地农房而被法院认定房屋买卖合同无效的风险,③在满足城镇居民农村住房需求的同时,促进闲置农房的多元利用。凡此种种,皆为居住权制度扩张适用盘活闲置农房的优势。

(二)盘活闲置农房中扩张适用的模式建构

依循闲置农房所在土地的性质不同,闲置农房分为宅基地闲

---

① 参见王利明:《一物一权原则探讨》,《法律科学(西北政法大学学报)》2009年第1期,第64页。
② 参见常鹏翱:《〈民法典〉"房随地走、地随房走"的规范要义》,《中国高校社会科学》2021年第4期,第114—125页。
③ 福建省南平市中级人民法院(2021)闽07民申33号民事裁定书;辽宁省锦州市太和区人民法院(2020)辽0792民初1117号民事判决书。

置农房和农村集体建设用地闲置农房①,二者存在诸多差异。可区分两类闲置农房,建构居住权制度扩张适用盘活闲置农房的具体模式。

1.闲置宅基地农房盘活:设权模式与实现

依循《土地管理法》第62条和《民法典》第326条,农村村民一户只能享有一处宅基地的使用权,该处宅基地的面积不得超过省、自治区、直辖市规定的标准,宅基地使用权人有权依法占有、使用宅基地,并利用宅基地建造住宅及其附属设施。依循"一户一宅"原则,②一户村民只能享有一处宅基地的使用权,在不动产权证书上,宅基地农房的所有权人通常登记为户主。宅基地农房所有权人登记为户主和配偶的,持证人亦备注为户主。在闲置宅基地农房上设立居住权,不动产权证书上登记为户主一人时,应由户主和存在居住利益的自然人签订居住权合同,并办理居住权登记。结合宅基地农房建造实践,宅基地农房通常是混合结构的、多楼层的、带有附属建筑的房屋,③当事人之间签订居住权合同时,应明确对农房的所有楼层享有居住权,抑或对农房的某　或某几个楼层享有居住权。宅基地农房的附属建筑通常是空间较大的房屋,所有权人对其装修后亦可满足自然人的居住利

① 实践中,农村集体经济组织在集体建设用地上建造农房屡见不鲜,如《海东市人民政府关于印发〈海东市农村住房建设和宅基地管理办法〉的通知》(东政〔2014〕34号)对集体建设农房的管理作出规定。本书所指的集体建设用地闲置农房,指集体经济组织在宅基地之外的集体建设用地上建立的、供集体经济组织成员居住的、具有身份性质的农房。
② 参见谢潇:《民法典视阈内宅基地使用权继承规则之构造》,《法学》2020年第1期,第128-142页。
③ 参见张正峰、吴沅箐、杨红:《两类农村居民点整治模式下农户整治意愿影响因素比较研究》,《中国土地科学》2013年第9期,第85-91页。

益，^①则当事人之间签订居住权合同时，需明确权利人是否对附属建筑享有居住权。依循物权特定原则，"物权的标的物必须是特定的、独立的物"，^②居住权只能在宅基地农房上设立，却不影响当事人约定对宅基地农房的一层或几层或能够满足自然人居住利益的附属建筑享有居住权。不动产权证书上登记为户主和配偶时，二者对宅基地农房所有权共同共有，则一方共同共有人为存在居住利益的自然人设立居住权的，应经另一方的同意。

2. 闲置集体建设用地农房盘活：设权模式与实现

除了农村村民自行在宅基地上建造宅基地住房，部分地区存在农村集体经济组织在集体建设用地上集体建房的情形，包含集体经济组织自行建筑的农房、集体经济组织接受村民委托集体建造的农房和集体经济组织为保障住房困难家庭住房利益而建造的农房，三种农房的产权性质存在差异，居住权制度适用亦大相径庭。集体经济组织自行建筑的农房经乡政府审核、县政府审批的，属于合法建造的农房，如村民公寓、农民公寓、村民住宅小区，可以办理确权登记，集体经济组织为农房的所有权人，在此类农房上设立居住权，由集体经济组织与存在居住利益需要的自然人签订居住权合同并办理登记。未取得乡政府审核、县政府审批而建造的农房，属于"违反土地管理法规，不符合土地和建设规划，未履行合法审批程序，在集体土地上建造的用于居住的房屋"，^③俗称"小产权房"。"小产权房"无法办理确权登记，不得设立居住权。

---

① 参见崔建远：《物权法》（第五版），中国人民大学出版社 2021 年版，第 342 页。
② ［日］田山辉明：《物权法》（增订本），陆庆胜译，法律出版社 2001 年版，第 9 页。
③ 参见陈耀东、吴彬：《"小产权"房及其买卖的法律困境与解决》，《法学论坛》2010 年第 1 期，第 49 页。

集体经济组织接受村民委托集体建造的农房,通常由农村集体经济组织统一规划设计后集中建造。[1]除了建造方式不同,农村集体经济组织集中建造的农房面积通常是固定的,住宅设计更合理。农房建设完成后,按照"一户一宅"原则,参与集体建造的村民申请取得农房的所有权,但不动产权证书通常登记为户主或其配偶。在集体经济组织接受村民委托集体建造的农房上设立居住权,与宅基地农房上设立居住权区别不大。然而,集体经济组织为保障住房困难家庭住房利益而建造的农房,却由农村集体经济组织通过多种渠道筹集资金所建,目的是保障无住房、住简易房、住危房或住房困难村民家庭的住房利益,本质上属于保障性住房。[2]农房所有权人对此类农房的处分因政策要求而受到限制的,如不得出租,则不得为存在居住利益的自然人设立居住权。农房所有权人取得保障性农房后,政策只限制住房所有权转让处分的,所有权人可以为存在居住利益的自然人设立居住权。

三、合资建房

区别于集资建房,[3]合资建房是由平等民事主体之间约定,

---

[1]《海东市人民政府关于印发〈海东市农村住房建设和宅基地管理办法〉的通知》(东政〔2014〕34号);《北京市昌平区人民政府关于印发昌平区农村宅基地住宅建设管理暂行办法的通知》(昌政发〔2010〕27号);《坡头区人民政府关于印发〈坡头区农村宅基地和住宅建设管理暂行办法〉的通知》(湛坡府规〔2022〕3号)。

[2]《汕头市农民集体建房管理指导意见(试行)》(征求意见稿)。

[3]《安徽省建设厅、安徽省国土资源厅、安徽省物价局关于印发〈安徽省集资建房管理暂行办法〉的通知》(建房改〔2006〕365号);《淮北市人民政府办公室关于印发淮北市集资建房管理办法的通知》(淮政办〔2008〕54号)。

一方提供土地使用权,另一方或者多方提供资金,合资建造住宅的行为,①而非政府或机关事业单位为解决职工住房困难问题而集资建造住房。《民法典》出台前,合资建房常产生住宅权属争议,以致出资人的居住利益难以得到保障。居住权分离住宅所有权的占有、使用权能,居住权人无需取得住宅的所有权即可依靠住宅满足生活居住的需要。居住权制度在满足居住权人居住利益的同时,实现住宅的多元利用,优势明显。然而,实践中合资建房当事人尚未适用居住权制度,以致住宅权属争议与日俱增。此境遇下,可扩张适用居住权制度,并根据土地使用权的不同,构建合资建房中扩张适用居住权制度的具体模式。

(一)合资建房中扩张适用的正当性与优势剖析

当前,居住权制度适用仍停留在保障婚姻家庭关系、继承关系中弱势主体的居住利益,其他关系中制度适用存在明显不足,难以充分发挥保障特定主体居住利益、促进住宅多元利用的功能。合资建房中适用居住权制度,可以保障合资建房自然人的居住利益,促进住宅的多元利用,具有正当性。与此同时,当事人事先约定住宅建成后一方享有居住权,另一方享有住宅所有权,可以消解合资建房引发的住宅权属争议,优势明显。

1. 合资建房中扩张适用的正当性

现有合资建房模式,主要包含合资开发房地产、一方出资在另一方取得土地使用权的土地上建造住宅、共同出资取得国有土

——————————

① 《城市房地产转让管理规定》(2001修正)。

地使用权建造住宅、共同在集体土地上建造住宅和多个自然人出资委托特定机构建造住宅。①由于居住权的设立以满足居住权人生活居住需要为目的,本书研究的居住权制度扩张适用的合资建房,专指自然人合资在取得土地使用权的土地上建造住宅和在取得宅基地使用权的宅基地上建造住宅两种情形。至于由法人、非法人组织合资建房或自然人出资建房后可以取得住宅所有权的合资建房,不存在法人、非法人组织居住利益保障之可能,或无适用居住权制度解决争议之必要,居住权制度无需适用。

自然人与取得建设用地使用权的当事人签订合同,约定自然人出资,建设用地使用权人在住宅建造完成后,为自然人办理长期或终身居住权登记。②对于建设用地使用权人而言,住宅建造完成后,其取得住宅的所有权,建设用地使用权得以充分使用。③对于出资的自然人而言,其无需支付较高的金额,即可长期或终身占有、使用合资建造的住宅,满足其居住利益,存在正当性。居住权人长期占有、使用住宅,避免了合资建造的住宅闲置,有利于住宅的物尽其用。④当事人依循《民法典》第369条约定住宅可以用于出租的,居住权人亦可在居住权存续期间出租住宅获取收益,住宅亦得到充分利用,居住权制度促进住宅多元利用的

① 参见曹筱娟、徐松红:《合资、合作建房的登记问题》,《中国房地产》2013年第9期,第38 - 40页。
② 参见金俭、罗亚文:《〈民法典〉居住权:立法意旨、功能演化及制度重构——基于人役性向用益性转变之视角》,《烟台大学学报(哲学社会科学版)》2023年第2期,第25页。
③ 参见陈小君:《集体建设用地使用权物权规则之省察反思》,《现代法学》2021年第6期,第3 - 17页。
④ 参见屈茂辉:《物尽其用与物权法的立法目标》,《当代法学》2006年第4期,第57 - 63页。

功能得以实现,具有正当性。①自然人与取得宅基地使用权的村民约定,其出资在宅基地上建造住宅,村民取得住宅所有权后为其设立居住权,同样存在正当性。结合《民法典》第231条因事实行为发生的物权变动条款,宅基地使用权人因合法建造住宅设立所有权的,自建造住宅之事实行为成就时发生效力,宅基地使用权人即可取得住宅所有权。根据不动产登记实践,依法在宅基地上建造的住宅可以办理确权登记,则住宅所有权人在办理确权登记后,可直接为合资建房人办理居住权登记。此境遇下,宅基地使用权人无需花费较高的成本即可建造住宅,并取得住宅的所有权,宅基地之保障功能得以发挥作用,存在正当性。居住权人虽不具备农村集体经济组织成员的身份,无法取得宅基地使用权,却可以通过合资建房设立居住权的方式长期或终身占有、使用住宅,居住利益得到满足,亦具有正当性。在盘活农村闲置住宅的政策背景下,自然人与取得宅基地使用权的村民合资建房,亦有利于挖掘农村住宅的财产价值,促进住宅的多元利用,正当性不言自明。

2. 合资建房中扩张适用的优势

相较于以往的合资建房形式,居住权制度的适用可以消解住宅的权属争议,存在诸多优势。《民法典》出台前,自然人投资建设住宅的,住宅建设完成后,住宅所有权人否认出资人为住宅所有权共有人的,出资人无法对住宅享有物权。此境遇下,出资人只能根据合同要求建设用地使用权人承担违约责任,②其依靠住

---

① 参见尹飞:《物尽其用:〈民法典〉物权编亮点解析》,《人民论坛》2020年第18期,第54-57页。
② 参见王利明:《论债权形式主义下的区分原则——以〈民法典〉第215条为中心》,《清华法学》2022年第3期,第17-18页。

宅满足居住利益之目的无法实现。与之形成鲜明对比的是,出资人与建设用地使用权人事先签订居住权合同,则建设用地使用权人违约的,出资人可直接诉请法院要求住宅所有权人为其办理居住权登记,出资人依靠住宅满足其居住利益之目的得以实现。是以,以往合资建房模式中,建设用地使用权人守约,则出资人按份或共同共有住宅所有权——建设用地使用权人违约,则出资人只享有债权,弊端明显,而居住权制度适用合资建房可以充分保障出资人的居住利益,优势不言自明。

同样,我国设置居住权制度前,出资人与宅基地使用权人签订合资建房协议,住宅建造完成后,出资人却处于居住利益无法得到保障的险境。从司法实践来看,出资人不是集体经济组织成员的,其当然无法享有住宅的所有权。①出资人与宅基地使用权人同为集体经济组织成员的,其依然无法享有住宅的所有权。有法院直接判决宅基地使用权人为住宅的所有权人,而出资人因不享有宅基地使用权而无法取得住宅所有权。②有法院直接依据宅基地使用权审核文件,判决审核文件上列明的人员享有住宅所有权,③部分出资人无法取得住宅所有权。有法院结合自然人的出资、住宅建造的参与情况,综合认定出资人是否为住宅所有权人,④以致部分出资人无法取得住宅所有权,依靠住宅满足居住利益目的落空。此境遇下,居住权制度适用合资建房可扫除上述

① 参见彭诚信、龚思涵:《宅基地房屋买卖的困境破解:以占有保护为核心》,《东岳论丛》2022 年第 10 期,第 163－173 页。
② 四川省南充市中级人民法院(2019)川 13 民终 3461 号民事判决书。
③ 河南省卢氏县人民法院(2020)豫 1224 民初 589 号民事判决书。
④ 安徽省淮北市中级人民法院(2019)皖 06 民终 1267 号民事判决书。

弊端,实现出资目的。我国居住权制度适用依循意思自治原则,住宅所有权人可以自由为存在居住利益的自然人设立居住权,而不考虑当事人的身份。合资建房情形中,出资人可与宅基地使用权人订立居住权合同,约定宅基地使用权人取得住宅所有权后,为出资人设立长期或终身居住权,则宅基地使用权人取得住宅所有权,住宅权属争议得以消解。出资人取得居住权,得以长期或终身依靠住宅满足其居住利益,合资建房之目的得以实现,优势自不待言。

(二)合资建房中扩张适用的模式建构

依循合资建房中土地使用权的性质不同,合资建房中扩张适用居住权制度可区分构建两种模式,即自然人与宅基地使用权人约定合资建房以及自然人与建设用地使用权人约定合资建房。

1.自然人与建设用地使用权人:设权模式与实现

实践中,自然人投资给建设用地使用权人建造住宅,通常表现为商品房预售制度的适用,即自然人与建设用地使用权人签订商品房预售合同,建设用地使用权人(房地产开发企业)"将未完工的房屋预先出售给承购人,而承购人将定金和首付款先行支付,在其后的一段时间内如数支付剩余款项"。[①]此制度下,购房人需付出较大的金额,才能依靠住宅满足其居住利益,对于不具备充足资金的自然人而言,显然难以实现。居住权制度下,自然人可与建设用地使用权人签订有偿的居住权合同,约定住宅建设完成后为其设立居住权,则自然人无需支付大量的金额,即可依

---

① 施旖旎、陈友华:《商品房预售制:保留抑或变革——基于诺思的制度变迁理论的分析》,《探索与争鸣》2023年第4期,第80页。

靠住宅满足其居住利益。此模式下,住宅的使用价值和交换价值分离,建设用地使用权人取得住宅的所有权,出资人取得住宅的居住权。居住权存续期间内,住宅的使用价值由居住权人享有,住宅所有权人虽无权占有、使用住宅,却可充分发挥住宅的交换价值,其有权将"空虚所有权"①转让给第三人或在住宅上再设立抵押权。如此,在保障出资人居住利益的同时,实现住宅的多元利用。结合前文所言,住宅建造过程中,建设用地使用权人可为出资人办理居住权预登记,保障其居住利益。值得注意的是,自然人与建设用地使用权人约定合资建房后设立居住权,应适用合同方式设权规则,居住权自登记时设立。出于出资人居住利益保障目的,当事人应约定建设用地使用权人负有办理居住权登记的义务。

2. 自然人与宅基地使用权人:设权模式与实现

依循《土地管理法》第 62 条,农村集体经济组织成员可申请取得宅基地使用权,并有权在宅基地上建造住宅。对于非农村集体经济组织成员而言,其不具有申请宅基地使用权的资格,因而无法取得宅基地使用权,原则上无权在宅基地上建造住宅。根据《民法典》第 367 条,非农村集体经济组织成员却可与宅基地使用权人签订居住权合同,约定其出资为宅基地使用权人建造住宅,而后由宅基地使用权人为其设立居住权。结合《民法典》第 231 条、第 232 条和第 368 条,宅基地使用权人因合法建造住宅设立所有权的,自建造住宅之事实行为成就时发生效力,宅基地使用

---

① 参见肖俊:《空虚所有权交易与大陆法系的以房养老模式》,《上海财经大学学报》2017 年第 1 期,第 117 - 128 页。

权人即可取得住宅的所有权。住宅所有权人为非农村集体经济组织成员设立居住权的,属于对不动产物权的处分,应办理住宅所有权登记和居住权登记,否则不发生居住权设立之物权变动。①对于没有取得宅基地使用权的农村集体经济组织成员而言,其亦可与宅基地使用权人签订居住权合同,约定其出资为宅基地使用权人建造住宅,而后由宅基地使用权人为其设立居住权。合法建造住宅之事实行为成就时,宅基地使用权人取得住宅所有权,需为出资人办理居住权登记。值得注意的是,"一户一宅"原则下,没有取得宅基地使用权的农村集体经济组织成员可能是宅基地使用权人的家庭成员,则家庭成员为宅基地使用权人出资建造住宅的,却无法取得住宅的所有权,此时仍需办理居住权登记。例如,宅基地使用权人为 A,其子女约定出资为其建造住宅,则住宅建造完成后,不动产权证书登记的权利人为户主 A,其子女无法享有住宅的所有权。

---

① 参见崔建远:《中国民法典所设不动产物权登记之我见》,《法学杂志》2020 年第 41 期,第 37－50 页。

第五章　居住权制度适用的限制

　　自罗马法以降,居住权一直是一项私权,体现个人对财产的处分。①居住权制度虽具有保障特定主体居住利益的功能,但此功能不同于政府行使公权对社会弱势群体的住房利益保障。毕竟后者属于社会保障的重要组成部分,应由国家通过住房保障制度实现,②如典型的公共租赁住房。③故而,我国居住权制度虽能保障特定主体的居住利益,但发生在私权领域,主要基于私主体的意思自治,公权领域应限制适用。然而,2021年自然资源部初步拟定的《关于印发〈居住权等登记办法〉(试行)》(征求意见稿)却列明出租人在公共租赁住房上为承租人设立居住权、政府和机关事业单位在政府有关部门组织建设的公房上为单位人员设立

---

① 参见［德］鲍尔、［德］施蒂尔纳:《德国物权法(上册)》,张双根译,法律出版社2004年版,第70-71页。

② 参见《我国建成世界上最大住房保障体系——努力实现全体人民住有所居》,中华人民共和国中央人民政府网,http://www.gov.cn/xinwen/2021-09/01/content_5634569.htm,2023年6月12日访问。

③ 参见金红梅:《中国保障性住房制度的反思与重构》,《延边大学学报(社会科学版)》2017年第6期,第95页。

居住权、拆迁单位在拆迁安置房屋上为被拆迁人设立居住权等情形。公共租赁住房、公房以及拆迁安置房具有社会保障功能,却是政府行使公权力保障社会弱势群体住房利益的一种表现。政府行使公权,目的是保障社会弱势群体的住房利益,助其度过困难期,而非赋予长期的居住权,居住权不应成为政府行使公权的工具。坚持在公权领域适用居住权制度者,作为私权利的居住权将具有社会弱势群体住房保障属性,易导致公权与私权功能的交叉与重合,甚至引发公权私权化、私权公权化。为避免此种现象发生,实现居住权制度保障特定主体居住利益和促进住宅多元利用功能,居住权制度在公权领域应限制适用。

第一节　公共租赁住房上设立居住权的限制

居住权制度具有保障特定主体居住利益的功能,却与公共租赁住房制度的住房保障功能存在显著差别。前者依循意思自治原则,给平等民事主体设立物权,满足其生活居住的需要,因而具有长期性、稳定性。后者则由政府给低收入人群和中等偏下收入人群设立租赁权,帮助其度过住房困难时期,具有短期性和灵活性,且适用公共租赁住房退出机制。在公共租赁住房上设权,公共租赁住房制度的目的将难以实现,权利人稳定地占有、使用住宅,亦妨碍公共租赁住房退出机制的运行,存在诸多弊端。

一、居住权与公共租赁住房租赁权的性质差异

居住权和公共租赁住房租赁权存在本质差异。居住权是权利人对他人住宅直接占有、使用的排他性权利,是一项物权。故

而,居住权不得转让、不得继承、居住权的消灭方式等均由立法明确规定。公共租赁住房租赁权却是低收入家庭、中等偏下收入家庭等社会弱势群体申请出租人交付公共租赁住房的权利,属于一项债权,权利内容虽根据政策要求确定,但各地政策要求不一,且当事人可以自由约定。相较于居住权,公共租赁住房租赁权的设立方式更单一、期限更短、消灭方式更多样。

（一）居住权:物权

学界通说,物权是直接支配特定物,并享受其利益的排他性权利。①"归纳言之,物权包括二者,一为对物的直接支配,并享受其利益;一为排他的保护绝对性。"②我国《民法典》第 114 条第 2 款对物权的定义与学界通说保持一致,"权利人依法对特定的物享有直接支配和排他的权利,包括所有权、用益物权和担保物权"。由此推之,物权必须是依法创设的,"盖物权之效力,若许无限制的增加种类,则有害交易之安全"。③《民法典》第 366 条明确规定居住权是一项用益物权,属于立法明确创设的权利。进一步来讲,居住权自登记时设立,居住权不得转让或继承,居住权消灭应及时办理注销登记,当事人之间不得自由约定居住权的设立、转让或消灭等事项。依循《民法典》第 366 条、第 371 条,居住权的设立包括合同、遗嘱两种方式,但实践中还存在裁判方式设权。④居住权是权利人对他人住宅享有的权利,权利的标的物是

---

① 参见[日]我妻荣:《新订物权法》,[日]有泉亨补订,罗丽译,中国法制出版社 2008 年版,第 9 页。
② 王泽鉴:《民法物权 1 通则·所有权》,中国政法大学出版社 2001 年版,第 37 页。
③ 参见史尚宽:《物权法论》,中国政法大学出版社 2000 年版,第 12-13 页。
④ 参见付一耀:《论裁判方式设立居住权》,《社会科学研究》2022 年第 6 期,第 55 页。

他人住宅,具体指住宅用途的房屋。居住权人无需他人的意思或行为的介入,可直接占有、使用他人住宅,享受住宅的使用价值,以满足生活居住的需要。①居住权对权利人之外的任何组织或个人产生法律效力,表现为任何组织或个人不得干涉权利人占有、使用住宅,包括住宅所有权人,我国《民法典》第 207 条和第 326 条对此作出明确要求。结合《民法典》第 367 条,居住权人并无特殊身份要求,婚姻家庭成员和社会人员皆可成为权利人,只要其存在居住利益并办理登记。尽管当事人之间可以约定居住权的期限,但从实践来看,居住权通常是长期的或终身的,②主要在婚姻家庭成员间设立,且居住权期限届满或居住权人死亡时,居住权才消灭。

（二）公共租赁住房租赁权:债权

公共租赁住房租赁权是承租人请求出租人按照公共租赁住房租赁合同交付公共租赁住房,以供其占有、使用的权利,其本质是一种债权。公共租赁住房租赁权必须以出租人的意志作为中介,权利的实现需要出租人实施积极协助行为,否则其权利难以实现。③正因如此,公共租赁住房租赁权的权利客体是出租人交付公共租赁住房供承租人占有、使用的行为。公共租赁住房包含廉租房。④由

---

① 参见王利明等:《民法学(第六版)》,法律出版社 2020 年版,第 317 页。程啸执笔撰写。
② 甘肃省平凉市崆峒区人民法院(2022)甘 0802 民初 6246 号民事判决书;江苏省淮安市清江浦区人民法院(2022)苏 0812 民初 6382 号民事判决书;陕西省汉中市汉台区人民法院(2022)陕 0702 民初 348 号民事判决书;山东省莱州市人民法院(2021)鲁 0683 民初 7041 号民事判决书;安徽省东至县人民法院(2021)皖 1721 民初 1367 号判决书。
③ 参见王利明等:《民法学(第六版)》,法律出版社 2020 年版,第 541 页。王利明执笔撰写。
④ 参见《住房城乡建设部、财政部、国家发展改革委关于公共租赁住房和廉租住房并轨运行的通知》(建保〔2013〕178 号)。

于公共租赁住房是租赁式保障性住房,租赁权的权利主体必须具备一定的资格,即"城市和县人民政府所在地的镇范围内,家庭收入、住房状况等符合市、县人民政府规定条件的家庭"①和"符合规定条件的城镇中等偏下收入住房困难家庭、新就业无房职工和在城镇稳定就业的外来务工人员"。②公共租赁住房租赁权并非永久性或长期性的,而是具有一定的存续期限,一般不超过 5 年。③公共租赁住房租赁权由当事人签订书面租赁合同约定,公共租赁住房租赁合同示范文本依各省、自治区、直辖市人民政府住房城乡建设(住房保障)主管部门的规定不同而存在差异。公共租赁住房租赁合同通常包含当事人的名称或姓名、租赁期限、租金数额、支付方式、房屋维修责任等事项。其中,合同约定的租金数额,由当事人按照市、县级人民政府住房保障主管部门确定的租金标准决定,而租金标准由市、县级人民政府住房保障主管部门根据本地的市场租金水平确定。④承租人收入水平低于当地标准的,可以申请租赁补贴或减免支付租赁费用。承租人因就业、子女就学等原因需要调换公共租赁住房的,可与出租人协商,经过其同意后,承租人可与其他承租人互换住房。此外,公共租赁住房租赁权存在多种消灭方式。承租人存在擅自调换公共租

---

① 《廉租住房保障办法》。

② 《公共租赁住房管理办法》。

③ 甘肃省兰州市安宁区人民法院(2021)甘 0105 民初 3813 号民事判决书;甘肃省兰州市安宁区人民法院(2021)甘 0105 民初 3811 号民事判决书;山东省青岛市黄岛区人民法院(2021)鲁 0211 民初 97 号民事判决书。

④ 辽宁省沈阳市中级人民法院(2021)辽 01 民终 8863 号民事判决书;福建省福州市中级人民法院(2020)闽 01 民终 3859 号民事判决书;云南省玉溪市红塔区人民法院(2020)云 0402 民初 647 号民事判决书。

赁住房、改变住房用途、破坏或擅自装修住房或无正当理由连续6个月闲置住房的,公共租赁住房租赁权消灭。①租赁合同到期后,承租人提出的续租申请没有经过审核,或租赁期内承租人已取得其他住房而不具备配租条件,或租赁期内租赁或购买其他保障性住房的,租赁权亦消灭。②综上,公共租赁住房租赁权是一项债权,其内容由当事人按照各地政府相关部门发布的公共租赁住房政策约定。

二、公共租赁住房上设立居住权的弊端

公共租赁住房是我国住房保障体系的重要组成部分,公共租赁住房制度旨在保障低收入和中等偏下收入人群的基本住房需求,帮助其度过住房困难时期,因而具有短期性和灵活性。公共租赁住房上设立居住权,却会引发权利人长期居住公共租赁住房的后果,既有违公共租赁住房制度目的,亦妨碍公共租赁住房退出机制的运行,存在诸多弊端。

（一）妨碍公共租赁住房制度目的实现

2013年《住房和城乡建设部、财政部、国家发展和改革委员会关于公共租赁住房和廉租住房并轨运行的通知》（建保〔2013〕178号）下发前,各地公共租赁住房制度和廉租住房制度分别运

---

① 参见《广州市住房和城乡建设局关于印发〈广州市公共租赁住房和共有产权住房使用监管办法〉的通知》（穗建规字〔2021〕11号）;《湘潭市人民政府办公室关于印发〈湘潭市城区保障性住房分配和运营管理暂行办法〉的通知》（潭政办发〔2013〕86号）。
② 山东省青岛市黄岛区人民法院（2021）鲁0211民初21449号民事判决书;北京市第三中级人民法院（2021）京03民终17493号民事判决书;湖南省武冈市人民法院（2021）湘0581民初2862号民事判决书。

行。"从 2014 年起,各地公共租赁住房和廉租住房并轨运行,并轨后统称为公共租赁住房",①故而现有公共租赁住房制度已然包含廉租住房制度。为充分论证公共租赁住房上设立居住权妨碍公共租赁住房制度目的实现,本书采用"廉租房制度""原公共租赁住房制度"表述,区分二者的目的。

众所周知,每一位公民皆享有住宅权,即有权获得可负担的、适宜于人类居住的、有良好的物资设备和基础设施的、具有安全、健康、尊严并不受歧视的住房权利。②法律赋予政府强制性的权力,以维持社会秩序稳定,政府相应地负有公民住房保障义务,③这一原则各国皆予以认可。对于面临住房困难的个人或家庭而言,"住房是满足生理需要和安全需要的基本物质保障",④政府是其住房利益所必需资源的唯一持有者,其只能向政府寻求住房帮助。正因如此,多数国家已然实施租赁式住房保障制度,满足弱势群体的基本住房需求。⑤回顾我国,2007 年七部委联合出台了《廉租住房保障办法》,明确廉租住房制度通过向城市低收入住房困难家庭提供低于市场租赁价格的廉租房,保障其基本居住利益。城市低收入住房困难家庭具体指,城市和县人民政府所在地的镇范围内,家庭收入、住房状况等符合市、县人民政府

---

① 《住房和城乡建设部、财政部、国家发展和改革委员会关于公共租赁住房和廉租住房并轨运行的通知》(建保〔2013〕178 号)。
② 参见金俭:《中国住宅法研究》,法律出版社 2004 年版,第 57-58 页。
③ 参见廖丹:《作为基本权利的居住权研究》,法律出版社 2018 年版,第 105 页。
④ 王笑严:《构建我国多层次住房权保障法律体系》,《当代法学》2012 年第 3 期,第 104 页。
⑤ See Anne Marie Devereux, *Australia and the Right to Adequate Housing*, 20 Federal Law Review 223, 223-239(1991); Mignon Senders, *Women and the Right to Adequate Housing*, 16 Netherlands Quarterly of Human Rights 175, 175-200(1998).

规定条件的家庭。廉租房一般是政府新建的面积控制在 50 平方米以内,并根据城市低收入住房困难家庭的住房需要合理确定套型结构的住房、政府收购的住房、腾退的公有住房、社会捐赠的住房以及其他渠道筹集的住房,①具有福利性、保障性和公益性。②可见,廉租住房制度具有满足城市低收入住房困难家庭最低住房保障利益的目的。与此同时,2012 年住房和城乡建设部出台《公共租赁住房管理办法》,并以此为中心构建了原公共租赁住房保障制度,满足城镇中等偏下收入住房困难家庭、新就业无房职工和在城镇稳定就业的外来务工人员的最低住房保障利益。二者并轨运行,保障低收入、中等偏下收入住房困难群体的最低住房需求,帮助其度过居住困难期。

然而,居住权制度却具有长期保障特定主体居住利益的功能,居住权通常具有长期性或终身性,当事人之间约定的居住权期限是固定的。在公共租赁住房上设立居住权,低收入、中等偏下收入住房困难群体将获得长期的用益物权居住权,显然与现有公共租赁住房制度保障低收入、中等偏下收入住房困难群体短期住房利益目的不符。毕竟租赁合同的期限较短,最多不超过 5 年。租赁合同到期后,承租人必须再次申请续租,原则上应在租赁期满 3 个月前向公共租赁主管部门提出申请。公共租赁主管部门按照承租人的条件进行审核,符合条件的才准予续租,并签订续租合同。不符合条件的,承租人必须腾出公共租赁住房。此

---

① 参见《营口市人民政府关于宣布废止、修改部分市政府行政规范性文件的决定》(营口市人民政府令第 24 号);《克拉玛依市人民政府关于印发〈规范克拉玛依市廉租住房建设的意见〉的通知》(克政办发〔2010〕46 号)。

② 参见符启林等:《住房保障法律制度研究》,知识产权出版社 2012 年版,第 167 页。

外,居住权的设立通常是无偿的,而公共租赁住房制度下租赁合同的签订却是有偿的,意在保障申请人的最低居住需求,而非无偿满足其长期居住利益。即便在公共租赁住房上设立居住权可以有偿,双方约定的费用亦是固定的。反观租赁合同,租金数额由当事人按照市、县级人民政府住房保障主管部门确定的租金标准决定,且租金标准由市、县级人民政府住房保障主管部门根据本地的市场租金水平确定。[1]随着房地产市场情况以及申请人自身条件的变化,公共租赁住房的租金随之变动。类似公共租赁住房上设立居住权的弊端不胜枚举。足见,公共租赁住房制度具有保障低收入、中等偏下收入住房困难群体最低住房需求,帮助其度过居住困难期的目的,而在公共租赁住房上设立居住权却会妨碍公共租赁住房制度目的的实现。

（二）阻碍公共租赁住房退出机制运行

前文已提及,公共租赁住房制度旨在保障低收入、中等偏下收入住房困难群体的最低住房需求,帮助其度过居住困难期。故而,公共租赁住房的承租人条件改善,不存在最低住房需求时,将适用公共租赁住房退出机制,承租人需腾出住房。例如,租赁期限内,承租人通过购买住宅、接受他人赠与的住宅、继承住宅等方式取得住宅,而不满足公共租赁住房配租条件,或者承租人通过承租或购买其他保障性住房而不满足公共租赁住房配租条件。[2]租赁

---

[1] 辽宁省沈阳市中级人民法院(2021)辽01民终8863号民事判决书;福建省福州市中级人民法院(2020)闽01民终3859号民事判决书;云南省玉溪市红塔区人民法院(2020)云0402民初647号民事判决书。

[2] 山西省高级人民法院(2020)晋行终514号行政判决书;山西省朔州市中级人民法院(2019)晋06行终35号行政判决书;《营口市人民政府关于宣布废止、修改部分市政府行政规范性文件的决定》(营口市人民政府令第24号);《克拉玛依市人民政府关于印发〈规范克拉玛依市廉租住房建设的意见〉的通知》(克政办发〔2010〕46号)。

到期后,承租人提出续租申请,但经审核不符合续租条件的,承租人亦须腾出住宅。①与之形成鲜明对比的是,居住权通常是长期的或终身的,即便当事人在居住权合同中约定短期居住权,居住权存续期限亦是固定的。结合《民法典》第 370 条,除非居住权期限届满或居住权人死亡,居住权不消灭。意即,居住权不因权利人收入情况或条件的变化而消灭。故而,在公共租赁住宅上设立居住权,权利人将获得长期居住权,即便其通过购买住宅、接受他人赠与的住宅、继承住宅等方式取得住宅,或者通过承租或购买其他保障性住房而不满足公共租赁住房配租条件,居住权亦不消灭,其仍可以继续居住。这显然会阻碍公共租赁住房退出机制的运行。

依循公共租赁住房退出机制,承租人转借、擅自调换所承租公共租赁住房或无正当理由连续 6 个月以上闲置公共租赁住房的,其应当退出公共租赁住房。然而,我国《民法典》第 366 条至第 371 条却没有规定上述居住权消灭的情形,则在公共租赁住房上设立居住权,除非居住权期限届满或权利人死亡,居住权并不消灭。区分原则下,"在当事人违反合同约定时,另一方当事人也可以依法主张违约责任。而有关继续办理登记以及违约责任的承担等问题,需要依据合同编的规定予以解决,而不再适用物权编的规则"。②在公共租赁住房上设立居住权,权利人违反居住权

---

① 山东省滨州地区(市)中级人民法院(2023)鲁 16 民终 68 号民事判决书;广东省韶关市中级人民法院(2021)粤 02 民终 1723 号民事裁定书;黑龙江省牡丹江市中级人民法院(2020)黑 10 民终 931 号民事判决书。

② 王利明:《论债权形式主义下的区分原则——以〈民法典〉第 215 条为中心》,《清华法学》2022 年第 3 期,第 17—18 页。

合同约定,公共租赁住房所有权人只能主张违约责任。居住权继续存在,权利人得以继续占有、使用住宅,公共租赁住房退出机制运行遭遇阻碍。

此外,根据公共租赁住房退出机制,承租人累计拖欠 6 个月以上租金的,应腾出公共租赁住房。[①]然而,在公共租赁住房上设立居住权时,居住权人拖欠费用的,居住权却仍然存在。在此情形下,公共租赁住房所有权人只有权要求其支付费用;造成公共租赁住房所有权人损失的,可以要求其承担损害赔偿责任,但居住权继续存在。此境遇下,居住权人可以对抗权利人以外的任何组织或个人,公共租赁住房退出机制的运行再次遭遇阻碍。对于其他符合条件的申请人而言,其因居住权继续存在,成功申请公共租赁住房的概率骤减,公共租赁住房制度难以长久发挥住房保障功能。由此可见,在公共租赁住房上设立居住权,权利人违反合同约定,居住权却继续存在,阻碍公共租赁住房退出机制运行的弊端显而易见。

综上,基于公共租赁住房制度保障低收入人群、中等偏下收入人群基本住房利益的目的,承租人虽可占有、使用公共租赁住宅,却是公共租赁住房租赁权这一债权的行使,显然具有短期性和灵活性特征。租赁人不满足租赁合同约定的情形时,将适用公共租赁住房退出机制,腾出的住宅得以保障其他符合条件的社会弱势群体居住利益。居住权制度却可以长期地、稳定地保障特定民事主体居住利益,以满足其生活居住需要为目的,居住权人行

---

① 四川省成都市中级人民法院(2022)川 01 民终 1411 号民事裁定书;辽宁省沈阳市中级人民法院(2021)辽 01 民终 8863 号民事判决书。

权得以对抗其他任何组织或个人。二者的目的存在本质区别,产生的法律效果亦大相径庭。公共租赁住房上设立居住权,权利人得以长期、稳定地占有、使用公共租赁住房,既妨碍公共租赁住房制度目的实现,又阻碍公共租赁住房退出机制的运行,合理性欠缺,我国居住权制度应予限制适用。

第二节　公房上设立居住权的限制

政府或机关事业单位与员工签订公房租赁合同,旨在通过公权力的行使保障员工的住房利益,与居住权制度保障特定主体居住利益存在本质区别。前者发生在公权领域,是政府或机关事业单位与员工之间达成的约定,员工因此获得公房租赁权。后者适用私权领域,是平等民事主体间个人财产的自由处分,居住权自登记时设立。公权领域员工住房利益保障,不应适用私权领域的居住权制度。坚持适用者,势必产生诸多弊端,与居住权制度保障特定主体居住利益的功能不符。

一、居住权与公房租赁权的特性差异

按照民事权利的分类,用益物权性质的居住权与债权性质的公房租赁权虽同属于财产权,但二者存在显著区别。居住权是一项用益物权,旨在分离住宅的使用价值和交换价值,保障特定主体居住利益的同时,实现物尽其用,因而具有较强的用益性。居住权登记可以产生公示效果,对于交易安全的维护亦至关重要。公房租赁权却具有较强的福利性,承租人通常无偿或支付较少的租金取得公房租赁权,租赁期间不得转租,旨在保障政府或单位

员工的住房利益。

（一）居住权：用益性

居住权是一项限制物权，是从所有权分离出来的占有、使用权能独立形成的权利，①其"赋予权利人在内容上、常常也在时间上对物以一定方式施加有限制的影响的权能"。②住宅所有权人为满足特定民事主体生活居住的需要而设立居住权，是权利人对个人财产权的自由处分。故而，居住权的设立遵循意思自治原则，③住宅所有权人能够以合同、遗嘱的方式为任何存在居住利益的自然人设权，当事人之间无需存在父母子女关系、夫妻关系、兄弟姐妹关系等婚姻家庭关系。此种当事人关系的非限定性，正是居住权用益性的一种体现。居住权分离住宅的使用价值和交换价值，权利人无需取得住宅所有权，即可占有、使用住宅，住宅得以多元利用，用益性再次凸显。例如，自然人与某景区内住宅的所有权人签订居住权合同，住宅所有权人为其设立长期居住权，则权利人无需购买住宅取得所有权，即可享受住宅的使用价值。作为一项用益物权，居住权的设立着重体现住宅所有权人对住宅（财产）的自由支配，因而需遵循等价有偿原则。正因如此，《民法典》第 368 条表明，居住权可以有偿设立，权利人取得居住权理应支付相应的对价，但住宅所有权人不要求支付的，可以无偿设立，居住权的用益性不言自明。居住权无偿设立主要发生在婚姻家庭关系、继承关系中，如老年人将自己所有的住宅转让给

① 参见［德］曼弗雷德·沃尔夫：《物权法》，吴越、李大雷译，法律出版社 2004 年版，第 6－7 页。
② ［德］卡尔·拉伦茨：《德国民法通论（上册）》，邵建东等译，法律出版社 2013 年版，第 285 页。
③ 参见汪洋：《民法典意定居住权与居住权合同解释论》，《比较法研究》2020 年第 6 期，第 106 页。

子女,并要求其为自己设立终身居住权,实现以房养老,此时居住权的设立通常是无偿的。同样,遗嘱人以遗嘱的方式处理个人财产,并为遗嘱继承人或受遗赠人设立居住权,亦是无偿的。此外,居住权自登记时设立,登记除产生对外公示住宅所有权上存在居住权负担之效果,还体现当事人自由达成的居住权设立"交易",①住宅的真实权利状态亦得为他人所知,有利于交易安全。反之,"如果不能通过表象从外部认识,则会使权利关系复杂化,将给第三人带来不测之损害,从而无法充分实现近代物权交易法的理想"。②基于此,住宅所有权人可以利用住宅的交换价值,如设立抵押权。第三人于不动产登记处查询知晓住宅所有权上存在居住权负担,得以预估住宅的交换价值,其进而决定是否在住宅上设立抵押权,一定程度上避免了抵押权与居住权冲突,居住权的用益性亦得以体现。

(二)公房租赁权:福利性

公房一般指国家或单位所有的住宅和非住宅房屋。结合2021年自然资源部初步拟定的《关于印发〈居住权等登记办法〉(试行)》(征求意见稿),本书指称的公房限于政府有关部门组织建设的、政府和机关事业单位所有的住宅,包括人民政府所有的、相关行政主管部门代表政府管理的直管住宅,和国家机关、国有企事业单位、人民团体和国家各部门、中国人民解放军、武装警察部队以及外省市驻津单位所有的、各单位自行管理或者委托管理

---

① 参见梅夏英:《民法上公示制度的法律意义及其后果》,《法学家》2004年第2期,第115-123页。

② [日]我妻荣:《新订物权法》,[日]有泉亨补订,罗丽译,中国法制出版社2008年版,第43页。

的住宅。①公房租赁权是员工与政府或机关事业单位签订公房租赁合同取得的债权。对于其法律性质,有观点认为,公房租赁权是兼具物权、债权性质的复合型民事权利。②有观点认为,公房租赁权是具有人身性的债权。③有观点则认为,公房租赁权是一项用益物权。④依循物权法定原则,⑤我国《民法典》没有明确规定公房租赁权为一项物权,其本质是员工请求政府或机关事业单位交付政府有关部门组织建设的公房供其占有、使用,以满足其住房需要的权利,理应属于债权。⑥

　　然而,不同于一般的房屋租赁权,公房租赁权具有功能特定、当事人身份特定、租金限定、承租人对住房的使用受限等特征,具有福利性。具体而言,公房租赁权的主要功能是保障政府或机关事业单位员工的住房利益,而非促进公房的多元利用,因而其权利主体限于员工。公房租赁合同虽可能约定租金,但租金标准通常较低,且标准由政府或单位按照国家相关规定制定,当事人不得擅自约定高于或低于标准的租金,公房租赁权的福利性不言自

---

① 参见《郑州市城市公有房屋管理条例》;《绍兴市区公有房屋管理办法》(政府令〔2005〕71号);《国家城建总局印发〈关于加强城市公房管理工作的意见〉的通知》;《沈阳市直管公房管理办法》(沈阳市人民政府令第62号)。

② 参见范维、王怡、郝振达:《高校住房管理问题与对策研究》,《中央财经大学学报》2015年第S1期,第127-129页。

③ 参见武之歌:《石某无权继承系争公房——析一起公房承租权继承案》,《人民司法》2002年第1期,第73页。

④ 参见薛峰、李玉斌:《涉公有住房若干法律问题的调查研究——从司法角度考察》,《东岳论丛》2013年第12期,第151页。

⑤ 参见李星:《物权法定原则的立法论——兼评〈民法典〉的抉择》,《辽宁大学学报(哲学社会科学版)》2021年第2期,第88页。

⑥ 参见袁野:《"债权物权化"之范畴厘定》,《法学研究》2022年第4期,第73-92页。

明。①公房租赁合同期限通常是 3—5 年,但承租人在合同到期后可以继续申请,只要其属于原政府或单位员工。换言之,公房承租人可以长期支付较低的租金占有、使用公房,享有政府或单位提供的福利。此外,公房租赁权的福利性还体现为,承租人支付较低的租金占有、使用公房,但其对住宅的使用却是受限的,只能自用。除非出租人同意,承租人不得擅自将公房转租或调换。是以,公房租赁权是一项福利性债权,用于保障政府或单位员工的住房利益。

二、公房上设立居住权的弊端

基于居住权与公房租赁权的特性差异分析,在公房上设立居住权,居住权人得以较低的费用长期占有、使用公房,公房投资建设资金回笼遭受阻碍,政府或机关事业单位需长期支付公房维修费用,存在增加政府财政负担的弊端。此外,居住权的设立势必导致公房居住权成为政府或机关事业单位"福利",易产生政府或机关事业单位为特定员工设立居住权而不考虑其是否需要满足居住利益,引发社会不公和腐败。

(一)增加政府财政负担

前文已提及,本书所指的公房是指政府有关部门组织建设的、政府和机关事业单位所有的住宅,其建设资金主要来源是政府拨款,单位自筹资金占比较小。②政府和机关事业单位将其所

① 参见《郑州市城市公有房屋管理条例》。
② 参见周珂主编:《住宅立法研究》,法律出版社 2008 年版,第 200 页。

有的公房出租给员工,员工虽支付较低的租金即可占有、使用公房,但其只享有债权性质的公房租赁权,而非物权性质的居住权。公房租赁权较为灵活,当事人通常签订 3 5 年的短期公房租赁合同,租赁合同到期后,当事人可根据其现实需要,选择续租原公房或重新申请租赁其他公房。换言之,公房的使用价值不一定由特定员工一直享有,公房的交换价值亦不会因公房租赁权的存在而遭受太多的不利影响。承租人违反约定擅自转租或调换公房的,出租人可依循公房出租合同约定,要求其腾出公房。故而,在公房实物福利分配制度逐步转变为货币工资分配制度的政策背景下,①政府和机关事业单位向员工出售公房,员工享有的公房所有权上不存在居住权负担,公房的使用价值和交换价值完全由所有权人享有。对于政府而言,员工购买公房,可以实现公房建设资金回笼,形成投入—产出的良性循环。反之,在公房上设立居住权,权利人长期占有、使用公房,公房所有权人无法利用住宅的使用价值,公房的交换价值亦遭受减损。②一旦在公房上设立居住权,居住权人违反约定擅自转租或调换公房的,公房所有权人只能主张违约责任。除非居住权人协助办理居住权注销登记,否则居住权并不消灭。即便公房所有权人诉请消灭居住权,公房的使用价值在一段时间内仍由居住权人享有。此境遇下,居住权人支付较少的费用即可长期占有、使用公房,而公房的维护费用和修缮费用却一直由政府和事业单位负担。长此以往,政府

---

① 参见《国务院办公厅转发国务院住房制度改革领导小组关于全面推进城镇住房制度改革意见的通知》。

② 参见邓宏乾等:《住房保障改革与创新研究》,科学出版社 2020 年版,第 5-6 页。

财政负担势必加重。由于公房所有权上存在居住权负担,员工取得公房的所有权,却无法实际占有、使用公房,亦会挫伤员工购买公房的积极性。[1]由此导致公房越建越多,公房出售却越来越少,政府投入较多,但产出较少,政府财政负担再次加重。是以,公房上设立居住权会增加政府的财产负担,居住权制度理应限制适用。

（二）引发社会不公和腐败

公房上设立居住权,居住权人支付较少的费用即可长期占有、使用住宅,使得单位公房的福利性进一步增强。员工取得公房居住权的,即获得政府或机关事业单位的"福利",未取得居住权的,也就失去了相应的"福利"。由此导致的现象是,政府或机关事业单位的员工为取得公房居住权"福利",竞相申请在公房上设立居住权,进一步加重公房的短缺。公房所在的位置、公房的面积、公房的质量等存在差异,政府或机关事业单位在公房上设立居住权,亦将导致员工竞相取得优质的公房居住权"福利",而不考虑自身实际住房需求,对真正需要适合的公房满足其住房需要的员工,显然是不公的。

前文已提及,居住权制度适用的前提条件是特定主体存在居住利益,员工为取得公房居住权"福利"或优质公房居住权"福利"而申请设立居住权,显然不存在居住利益,居住权制度亦应限制适用。为不存在居住利益的员工设立居住权,亦无法发挥居住权制度保障特定主体居住利益的功能。此外,政府所在的地区不

---

[1] 参见周晓红:《保障性住房技术支撑》,中国建筑工业出版社 2017 年版,第 24 - 30 页。

同,对资源的占有和控制存在差异,其所有的公房亦大相径庭。公房居住权一旦成为政府"福利",不同地区政府的员工取得的公房居住权"福利"将存在较大差异,进而引发分配正义问题。同样,机关事业单位的性质不同,其所有的公房亦大相径庭,则单位为员工设立公房居住权,势必导致不同单位之间公房居住权"福利"悬殊,亦是不公的。此外,公房由政府或机关事业单位所有,其为员工设立公房居住权,存在公开性和透明性不足的特性,极易引发权力寻租和滋生腐败。员工能否取得公房居住权,很大程度上由政府或机关事业单位领导决定,则在公房居住权成为政府或机关事业单位"福利"的境况下,[①]领导或优先为特定员工在公房设立居住权,而非根据员工的居住需要设权。员工为取得公房居住权"福利"或优质公房居住权"福利"而不惜代价,进行权钱交易,腐败由此产生。[②]是以,在公房上设立居住权,易导致公房居住权成为政府或机关事业单位福利,极易引发社会不公和腐败,亦有违居住权制度保障特定主体居住利益功能。

综上,居住权和公房租赁权的特性存在较大差异,前者是住宅所有权人对个人财产的自由处分,能够促进物尽其用,用益性明显。后者则是员工无偿或支付较低租金占有、使用政府或机关事业单位公房的债权,具有典型的福利性。政府或机关事业单位与员工签订公房租赁合同,旨在保障其基本住房需求,而非赋予其长期稳定居住公房的物权。在公房设立居住权,居住权人长期享受公房的使用价值,势必减损公房的交易价值,不利于政府或

---

① 参见蔡继明:《权力寻租的根源与破解》,《人民论坛》2008年第23期,第36-38页。
② 参见刘金国:《再论权力腐败的法律制约》,《政法论坛》2001年第4期,第128页。

机关事业单位出售公房回笼投资建设资金,却会导致政府或机关事业单位长期支付公房维修费用,增加政府财政负担,弊端明显。原有的公房租赁权替换为公房居住权,使得公房居住权成为政府或机关事业单位"福利",员工为获取公房居住权"福利"或优质公房居住权"福利"竞相申请设立居住权,极易引发社会不公和腐败。倘若政府或机关事业单位形式化审查员工申请设立公房居住权,而不考量员工是否存在居住利益,亦有违居住权制度适用的居住利益前提条件,与居住权制度保障特定主体居住利益的功能不符。

第三节　拆迁安置房上设立居住权的限制

国家征收实际上是征收集体所有的土地,进而交由建设单位使用,或终止原国有土地的使用权,将国有土地交由建设单位使用。尽管住宅所有权与土地使用权分离,但"房随地走,地随房走",集体土地征收或国有土地使用权的回收必然包含住宅所有权的处分。被拆迁人的住宅被拆迁,[1]国家负有行使公权力补偿和安置被拆迁人的义务。居住权是一项私权,源于住宅所有权人自由处分个人财产,居住权的设立只发生在平等民事主体之间,居住权制度的适用亦严格限于私权领域。拆迁单位在拆迁安置房上为私房被拆迁人设立居住权,属于居住权制度在公权领域的适用,既损害了私房被拆迁人的权益,又赋予居住权"社会保障"

---

[1] 《国有土地上房屋征收与补偿条例》(中华人民共和国国务院令第590号)已用"搬迁"替换"拆迁",但多数部门规章和地方性法规仍采用"拆迁"表述,为避免分歧,本书仍采用"拆迁"表述。

功能,有违法理。同样,公共租赁住房①或公房被拆迁时,国家或机关事业单位负有行使公权力保障原承租人住房利益的义务,却不应为其设立居住权,毕竟居住权之设立完全出于民事主体的意思自治,而非源于政府保障义务。坚持为原承租人设立居住权者,必将妨害我国现有住房保障制度。

一、居住权、所有权、租赁权的特性差异

居住权与所有权及租赁权的特性存在显著差异。居住权与所有权皆为物权,但前者为用益物权,居住权人行权受到多种限制;后者为所有权,所有权人可以完整地支配住宅。居住权与租赁权皆为财产权,但前者是一项物权,居住权人对住宅的使用更全面,行权受到的保护更强;后者则为一项债权,租赁权人对住宅的使用受到当事人意思的影响,权利的行使受到一定的限制。为方便下文论证拆迁安置房上不得设立居住权,本书先论证居住权、所有权、租赁权的特性差异。

（一）居住权与所有权的差异

居住权属于他物权,是自然人以满足生活居住需要为目的,占有、使用他人住宅的用益物权,意在满足个人居住利益和维持居住环境稳定,强调自然人对住宅的使用。相较于居住权,所有权的综合性和绝对性更为突出。根据《民法典》第 240 条,所有权人对自己的不动产或者动产,依法享有占有、使用、收益和处分的

---

① 《住房和城乡建设部、财政部、国家发展和改革委员会关于公共租赁住房和廉租住房并轨运行的通知》(建保〔2013〕178 号)已作出明确规定,廉租住房并入公共租赁住房。因而,此处所指的公共租赁住房包含廉租住房。

权利,兼具保护个人财产权益和维护市场秩序的双重内涵。居住权则侧重满足个人的生活需要,其最本质的特征是所有权与使用权的两权分离。①"单纯所有权的分配是一种非此即彼的关系,而居住权则使得财产分配更为多元,由此使得有限的资源满足多个主体的需求。"②足见二者的性质和内容存在差异。依循《民法典》第 366 条,居住权的客体为"他人的住宅"。"所谓住宅,包括一切合法建造的、建筑规划设计为居住使用的建筑物。"③结合上文居住权制度适用的客体条件,他人住宅具体指住宅用途的房屋。无论是城镇住宅还是农村住宅,无论是建筑物区分所有权中的住宅还是其他住宅,具备住宅用途者,皆可设立居住权。④"原则上居住权是建立在他人所有的住宅之上的。"⑤相较于居住权,所有权的权利客体范围更广泛。根据《民法典》第 240 条,所有权的权利客体可以是任何形式的有形财产,包括不动产和动产。可见,二者的客体存在显著差别。

居住权是人役权,具有人身性,"居住权人不得任意处分、转让居住权,居住权人亦不得以居住权作为担保进行融资。"⑥"设立居住权的住宅也不得出租,除非当事人另有约定。"⑦所有权则是较为绝对和完整的权利。《民法典》第 240 条赋予了所有权人

① 参见鲁晓明:《"居住权"之定位与规则设计》,《中国法学》2019 年第 3 期,第 223 - 239 页。
② 肖俊:《"居住"如何成为一种物权——从罗马法传统到当代中国居住权立法》,《法律科学(西北政法大学学报)》2019 年第 3 期,第 98 页。
③ 李永军:《民法学教程》,中国政法大学出版社 2021 年版,第 317 页。
④ 参见房绍坤:《论民法典中的居住权》,《现代法学》2020 年第 4 期,第 85 - 90 页。
⑤ 李永军:《民法学教程》,中国政法大学出版社 2021 年版,第 317 页。
⑥ 李永军:《民法学教程》,中国政法大学出版社 2021 年版,第 318 页。
⑦ 王利明:《民法学(第八版上册)》,法律出版社 2020 年版,第 446 页。

处分其财产的权利。据此,所有权人可以自由地将财产转让给他人,或以其他方式对动产、不动产设定担保物权。此外,居住权满足特定主体的居住利益,与特定的住所直接关联。《民法典》第370条规定居住权人死亡的,居住权消灭。因居住权人死亡导致居住权消灭的,其继承人应返还住宅。[①]由此可见,居住权不具有继承性。所有权则通常具有继承性,当动产或者不动产的所有权人去世时,权利人享有的所有权会根据法定继承规则或遗嘱,依法由他人继受。居住权与所有权在权利性质、权利主体、权利内容等方面存在诸多差异。

（二）居住权与租赁权的差异

居住权属于用益物权,《民法典》对居住权的规定见于物权编,是自然人占有、使用他人住宅的权利,强调居住权人对住宅的实际支配。租赁权是承租人通过租赁合同获得对特定财产的使用权,是一种给付请求权,即债权。"由于租赁权的支配力低,承租人对房屋的占有使用在很大程度上受到出租人意志的限制,而居住权人对房屋的自由利用限度将更大,合理范围内的居住需求均应当被满足。"[②]二者的性质存在本质差别。居住权可以通过合同设立,也可以通过遗嘱设立。"居住权作为用益物权,其设定行为属于处分行为,故需设定人对房屋有处分权。"[③]设立居住权即为设立不动产物权,是物权行为,以登记作为要件。未经登记

[①] 参见肖俊:《"居住"如何成为一种物权——从罗马法传统到当代中国居住权立法》,《法律科学(西北政法大学学报)》2019年第3期,第96页。

[②] 金俭、罗亚文:《〈民法典〉居住权:立法意旨、功能演化及制度重构——基于人役性向用益性转变之视角》,《烟台大学学报(哲学社会科学版)》2023年第2期,第24页。

[③] 李永军:《民法学教程》,中国政法大学出版社2021年版,第318页。

者,不设立居住权。租赁权是依据租赁合同而产生的合同债权,其承租人取得租赁权不以登记为生效要件或对抗要件。[①]二者的设立方式存在差异。居住权的权利主体是自然人,仅为满足生活居住需要设立,[②]而租赁权中的承租人为通过租赁合同获得财产使用权的个人或组织。"住宅租赁权的主体可以是自然人、法人或者非法人组织。"[③]二者的权利主体存在差异。居住权具有专属性,不能转让、继承。居住权人死亡的,居住权即消灭。除非当事人另有约定,设立了居住权的住宅不得出租。作为债权的租赁权,在权利内容上不具有专属性。除非租赁合同另有约定或者法律有规定,住宅租赁权作为债权可以继承。租赁权人死亡的,住宅租赁权并不因此消灭。依循《民法典》第 732 条,承租人在房屋租赁期限内死亡的,与其生前共同居住的人或者共同经营人可以按照原租赁合同租赁该房屋。经过出租人同意,承租人亦可将住宅进行转租。[④]此外,根据《民法典》第 705 条,租赁期限不得超过二十年。超过二十年的,超过部分无效。租赁期限届满,当事人可以续订租赁合同,约定的租赁期限自续订之日起不得超过二十年。《民法典》第 370 条则将居住权期限届满或者居住权人死亡规定为居住权消灭的要件,与租赁权的存续期间不同。综上,居住权和租赁权的特性存在显著差异。

① 参见王利明:《民法学(第八版上册)》,法律出版社 2020 年版,第 446 页。
② 参见李永军:《民法学教程》,中国政法大学出版社 2021 年版,第 318 页。
③ 王利明:《民法学(第八版上册)》,法律出版社 2020 年版,第 446 页。
④ 参见焦富民:《我国〈民法典〉居住权设立规则的解释与适用》,《政治与法律》2022 年第 2 期,第 145-149 页。

二、在拆迁安置房上设立居住权的弊端

根据被拆迁住宅的所有权人不同,被拆迁住宅包含民事主体所有的私房、政府所有的公共租赁住房以及政府或机关事业单位所有的公房。在拆迁安置房上为私房被拆迁人设立居住权,既有违政府补偿义务,又损害私房被拆迁人的权益。在拆迁安置房上为公共租赁住房或公房原承租人设立居住权,却会施加居住权"社会保障"功能,有违法理,亦会妨害现有住房保障制度。

(一) 损害私房被拆迁人权益

出于公共利益的需要,拆迁单位依法拆迁被拆迁人所有的私房,具有合法性,[1]客观上却造成住宅所有权人的财产损失,[2]国家有义务对私房被拆迁人进行补偿,以平衡公共利益与私人利益。《中华人民共和国宪法》第 10 条第 3 款即对国家的补偿义务作出明确规定,"国家为了公共利益的需要,可以依照法律规定对土地实行征收或者征用并给予补偿"。"在拆迁过程中,民众的诸多权利,包括财产权、人身权等权利受到了一定程度的灭失或者损害,原先的生活状态发生了变化",[3]国家履行补偿义务,应最大限度地恢复或补救私房被拆迁人的权益,并以私房被拆迁人在拆迁前的权益为补偿标准。[4]从现有立法来看,被拆迁人可以选择货币补偿或住宅产权调换。产权调换意味着,国家以被拆迁住

---

① 参见王克稳等:《城市拆迁法律问题研究》,中国法制出版社 2007 年版,第 62 页。
② 参见孙宪忠等:《物权法的实施》(第二卷·城镇拆迁与物权),社会科学文献出版社 2013 年版,第 181 页。
③ 孙宪忠等:《物权法的实施》(第二卷·城镇拆迁与物权),社会科学文献出版社 2013 年版,第 205 页。
④ 参见孙宪忠等:《物权法的实施》(第二卷·城镇拆迁与物权),社会科学文献出版社 2013 年版,第 205 页。

宅所有权的价值为标准,补偿私房被拆迁人完整的产权调换房所有权,旨在最大限度地恢复或补救被拆迁人的权益。被拆迁人选择的产权调换房价值低于被拆迁住宅价值的,国家应计算二者的差价并给予货币补偿。①基于此,被拆迁人选择产权调换房所有权的,可以尽快恢复到拆迁前的生活状态,其拆迁前的权益得到补偿。

然而,拆迁单位在拆迁安置房上设立居住权,私房被拆迁人却无法取得产权调换房的所有权,对拆迁安置房的使用和处分受到多重限制,私房被拆迁人的权益因此遭受损害。具体而言,居住权是一项用益物权,拆迁单位在拆迁安置房上设立居住权,私房被拆迁人仅有权占有、使用拆迁安置房,以满足生活居住的需要。除非私房被拆迁人与拆迁单位另有约定,否则私房被拆迁人不得出租拆迁安置房。由此推之,在拆迁安置房上设立居住权,不能使被拆迁人的权益得到最大限度地恢复或补救,反而损害了私房被拆迁人的权益。②除此之外,居住权不得转让、继承,拆迁单位在拆迁安置房上设立居住权,私房被拆迁人只享有长期或终身居住权,而非完整的所有权。其无法将居住权转让给他人,亦无法通过遗嘱的方式处分居住权,继承人无法继承居住权。与之相反,私房被拆迁人取得产权调换房的所有权,其可以将住宅转让给第三人,亦可通过遗嘱的方式处分产权调换房。被拆迁人死亡后,产权调换房的所有权并不消灭,可以继承。是以,拆迁单位

---

① 江苏省常州市中级人民法院(2022)苏 04 民终 5258 号民事判决书;辽宁省本溪市中级人民法院(2022)辽 05 民终 2217 号民事判决书;吉林省白城市中级人民法院(2022)吉 08 民终 864 号民事判决书。

② 参见冯一健:《我国城镇房屋拆迁制度研究》,北京法律出版社 2013 年版,第 146－157 页。

在拆迁安置房上为被拆迁人设立居住权,私房被拆迁人只取得一项用益物权而非所有权,被拆迁人的权益无法得到最大限度的恢复或补救。相反,被拆迁人的权益因此遭受损失,弊端明显。

(一)妨害现有住房保障制度

出于公共利益的需要,国家除了依法拆迁私房外,亦会拆迁公共租赁住房和政府或机关事业单位公房。[①]公共租赁住房为国家所有,公共租赁住房被拆迁,不存在公共租赁住房所有权人住房利益保障问题。然而,公共租赁住房承租人却存在住房利益保障需要。结合前文所述,公共租赁住房承租人是低收入、中等偏下收入住房困难群体,出租人与承租人签订公共租赁住房租赁合同,目的是保障其最低住房需求,帮助其度过居住困难期。基于此,公共租赁住房被拆迁的,承租人的住房利益因此遭受损害,拆迁单位理应负有保障其住房利益的义务。然而,现有立法却只保障被拆迁人的利益,公共租赁住房承租人的住房利益无法得到拆迁单位保障,其再次面临居住困难。[②]但这并不意味着政府可以免除保障此类承租人住房利益的义务,毕竟原承租人享有住宅权,政府负有保障其最低住房利益的义务。原承租人满足申请公共租赁住房的条件,可以再次申请公共租赁住房,承租人因此获得公共租赁住房租赁权。同样,机关事业单位公房被拆迁,公房承租人的住房利益无法得到拆迁单位保障,其理应有权再次申请租赁单位其他公房,获得公房租赁权。

[①] 参见胡信彪主编:《土地征收与房屋拆迁》,中国民主法制出版社 2006 年版,第 110 页。

[②] 《国有土地上房屋征收与补偿条例》(中华人民共和国国务院令第 590 号)第 1 条明确规定:"为了规范国有土地上房屋征收与补偿活动,维护公共利益,保障被征收房屋所有权人的合法权益,制定本条例"。由此可见,被拆迁房屋承租人的利益无法得到保障。

2021 年自然资源部初步拟定的《关于印发〈居住权等登记办法〉（试行）》（征求意见稿）却表示，公共租赁住房和政府机关事业单位公房被拆迁的，政府可以在拆迁安置房上办理居住权登记。公房的所有权人是政府或机关事业单位，显然不存在住房利益保障需要，因而上述规定旨在安置原承租人，但在拆迁安置房上为原承租人设立居住权却有违法理。居住权是一项私权，体现住宅所有权人自由处分个人财产，实现物尽其用的价值。正因如此，我国居住权制度适用遵循意思自治原则，[1]平等民事主体可以通过合同方式自由设立居住权，遗嘱人亦可通过遗嘱的方式为遗嘱继承人或受遗赠人设立居住权。居住权的设立客观上起到保障特定自然人居住利益的作用，却完全基于住宅所有权人对个人财产的自由处分，而非源于法定的弱势群体保障义务。我国《民法典》只在物权编规定意定居住权，而没有在婚姻家庭编、继承编规定法定居住权，表明私权领域居住权的设立完全基于住宅所有权人对财产的自由处分，而非源于法定义务，则施加居住权制度公权领域的"社会保障"功能，显然不合法理。质言之，居住权制度不应用于保障社会弱势群体的住房利益。是以，政府不应在拆迁安置房上为原承租人设立居住权，用以保障其住房利益。

此外，政府和机关事业单位履行住房保障义务，旨在保障原承租人的基本住房需求，因而原承租人取得的租赁权是短期的（一般不超过 5 年）而非长期的或终身的。租赁期限届满，原承租人符合条件的，可以再次申请租赁。基于此，政府或机关事业单

---

[1] 参见陈荣文：《〈民法典〉"私法自治"的理念衍义与制度构建》，《福建论坛（人文社会科学版）》2020 年第 9 期，第 59－73 页。

位在拆迁安置房上为原承租人设立居住权,必将妨害现有住房保障制度。具体而言,依循我国现有住房保障制度,原承租人为公共租赁住房承租人的,其应始终满足低收入、中等偏下收入住房困难群体身份。自身住房条件改善而不满足此身份者,可以申请购买经济适用房、两限房,或自行购买商品房,却不得再申请公共租赁住房。政府在拆迁安置房上为原公共租赁住房承租人设立居住权,其将获得长期、稳定的用益物权。居住权存续期间,其不再满足低收入、中等偏下收入住房困难群体身份的,却仍享有安置房的使用价值,[①]显然有违现有住房保障制度的功能。坚持在拆迁安置房为其设立居住权制度者,将导致部分公共租赁住房承租人只取得短期的租赁权债权,而原承租人却享有用益物权居住权,易引发社会不公的问题,妨害现有住房保障制度。同样,原承租人为公房承租人的,政府或机关事业单位只负有保障其住房利益的义务,而非赋予其拆迁安置房上的居住权"福利"。在拆迁安置房上设立居住权,原承租人将长期享有拆迁安置房的使用价值,进一步加剧住房紧缺,有损现有住房保障制度。由此产生的另一现象是,部分公房承租人享有公房租赁权债权,而原公房承租人却享有拆迁安置房的居住权物权,极易引发社会不公和腐败的问题,现有住房保障制度再次遭受妨害。

综上,对于私房被拆迁人而言,国家应履行补偿义务,体现为拆迁单位最大限度地恢复或补救私房被拆迁人的权益,并以私房被拆迁人在拆迁前的权益为补偿标准。拆迁单位在拆迁安置房

[①] 参见夏沁:《论私法自治中物上之债对物权法定适用的缓和》,《清华法学》2021年第6期,第144页。

上为私房被拆迁人设立居住权,私房被拆迁人将无法取得所有权,私房被拆迁人的权益遭受损害。被拆迁房屋为公共租赁住房或公房的,拆迁安置房的所有权人仍为国家或机关事业单位,不存在所有权人住房利益保障一说。原公共租赁住房承租人和公房承租人却存在住房利益保障需要,国家或机关事业单位仍应与其签订租赁合同,保障其基本住房需要,而非在拆迁安置房上为其设立居住权。毕竟居住权是平等民事主体自由处分个人财产的私权,不应赋予其公权领域的"社会保障"功能。坚持在拆迁安置房上为原承租人设立居住权者,有违居住权制度的功能,亦妨害现有住房保障制度。

结　论

　　为回应全体人民"住有所居"的时代需求,我国《民法典》移植了域外居住权制度,并结合我国国情进行了本土化改造,"松动"居住权的人役性,"强化"居住权的用益性,确立其为一项用益物权。然而,在适用的过程中却"遭遇"适用主体范围不明、适用客体范围模糊、适用规则不清、适用领域过窄等系列困境。对此,本书从现实困境出发,依循物权法定原则、民事权利位阶理论、权利义务相一致原则、法无禁止即自由原则、诚实信用原则等理论,采用法律解释、比较分析、实证研究、价值分析等方法对《民法典》居住权相关条款进行解释与完善,力争在应对居住权制度适用困境,完善居住权制度的同时,实现居住制度与相关制度的协调适用。

　　本书先明确居住权是一项用益物权,具有多重法律属性,我国居住权制度具有保障特定主体居住利益和促进住宅多元利用的功能。分析居住权制度适用面临适用主体范围不明、适用客体范围模糊、适用规则不清、适用领域过窄等困境及成因。进而针对性提出解决方案,构造居住权制度适用的条件与规则,明确居住权制度适用的扩张与限制。一是,为消解适用主体范围不明的困境,本书创造性提出建立居住利益为中心的设权条件,以居住利益为前提创立适用主体的双向限制机制,明确居住权的权利人为特定自然人,设权主体为民事主体。二是,为消解适用客体范围模糊的困境,本书在居住利益前提条件下,结合不动产登记实践,提出"住宅用途"判断标准,认定住宅用途的普通商品类住宅、产权保障类住宅、综合功能类住宅、农村自建类住宅为居住权制度适用的客体。三是,为消解适用规则不清的困境,本书分别确立居住权制度适用的类型化规则和居住权与所有权、抵押权冲突的消解规则。居住权制度适用的类型化规则依照居住权的设立方式作出区分,设置合同方式设权的利己与利他的并行规则、遗嘱方式设权下继承与遗赠分置规则以及遗嘱方式设权下确认、给付与形成的三层逻辑规则,明确为他人设权、为自己设权、遗嘱继承方式设权、遗赠方式设权、确认性法律文书设权、形成性法律文书设权、给付性法律文书设权的规则。除此之外,区分合同、遗嘱、裁判设权方式,确立居住权与所有权冲突的消解规则,并区分先居后抵与先抵后居情势,明确居住权与抵押权冲突的消解规则。四是,为消解适用领域过窄的困境,本书设置系统化裁判方式设立亲属间居住权规则,建构父母子女、(外)祖孙抚养关系中扩张适用的路径、建构夫妻、兄弟姐妹扶养关系中扩张适用的路径、建构父母子女、(外)祖孙赡养关系中扩张适用的路径。构建居住权制度适用继承关系的特殊制度,创设特定法定继承人的居住权保留制度,赋予生活有特殊困难的、缺乏劳动能力的、无房可住的法定继承人必留居住权,为胎儿预留居住权,以及砌筑遗产管理人法定登记义务认定规则与追责机制,明确遗产管理人的法定登记义务,认定违反登记义务的损害赔偿责任。证成居住权制度适用以房养老的正当性,剖析居住权制度适用以房养老的优势,进而区分老年人与家庭成员、老年人与金融机构签订居住权合同情形,建构居住权制度适用以房养老的区分模式。此外,为划定居住权制度扩张适用的边界,本书提出居住权制度只适用于私权领域,限制适用政府保障社会弱势群体住房利益之公权领域。即公共租赁住房不得设立居住权,以护航公共租赁住房制度目的的实现,保障公共租赁住房退出机制运行;公房上不得设立居住权,否则可能增加政府财政负担,易引发社会不公和贪污腐败的问题;拆迁安置房不得设立居住权,以维护私房被拆迁人的权利,捍卫现有住房保障制度。

本书基于我国居住权制度适用现状,总结适用的困境并剖析成因,创新性提出解决方法,旨在助力居住权制度保障特定主体居住利益、促进住宅多元利用功能的实现。然而,囿于本人研究水平有限,实践中居住权制度适用的困境或不限于文中提出的适用主体范围不明、适用客体范围模糊、适用规则不清、适用领域过窄等,故而,本书只归纳目前制度适用的主要困境,并针对性提出解决方案,难免存在不足。随着我国立法的进一步完善,未来司法解释的出台或可真正消除上述困境。然而,对目前司法实践而言,本书的研究存在可能的指导意义。此外,作为一个"新生"的用益物权制度,居住权制度自 2021 年 1 月 1 日"诞生"至今不到五年,司法实践仍处于"探索"制度如何准确适用的阶段,本书持有"小步前进"的思想提出困境的消解方案。如制度适用的主体限于特定自然人,而未囊括法人、非法人组织。制度适用的扩张亦未敢进行过多大胆的构想,只对《民法典》相关条款进行解释,在婚姻家庭、继承以及以房养老典型情势进行扩张适用,因而部分观点可能相对"保守"。随着新时代我国经济的腾飞,居住权制度的适用势必得到进一步扩张,以充分实现其保障特定主体居住利益、促进住宅多元利用的功能,希冀本书的研究能为居住权制度的发展提供可能的理论支撑。

参考文献

一、中文文献

（一）中文著作

1. 朱庆育：《民法总论（第二版）》，北京大学出版社 2016 年版。
2. 金俭：《中国住房保障——制度与法律框架》，中国建筑工业出版社 2012 年版。
3. 金俭：《中国住宅法研究》，法律出版社 2004 年版。
4. 金俭等：《中国住房保障——制度与法律框架》，中国建筑工业出版社 2012 年版。
5. 王利明、尹飞、程啸：《中国物权法教程》，人民法院出版社 2007 年版。
6. 王利明：《法律解释学（第二版）》，中国人民大学出版社 2016 年版。
7. 王利明：《合同法研究（第一卷）》，中国人民大学出版社 2002 年版。
8. 王利明：《民法（第八版上册）》，中国人民大学出版社 2020 年版。
9. 王利明等：《民法学（第六版）》，法律出版社 2020 年版。
10. 王利明主编：《中国民法典学者建议稿及立法理由：人格权编·婚姻家庭编·继承编》，法律出版社 2005 年版。
11. 王泽鉴：《民法物权（第二版）》，北京大学出版社 2010 年版。
12. 王泽鉴：《民法物权 1 通则·所有权》，中国政法大学出版社 2001 年版。
13. 王泽鉴：《民法学说与判例研究（第 7 辑）》，中国政法大学出版社 1998 年版。

14. 王泽鉴:《民法总则》,北京大学出版社 2009 年版。

15. 王泽鉴:《用益物权·占有》,中国政法大学出版社 2001 年版。

16. 王泽鉴:《民法学说与判例研究(第六册)》,北京大学出版社 2009 年版。

17. 毕玉谦主编:《民事诉讼法学(第三版)》,中国政法大学出版社 2022 年版。

18. 曹诗权主编:《婚姻家庭继承法学》,中国法制出版社 2008 年版。

19. 常怡主编:《民事诉讼法学(第五版)》,中国政法大学出版社 2021 年版。

20. 陈甦、谢鸿飞主编:《民法典评注:继承编》,中国法制出版社 2020 年版。

21. 陈晓敏:《大陆法系所有权模式历史变迁研究》,中国社会科学出版社 2016 年版。

22. 崔建远:《物权:规范与学说(下册)》,清华大学出版社 2011 年版。

23. 崔建远:《物权法(第五版)》,中国人民大学出版社 2021 年版。

24. 房绍坤、李范瑛、张洪波编:《婚姻家庭继承法(第七版)》,中国人民大学出版社 2012 年版。

25. 房绍坤:《物权法的变革与完善》,北京大学出版社 2019 年版。

26. 邓宏乾等:《住房保障改革与创新研究》,科学出版社 2020 年版。

27. 冯桂:《美国财产法——经典判例与理论探究》,人民法院出版社 2010 年版。

28. 冯一健:《我国城镇房屋拆迁制度研究》,北京法律出版社 2013 年版。

29. 符启林等:《住房保障法律制度研究》,知识产权出版社 2012 年版。

30. 郭明瑞、房绍坤、张平华:《担保法》,中国人民大学出版社 2017 年版。

31. 郭明瑞、房绍坤:《民法(第四版)》,高等教育出版社 2017 年版。

32. 胡长清:《中国民法总论》,中国政法大学出版社 1997 年版。

33. 黄薇主编:《中华人民共和国民法典婚姻家庭编解读》,法律出版社 2020 年版。

34. 黄薇主编:《中华人民共和国民法典继承编解读》,法律出版社 2020 年版。

35. 黄薇主编:《中华人民共和国民法典物权编解读》,法律出版社 2020 年版。

36. 黄薇主编:《中华人民共和国民法典总则编解读》,法律出版社 2020 年版。

37. 胡信彪主编:《土地征收与房屋拆迁》,中国民主法制出版社 2006 年版。

38. 江平、米健:《罗马法基础(第三版)》,中国政法大学出版社 2004 年版。

39. 李双元、温世扬主编:《比较民法学》,武汉大学出版社 1998 年版。

40. 梁慧星:《中国民法典草案建议稿附理由·物权编》,法律出版社 2004 年版。

41. 梁慧星:《我为什么不赞成规定"居住权"?》,载梁慧星主编:《民商法论丛(第 32 卷)》,法律出版社 2005 年版。

42. 李永军:《民法学教程》,中国政法大学出版社 2021 年版。

43. 廖丹:《作为基本权利的居住权研究》,法律出版社 2018 年版。

44. 林诚二:《民法理论与问题研究》,中国政法大学出版社 2000 年版。

45. 林秀雄:《亲属法讲义》,元照出版有限公司 2011 年版。

46. 罗应光等编:《住有所居:中国保障性住房建设的理论与实践》,中共中央党校出版社 2011 年版。

47. 李兴:《居住权与其他物权的冲突与协调》,茆荣华主编:《〈民法典〉适用与司法实务》,法律出版社 2020 年版。

48. 马新彦:《美国财产法与判例研究》,法律出版社 2001 年版。

49. 丘汉平:《罗马法(修订译本)》,中国方正出版社 2004 年版。

50. 曲可伸:《罗马法原理》,南开大学出版社版 1988 年版。

51. 全国人民代表大会常务委员会法制工作委员会民法室:《物权法立法背景与观点全集》,法律出版社 2007 年版。

52. 沈四宝、王军主编:《国际商法论丛(第九卷)》,法律出版社 2008 年版。

53. 时显群:《西方法理学研究》,人民出版社 2007 年版。

54. 史尚宽:《民法总论》,中国政法大学出版社 2000 年版。

55. 史尚宽:《物权法论》,中国政法大学出版社 2000 年版。

56. 水名岳:《以房养老:方案与对策》,东方出版社 2018 年版。

57. 孙国华、朱景文主编:《法理学(第五版)》,中国人民大学出版社 2021 年版。

58. 孙宪忠、朱广新主编:《民法典评注:物权编》,中国法制出版社 2020 年版。

59. 孙宪忠:《德国当代物权法》,法律出版社 1997 年版。

60. 孙宪忠:《中国物权法总论(第四版)》,法律出版社 2018 年版。

61. 孙宪忠等:《物权法的实施(第二卷·城镇拆迁与物权)》,社会科学文献出版社 2013 年版。

62. 谭柏平主编:《房地产法入门笔记》,法律出版社 2019 年版。

63. 王克稳等:《城市拆迁法律问题研究》,中国法制出版社 2007 年版。

64. 王宏哲:《住房权研究》,中国法制出版社 2008 年版。

65. 王洪:《婚姻家庭法》,法律出版社 2003 年版。

66. 王丽萍:《婚姻家庭继承法学》,北京大学出版社 2004 年版。

67. 王林清、杨心忠、赵蕾:《婚姻家庭纠纷裁判精要与规则适用》,北京大学出版社 2014 年版。

68. 巫昌祯、夏吟兰:《婚姻家庭法学(第二版)》,中国政法大学出版社 2016 年版。

69. 吴国平、张影主编:《婚姻家庭法原理与实务(第四版)》,中国政法大学出版社 2018 年版。

70. 谢怀栻:《合同法原理》,法律出版社 2000 年版。

71. 谢在全:《民法物权论(上册)》,中国政法大学出版社 1999 年版。

72. 谢在全:《民法物权论(第二版上册)》,三民书局 2003 年 7 月。

73. 薛宁兰、谢鸿飞主编:《民法典评注:婚姻家庭编》,中国法制出版社 2020 年版。

74. 杨大文、龙翼飞:《婚姻家庭法(第八版)》,中国人民大学出版社 2020 年版。

75. 杨立新、李怡雯:《中国民法典新规则要点》,法律出版社 2020 年版。

76. 杨立新:《中国物权法研究》,中国人民大学出版社 2018 年版。

77. 杨仁寿:《法学方法论(第二版)》,中国政法大学出版社 2012 年版。

78. 尹田:《法国物权法(第二版)》,法律出版社 2009 年版。

79. 余延满:《亲属法原论》,法律出版社 2007 年版。

80. 张俊浩主编:《民法学原理》,中国政法大学出版社 2002 年版。

81. 赵秉志:《澳门五大法典:澳门民法典》,中国人民大学出版社 1999 年版。

82. 郑玉波:《民法物权》,三民书局 1992 年版。

83. 中国审判理论研究会民事审判理论专业委员会:《民法典继承编条文理解与司法适用》,法律出版社 2020 年版。

84. 周珂主编:《住宅立法研究》,法律出版社 2008 年版。

85. 周枏:《罗马法原论》,商务印书馆 2014 年版。

86. 朱岩、高圣平、陈鑫:《中国物权法评注》,北京大学出版社 2007 年版。

87.《民事诉讼法学》编写组编:《民事诉讼法学(第三版)》,高等教育出版社 2022 年版。

88. 最高人民法院民法典贯彻实施工作领导小组主编:《中华人民共和国民法典物权编理解与适用》,人民法院出版社 2020 年版。

89. 最高人民法院民法典贯彻实施工作领导小组主编:《中华人民共和国民法典婚姻家庭编继承编理解与适用》,人民法院出版社 2020 年版。

90. 最高人民法院民法典贯彻实施工作领导小组主编:《中华人民共和国民法典总则编理解与适用》,人民法院出版社 2020 年版。

91. 周晓红:《保障性住房技术支撑》,中国建筑工业出版社 2017 年版。

(二) 外文译作

1.〔德〕卡尔·拉伦茨:《德国民法通论(上册)》,邵建东等译,法律出版社 2013 年版。

2.〔德〕曼弗雷德·沃尔夫:《物权法》,吴越、李大雪译,法律出版社 2004 年版。

3.〔德〕鲍尔·施蒂尔纳:《德国物权法(上册)》,张双根译,法律出版社 2004 年版。

4.〔德〕海因·克茨:《欧洲合同法(上卷)》,周忠海等译,法律出版社 2001 年版。

5.〔德〕卡尔·拉伦茨:《法学方法论》,陈爱娥译,商务印书馆 2003 年版。

6.〔德〕马克斯·卡泽尔、〔德〕罗尔夫·克努特尔:《罗马私法》,田士永译,法律出版社 2018 年版。

7.〔德〕维尔纳·弗卢梅:《法律行为论》,迟颖译,法律出版社 2012 年版。

8.〔法〕弗朗索瓦·泰雷、〔法〕菲利普·森勒尔:《法国财产法(下册)》,罗结珍译,中国法制出版社 2008 年版。

9.〔美〕庞德:《法理学(第三卷)》,廖德宇译,法律出版社 2007 年版。

10.〔日〕山本敬三:《民法讲义Ⅰ·总则》,解亘译,北京大学出版社 2004 年版。

11.〔日〕田山辉明:《物权法(增订本)》,陆庆胜译,法律出版社 2001 年版。

12.〔日〕我妻荣:《新订担保物权法》,申政武、封涛、郑芙蓉译,中国法制出版社 2008 年版。

13.〔日〕我妻荣:《新订民法总则》,于敏译,中国法制出版社 2008 年版。

14.〔日〕我妻荣:《新订物权法》,〔日〕有泉亨补订,罗丽译,中国法制出版社 2008 年版。

15.〔日〕我妻荣:《新订债权总论》,王燚译,中国法制出版社 2008 年版。

16.〔英〕巴里·尼古拉斯:《罗马法概论》,黄风译,法律出版社 2021 年版。

17.《日本民法典》,刘士国、牟宪魁、杨瑞贺译,中国法制出版社 2018 年版。

18.《巴西新民法典》,齐云译,中国法制出版社 2009 年版。

19.《德国民法典(第五版)》,陈卫佐译注,法律出版社 2020 年版。

20.《俄罗斯联邦民法典(全译本)》,黄道秀译,北京大学出版社 2007 年版。

21.《法国民法典》,罗结珍译,北京大学出版社 2010 年版。

22.《路易斯安那民法典》,娄爱华等译,厦门大学出版社 2009 年版。

23.《秘鲁共和国新民法典》,徐涤宇译,北京大学出版社 2017 年版。

24.《葡萄牙民法典》,唐晓晴等译,北京大学出版社 2009 年版。

25.《瑞士民法典》,戴永盛译,中国政法大学出版社 2016 年版。

26.《意大利民法典》,陈国柱译,中国人民大学出版社 2010 年版。

27.《最新阿根廷共和国民法典》,徐涤宇译注,法律出版社 2007 年版。

28.《日本民法:条文与判例(下册)》,王融擎编译,中国法制出版社 2018 年版。

29.《西班牙民法典》,潘灯、马琴译,中国政法大学出版社 2013 年版。

30.〔古罗马〕优士丁尼:《法学阶梯》,徐国栋译,中国政法大学出版社 2000 年版。

31.〔古罗马〕优士丁尼:《民法大学·学说汇纂(第七卷:用益权)》,米健译,法律出版社 1998 年版。

(三)中文论文

1.王利明:《论"买卖不破租赁"》,《中州学刊》2013 年第 9 期。

2.王利明:《论民法典的民本性》,《中国人民大学学报》2020 年第 4 期。

3.王利明:《论民法典物权编中居住权的若干问题》,《学术月刊》2019 年第 7 期。

4.王利明:《论民事权益位阶:以〈民法典〉为中心》,《中国法学》2022 年第

1 期。

5. 王利明：《论债权形式主义下的区分原则——以〈民法典〉第 215 条为中心》，《清华法学》2022 年第 3 期。

6. 王利明：《民法典中参照适用条款的适用》，《政法论坛》2022 年第 1 期。

7. 王利明：《民法上的利益位阶及其考量》，《法学家》2014 年第 1 期。

8. 崔建远：《民法分则物权编立法研究》，《中国法学》2017 年第 2 期。

9. 崔建远：《物权编对四种他物权制度的完善和发展》，《中国法学》2020 年第 4 期。

10. 梁慧星：《论法律解释方法》，《比较法研究》1993 年第 1 期。

11. 梁慧星：《中国民法典编纂的几个问题》，《山西大学学报（哲学社会科学版）》2003 年第 5 期。

12. 崔玲玲：《诉的类型新论——对诉的类型传统理论的扬弃》，《河北法学》2013 年第 1 期。

13. 蔡冰非：《政府住房保障责任的理论基础论析》，《社会科学家》2008 年第 3 期。

14. 蔡立东：《从"权能分离"到"权利行使"》，《中国社会科学》2021 年第 4 期。

15. 曹志勋：《论我国法上确认之诉的认定》，《法学》2018 年第 11 期。

16. 曾大鹏：《居住权的司法困境、功能嬗变与立法重构》，《法学》2019 年第 12 期。

17. 曾大鹏：《居住权基本理论问题反思——评居住权的否定理由》，《河北法学》2006 年第 11 期。

18. 常鹏翱：《债权与物权在规范解释中的关系》，《法学研究》2012 年第 6 期。

19. 陈桂明、李仕春：《形成之诉独立存在吗？——对诉讼类型传统理论的质疑》，《法学家》2007 年第 4 期。

20. 陈华彬：《论我国民法典〈物权编（草案）〉的构造、创新与完善》，《比较法研究》2018 年第 2 期。

21. 陈华彬：《论物权优先于债权原则及其例外情形》，《财经法学》2021 年第 5 期。

22. 陈华彬：《人役权制度的构建——兼议我国〈民法典物权编（草案）〉的居

住权规定》,《比较法研究》2019 年第 2 期。

23. 陈金钊:《民法典意义的法理诠释》,《中国法学》2021 年第 1 期。

24. 陈苇、石婷:《我国设立遗产管理制度的社会基础及其制度构建》,《河北法学》2013 年第 7 期。

25. 陈小君:《〈民法典〉物权编用益物权制度立法得失之我见》,《当代法学》2021 年第 2 期。

26. 陈信勇、蓝邓骏:《居住权的源流及其立法的理性思考》,《法律科学(西北政法学院学报)》2003 年第 3 期。

27. 陈兴良:《套路贷犯罪研究》,《法制与社会发展》2021 年第 5 期。

28. 陈耀东、吴彬:《"小产权"房及其买卖的法律困境与解决》,《法学论坛》2010 年第 1 期。

29. 蔡继明:《权力寻租的根源与破解》,《人民论坛》2008 年第 23 期。

30. 陈荣文:《〈民法典〉"私法自治"的理念衍义与制度构建》,《福建论坛(人文社会科学版)》2020 年第 9 期。

31. 程威:《住房反向抵押的制度反思与规范构建》,《法学研究》2023 年第 1 期。

32. 楚向红:《近几年来农村腐败呈现的新态势及其治理对策》,《中州学刊》2019 年第 2 期。

33. 戴孟勇:《"物权优先于债权"理论之质疑》,《政治与法律》2010 年第 7 期。

34. 单平基:《〈民法典〉草案之居住权规范的检讨和完善》,《当代法学》2019 年第 1 期。

35. 房绍坤:《居住权立法不具有可行性》,《中州学刊》2005 年第 4 期。

36. 房绍坤:《论民法典中的居住权》,《现代法学》2020 年第 4 期。

37. 房绍坤:《民法典用益物权规范的修正与创设》,《法商研究》2020 年第 4 期。

38. 付一耀:《论裁判方式设立居住权》,《社会科学研究》2022 年第 6 期。

39. 付子堂、付承为:《〈民法典〉居住权制度的社会功能研究》,《甘肃政法大学学报》2022 年第 1 期。

40. 高永周:《论物权公示公信的法律结构》,《河北法学》2021 年第 3 期。

41. 高永周:《债权平等:逻辑、风险与政策》,《北方法学》2021 年第 3 期。

42. 辜明安、蒋昇洋：《我国〈民法典〉设立居住权的必要性及其制度构造》，《西南民族大学学报（人文社会科学版）》2020 年第 2 期。

43. 谷佳杰：《民法典的实施与民事强制执行法的协调和衔接》，《河北法学》2021 年第 10 期。

44. 关涛：《我国保障房居住权的现实性、独立性与合理性》，《烟台大学学报（哲学社会科学版）》2022 年第 5 期。

45. 郭红伟、金俭：《遗嘱方式设立居住权的法律适用冲突及消解路径》，《南京社会科学》2022 年第 7 期。

46. 郭红伟：《论网络私人生活安宁权及其保护限度》，《华东政法大学学报》2022 年第 6 期。

47. 郭明瑞：《关于物权法公示公信原则诸问题的思考》，《清华法学》2017 年第 2 期。

48. 韩松：《论物权的排他效力与优先效力》，《政法论坛》2003 年第 2 期。

49. 何丽新、朱欣蕾：《〈民法典〉视域下居住权的养老功能与实现路径》，《厦门大学学报（哲学社会科学版）》2022 年第 2 期。

50. 何马根、吉卓烨：《居住权排除强制执行的实证分析和规则构建》，《法律适用》2022 年第 5 期。

51. 胡尔西旦·卡哈尔、金俭：《〈民法典〉视域中居住权制度价值功能及其适用限制》，《法律适用》2021 年第 12 期。

52. 胡万钟：《从马斯洛的需求理论谈人的价值和自我价值》，《南京社会科学》2000 年第 6 期。

53. 胡骁：《民事确认之诉的利益及其类型化研究》，《学海》2020 年第 2 期。

54. 焦富民：《我国〈民法典〉居住权设立规则的解释与适用》，《政治与法律》2022 年第 12 期。

55. 金红梅：《中国保障性住房制度的反思与重构》，《延边大学学报（社会科学版）》2017 年第 6 期。

56. 金俭、罗亚文：《〈民法典〉居住权：立法意旨、功能演化及制度重构——基于人役性向用益性转变之视角》，《烟台大学学报（哲学社会科学版）》2023 年第 2 期。

57. 金俭：《不动产预告登记制度的搁浅与重启——以我国〈民法典〉颁行为契机》，《政治与法律》2020 年第 12 期。

58. 金俭：《论公民居住权的实现与政府责任》，《西北大学学报（哲学社会科学版）》2011 年第 3 期。

59. 孔润年：《传统"孝"德内涵的演变与现代转换》，《道德与文明》2011 年第 3 期。

60. 匡青松、肖述华：《第三人异议之诉性质的新思考》，《法学杂志》2011 年第 4 期。

61. 李锡鹤：《论物权优先之所在》，《法学》2002 年第 3 期。

62. 李昌麒：《弱势群体保护法律问题研究——基于经济法与社会法的考察视角》，《中国法学》2004 年第 2 期。

63. 李迪昕：《用益权制度的本土化构建》，《学习与探索》2022 年第 5 期。

64. 李辉：《形成权诉讼与形成之诉关系辨析》，《法学论坛》2016 年第 1 期。

65. 李永军：《论财产权利"登记能力"对物权效力体系的影响》，《法商研究》2021 年第 6 期。

66. 李永军：《论遗赠在继承中的法律效力》，《清华法学》2023 年第 1 期。

67. 李永军：《物权的本质属性究竟是什么？——〈物权法〉第 2 条的法教义学解读》，《比较法研究》2018 年第 2 期。

68. 林洋、唐万钰：《我国居住权制度的解构模式及其规则重释》，《学术探索》2021 年第 7 期。

69. 刘帮成：《"微腐败"的易发领域及诱因》，《人民论坛》2023 年第 8 期。

70. 刘灿：《民法典时代的宅基地"三权分置"实现路径》，《法学论坛》2022 年第 1 期。

71. 刘风景：《例示规定的法理与创制》，《中国社会科学》2009 年第 4 期。

72. 刘佳、赵青华、王慧：《乡村旅游发展促进农村可持续生计的空间效应及机制》，《自然资源学报》2023 年第 2 期。

73. 刘露：《解释论视角下宅基地使用权的继承性研究》，《华东政法大学学报》2019 年第 1 期。

74. 刘宇娇：《民法典视阈下遗产管理人制度之价值取向与功能定位》，《学术探索》2021 年第 5 期。

75. 刘阅春：《居住权的源流及立法借鉴意义》，《现代法学》2004 年第 6 期。

76. 刘哲玮：《确认之诉的限缩及其路径》，《法学研究》2018 年第 1 期。

77. 龙俊：《公示对抗下"一般债权"在比较法中的重大误读》，《甘肃政法学院学报》2014 年第 4 期。

78. 龙翼飞、徐霖:《对我国农村宅基地使用权法律调整的立法建议——兼论"小产权房"问题的解决》,《法学杂志》2009 年第 9 期。

79. 卢正敏:《执行程序中的虚假租赁及其法律应对》,《中国法学》2013 年第 4 期。

80. 鲁晓明:《"居住权"之定位与规则设计》,《中国法学》2019 年第 3 期。

81. 鲁晓明:《论反向抵押权制度在民法典〈物权〉编之建构》,《清华法学》2018 年第 5 期。

82. 鲁晓明:《论我国居住权立法之必要性及以物权性为主的立法模式——兼及完善我国民法典物权编草案居住权制度规范的建议》,《政治与法律》2019 年第 3 期。

83. 罗亚文:《不动产物权期待权实体法外溢的反思与厘正——基于 31 份二手房"先卖后抵"判决书之整理》,《法治研究》2023 年第 3 期。

84. 吕炳斌:《论〈民法典〉个人信息保护规则蕴含的权利——以分析法学的权利理论为视角》,《比较法研究》2021 年第 3 期。

85. 刘金国:《再论权力腐败的法律制约》,《政法论坛》2001 年第 4 期。

86. 马强:《〈民法典〉居住权类型之比较研究》,《中国应用法学》2022 年第 4 期。

87. 马强:《民法典居住权规定所涉实务问题之研究》,《法律适用》2022 年第 5 期。

88. 梅夏英:《民法上公示制度的法律意义及其后果》,《法学家》2004 年第 2 期。

89. 彭诚信:《〈民法典〉物权编的进步、局限与未来》,《法治与社会发展》2020 年第 4 期。

90. 綦磊:《宅基地"三权分置"政策的经营型居住权实现路径》,《江汉论坛》2022 年第 12 期。

91. 钱大军、王哲:《法学意义上的社会弱势群体概念》,《当代法学》2004 年第 3 期。

92. 钱明星:《关于在我国物权法中设置居住权的几个问题》,《中国法学》2001 年第 5 期。

93. 屈然:《论我国居住权的设立方式与登记效力》,《法学杂志》2020 年第 12 期。

94. 邵长茂:《中国民事强制执行法的元规则》,《法律科学(西北政法大学学报)》2022 年第 6 期。

95. 申建平:《继承法上配偶法定居住权立法研究》,《求是学刊》2012 年第 4 期。

96. 申卫星、杨旭:《中国民法典应如何规定居住权?》,《比较法研究》2019 年第 6 期。

97. 申卫星:《〈民法典〉居住权制度的体系展开》,《吉林大学社会科学学报》2021 年第 3 期。

98. 申卫星:《从"居住有其屋"到"住有所居"——我国民法典分则创设居住权制度的立法构想》,《现代法学》2018 年第 2 期。

99. 徐涤宇:《合同概念的历史变迁及其解释》,《法学研究》2004 年第 2 期。

100. 申卫星:《视野拓展与功能转换:我国设立居住权必要性的多重视角》,《中国法学》2005 年第 5 期。

101. 石佳友、王熠:《产权保护法治框架中的公平原则》,《苏州大学学报(法学版)》2022 年第 3 期。

102. 孙茜:《〈民法典〉视野下居住权制度的理解与适用》,《法律适用》2020 年第 1 期。

103. 孙瑞玺:《物权确认请求权制度适用三题》,《湖南科技大学学报(社会科学版)》2016 年第 6 期。

104. 孙维飞:《论物权变动的"清偿模式"》,《中外法学》2023 年第 1 期。

105. 谭启平、付一耀:《〈民法典〉居住权制度体系及其实现路径》,《江西社会科学》2020 年第 12 期。

106. 滕佳一:《返还原物请求权体系解释论》,《比较法研究》2017 年第 6 期。

107. 汪全胜:《"特别法"与"一般法"之关系及适用问题探讨》,《法律科学(西北政法学院学报)》2006 年第 6 期。

108. 汪洋:《从用益权到居住权:罗马法人役权的流变史》,《学术月刊》2019 年第 7 期。

109. 汪洋:《民法典意定居住权与居住权合同解释论》,《比较法研究》2020 第 6 期。

110. 汪洋:《中国法上基于遗赠发生的物权变动——论〈民法典〉第 230 条对〈物权法〉第 29 条之修改》,《法学杂志》2020 年第 9 期。

111. 王红漫:《中国家庭养老的传统文化基础》,《中国老年学杂志》1999 年第 6 期。

112. 王洪:《合同形式欠缺与履行治愈论——兼评〈合同法〉第 36 条之规定》,《现代法学》2005 年第 3 期。

113. 王雷:《情谊行为基础理论研究》,《法学评论》2014 年第 3 期。

114. 王荣珍:《解释论视角下的居住权客体》,《比较法研究》2021 年第 6 期。

115. 王笑严:《构建我国多层次住房权保障法律体系》,《当代法学》2012 年第 3 期。

116. 王杏飞、王安冉:《论〈民法典〉中的形成权及其诉讼实现》,《广西社会科学》2021 年第 10 期。

117. 王亚柯、叶雨彤、汤晟:《以房养老:经验、困境与发展路径》,《江海学刊》2020 年第 1 期。

118. 王轶:《区分原则:区分什么?》,《东方法学》2022 年第 4 期。

119. 魏治勋:《当然解释的思维机理及操作规则》,《法商研究》2018 年第 3 期。

120. 席志国:《居住权的法教义学分析》,《南京社会科学》2020 年第 9 期。

121. 肖俊:《居住权的定义与性质研究——从罗马法到〈民法典〉的考察》,《暨南学报(哲学社会科学版)》2020 年第 6 期。

122. 肖俊:《空虚所有权交易与大陆法系的以房养老模式》,《上海财经大学学报》2017 年第 1 期。

123. 肖业忠:《居者有其屋语境下的居住权研究》,《理论学刊》2022 年第 4 期。

124. 谢怀栻:《论民事权利体系》,《法学研究》1996 年第 2 期。

125. 徐建刚:《论使用可能性丧失的损害赔偿》,《法商研究》2018 年第 2 期。

126. 徐珏、朱桐梅:《〈民法典〉背景下居住权登记若干问题》,《中国不动产》2021 年第 7 期。

127. 徐伟功:《法律选择中的意思自治原则在我国的运用》,《法学》2013 年第 9 期。

128. 薛宁兰:《自然血亲亲子身份的法律推定》,《清华法学》2023 年第 1 期。

129. 夏沁:《论私法自治中物上之债对物权法定适用的缓和》,《清华法学》2021 年第 6 期。

130. 杨立新、李怡雯：《民法典物权编对物权规则的修改与具体适用》，《法律适用》2020 年第 11 期。

131. 杨立新：《论遗产管理人失职损害赔偿责任》，《湖湘法学评论》2023 年第 2 期。

132. 杨立新：《我国继承制度的完善与规则适用》，《中国法学》2020 年第 4 期。

133. 杨大文：《中国诸法域夫妻财产制的比较研究》，《法学家》1996 年第 6 期。

134. 杨永清：《论公示公信原则》，《法律适用》2007 年第 10 期。

135. 姚欢庆：《不动产物权变动规则例外研究》，《浙江社会科学》2009 年第 5 期。

136. 姚远：《养老：一种特定的传统文化》，《人口研究》1996 年第 6 期。

137. 易继明：《财产权的三维价值——论财产之于人生的幸福》，《法学研究》2011 年第 4 期。

138. 尹田：《论物权对抗效力规则的立法完善与法律适用》，《清华法学》2017 年第 2 期。

139. 于宏伟：《物权变动模式之选择与交易安全》，《法律科学（西北政法学院学报）》2005 年第 6 期。

140. 袁昊：《论"以房养老"中的老年人保护——以反向抵押为切入》，《河南财经政法大学学报》2021 年第 6 期。

141. 袁振龙、龙伟：《城市拆迁领域腐败问题对策研究》，《北京社会科学》2013 年第 6 期。

142. 袁野：《"债权物权化"之范畴厘定》，《法学研究》2022 年第 4 期。

143. 翟远见、关华鹏：《论遗赠的效力》，《云南社会科学》2021 年第 2 期。

144. 翟云岭、郭佳玮：《租赁权占有对抗效力的二元考察》，《北方法学》2022 年第 3 期。

145. 张海燕：《合同解除之诉的解释论展开》，《环球法律评论》2022 年第 5 期。

146. 张铭化：《反思"买卖不破租赁"》，《中国政法大学学报》2019 年第 3 期。

147. 张鹏：《物债二分体系下的物权法定》，《中国法学》2013 年第 6 期。

148. 张清、严婷婷：《适足住房权实现之国家义务研究》，《北方法学》2012 年第 4 期。

149. 张卫平:《诉的利益:内涵、功用与制度设计》,《法学评论》2017 年第 4 期。

150. 赵大伟:《共同共有财产的执行程序分割——兼评〈民事强制执行法(草案)〉相关条款》,《甘肃政法大学学报》2023 年第 2 期。

151. 赵俊、宋惠民:《物权的公示公信原则思考》,《理论探索》2006 年第 3 期。

152. 赵万忠:《交易安全保护的反思与重构》,《甘肃政法学院学报》2012 年第 5 期。

153. 赵秀举:《论确认之诉的程序价值》,《法学家》2017 年第 6 期。

154. 赵秀梅:《抵押权除去租赁权问题研究——以〈民法典〉第 405 条的解释论为中心》,《社会科学》2021 年第 11 期。

155. 郑贤君:《权利义务相一致原理的宪法释义——以社会基本权为例》,《首都师范大学学报(社会科学版)》2007 年第 5 期。

156. 周江洪:《民法典中介合同的变革与理解——以委托合同与中介合同的参照适用关系为切入点》,《比较法研究》2021 年第 2 期。

157. 周俊生:《保险机构为何对以房养老不感冒》,《经济研究参考》2014 年第 54 期。

158. 周英:《居住权登记的理论研究与实务操作》,《中国房地产》2021 年第 7 期。

159. 朱广新:《论物权混同规则及其在我国物权法草案中的应有地位》,《法学》2006 年第 7 期。

160. 朱虎、张梓萱:《买卖不破租赁:价值的确立、贯彻与回调》,《苏州大学学报(法学版)》2022 年第 3 期。

161. 朱庆育:《物权法定的立法表达》,《华东政法大学学报》2019 年第 5 期。

(四)中文学位论文

1. 王富博:《居住权研究——我国物权立法的继受与创新》,中国政法大学 2006 年博士学位论文。

2. 王宏哲:《适足住房权研究》,中国政法大学 2007 年博士学位论文。

3. 廖丹:《作为基本权利的居住权研究》,武汉大学 2011 年博士学位论文。

4. 童航:《罗马法中的房屋租赁合同及其现代发展》,厦门大学 2019 年博士学位论文。

5. 包振宇:《论住宅权》,南京大学 2016 年博士学位论文。

6. 曾大鹏:《居住权法律制度研究》,四川大学 2004 年硕士学位论文。

7. 萨日娜:《有偿居住权合同的法律适用》,中国人民大学 2022 年硕士学位论文。

8. 陈小宇:《论居住权的功能扩张及其限制》,中国人民大学 2021 年硕士学位论文。

9. 项飞:《居住权设立制度研究》,中国人民大学 2021 年硕士学位论文。

（五）网络文献

1. 习近平:《决胜全面建成小康社会　夺取新时代中国特色社会主义伟大胜利——在中国共产党第十九次全国代表大会上的报告》,共产党员网,https://www.12371.cn/2017/10/27/ARTI1509103656574313.shtml。

2. 王晨:《关于〈中华人民共和国民法典（草案）〉的说明》,全国人大网,http://www.npc.gov.cn/npc/c30834/202005/50c0b507ad32464aba87c2ea65bea00d.shtml。

3.《我国建成世界上最大住房保障体系——努力实现全体人民住有所居》,中华人民共和国中央人民政府网,http://www.gov.cn/xinwen/2021-09/01/content_5634569.htm。

4.《上海二中院民庭审结〈民法典〉实施后上海首例经法院生效法律文书设立并登记居住权案件》,上海市高级人民法院官网,https://www.hshfy.sh.cn/shfy/web/xxnr.jsp? pa ＝ aaWQ9MjAyMjEyNTEmeGg9MSZsbWRtXP WxtNDYwz。

5.《遭继母"扫地出门"告到法院,民法典实施后海淀首例涉居住权案件判了!》,北京日报网,https://baijiahao.baidu.com/s? id ＝ 1687947395449688020&wfr ＝ spider&for ＝ pc。

6.《〈民法典〉实施后成都首例居住权纠纷案宣判》,青海普法网,http://sft.qinghai.gov.cn/pub/qhpfw/sfxzyw/jrbb/202105/t20210511_61667.html。

7.《城市用地分类与规划建设用地标准 GB50137-2011》,临泉县人民政府网,https://www.linquan.gov.cn/xxgk/detail/content/5ca2c43c7f8b9ab14c8b4569.html。

8.《合肥市居住权登记操作规范（试行）》,合肥市自然资源和规划局网,https://zrzyghj.hefei.gov.cn/xwzx/yhdjccyshjzl/zcyfg/14865053.html。

9.《关于开展居住权登记工作的通知（试行）》，淮北市人民政府网，https://www.huaibei.gov.cn/xwzx/mszx/62218691.html。

10.《石家庄市自然资源和规划局关于印发〈不动产居住权登记办法（试行）〉的通知》，石家庄市自然资源和规划局网，http://zrghj.sjz.gov.cn/sjzzrzy/zwgk/fdzdgknr/zcfg/flfg/1071746277/3366263808.html。

11.《安庆市不动产居住权登记办法（试行）》，安庆市自然资源和规划局网，https://zrzyhghj.anqing.gov.cn/bdcdj/ywgzd/2001646501.html。

12.《市住房城乡建设委的回复"限价房出租没有禁止性规定"》，北京市人民政府网，https://www.beijing.gov.cn/hudong/xinxiang/zjw/sindex/bjah-index-dept!detail.action?originalId＝AH18011700196。

13.《关于开展居住权登记工作的通知（试行）》，淮北市人民政府网，https://www.huaibei.gov.cn/xwzx/mszx/62218691.html。

14.《界首市不动产居住权登记（试行）指南》，界首市人民政府网，https://www.ahjs.gov.cn/xxgk/detail/6295cd2e8866882d178b4569.html。

（六）裁判文书

1.安徽省东至县人民法院（2021）皖1721民初1367号民事判决书。

2.北京市第二中级人民法院（2022）京02民终14590号民事判决书。

3.北京市第二中级人民法院（2023）京02民终1475号民事判决书。

4.北京市第三中级人民法院（2021）京03民终17493号民事判决书。

5.北京市第三中级人民法院（2021）京03民终18079号民事判决书。

6.北京市第三中级人民法院（2021）京03民终18079号民事判决书。

7.北京市第三中级人民法院（2022）京03民终16368号民事判决书。

8.北京市第三中级人民法院（2023）京03民终388号民事判决书。

9.北京市第三中级人民法院（2023）京03民终586号民事判决书。

10.北京市第一中级人民法院（2023）京01民终3411号民事判决书。

11.北京市第一中级人民法院（2023）京01民终553号民事判决书。

12.北京市东城区人民法院（2021）京0101民初12614号民事判决书。

13.北京市丰台区人民法院（2021）京0106民初32158号民事判决书。

14.北京市高级人民法院（2022）京民申2875号民事裁定书。

15.北京市西城区人民法院（2018）京0102民初9544号民事判决书。

16.重庆市第一中级人民法院（2021）渝01民终3623号民事判决书。

17. 成都市金牛区人民法院(2021)川 0106 民初 4340 号民事判决书。

18. 福建省福州市中级人民法院(2020)闽 01 民终 3859 号民事判决书。

19. 甘肃省兰州市安宁区人民法院(2021)甘 0105 民初 3811 号民事判决书。

20. 甘肃省兰州市安宁区人民法院(2021)甘 0105 民初 3813 号民事判决书。

21. 甘肃省平凉市崆峒区人民法院(2022)甘 0802 民初 6246 号民事判决书。

22. 甘肃省天水市秦州区人民法院(2021)甘 0502 民初 3448 号民事判决书。

23. 广东省佛山市顺德区人民法院(2020)粤 0606 民初 18792 号民事判决书。

24. 广东省广州市中级人民法院(2022)粤 01 民终 2783 号民事判决书。

25. 广东省梅州市中级人民法院(2021)粤 14 民终 474 号民事判决书。

26. 广东省韶关市中级人民法院(2021)粤 02 民终 1723 号民事裁定书。

27. 广东省肇庆市端州区人民法院(2017)粤 1202 民初 3161 号民事判决书。

28. 河北省唐山市路北区人民法院(2021)冀 0203 执异 122 号裁定书。

29. 河北省邢台市桥西区人民法院(2017)冀 0503 民初 2584 号民事判决书。

30. 黑龙江省牡丹江市中级人民法院(2020)黑 10 民终 931 号民事判决书。

31. 葫芦岛市连山区人民法院(2021)辽 1402 民初 3522 号民事判决书。

32. 湖北省崇阳县人民法院(2020)鄂 1223 民初 1612 号民事判决书。

33. 湖北省高级人民法院(2017)鄂民再 117 号民事判决书。

34. 湖南省武冈市人民法院(2021)湘 0581 民初 2862 号民事判决书。

35. 江苏省淮安市清江浦区人民法院(2022)苏 0812 民初 6382 号民事判决书。

36. 江苏省苏州市中级人民法院(2011)苏中民终字第 2116 号民事判决书。

37. 江苏省太仓市人民法院(2020)苏 0585 民初 4856 号民事判决书。

38. 江苏省盐城市中级人民法院(2018)苏 09 民终 764 号民事判决书。

39. 江西省乐安县人民法院(2022)赣 1025 民初 1399 号民事判决书。

40. 辽宁省本溪市中级人民法院(2023)辽 05 民终 8 号民事判决书。

41. 辽宁省高级人民法院(2021)辽民申 9559 号民事裁定书。

42. 辽宁省沈阳市中级人民法院(2021)辽 01 民终 8863 号民事判决书。

43. 山东省滨州地区(市)中级人民法院(2023)鲁 16 民终 68 号民事判决书。

44. 山东省济南市市中区人民法院(2020)鲁 0103 民初 6002 号民事判决书。

45. 山东省济宁市兖州区人民法院(2021)鲁 0812 民初 3149 号民事判决书。

46. 山东省莱州市人民法院(2021)鲁 0683 民初 7041 号民事判决书。

47. 山东省聊城市中级人民法院(2022)鲁 15 民终 1059 号民事判决书。

48. 山东省青岛市黄岛区人民法院(2021)鲁 0211 民初 21449 号民事判决书。

49. 山东省青岛市黄岛区人民法院(2021)鲁 0211 民初 97 号民事判决书。

50. 山东省青岛市中级人民法院(2022)鲁 02 民终 9266 号民事判决书。

51. 山东省青岛市中级人民法院(2023)鲁 02 民终 2056 号民事判决书。

52. 山东省日照市东港区人民法院(2022)鲁 1102 民初 3840 号民事判决书。

53. 山东省泗水县人民法院(2018)鲁 0831 民初 28 号民事判决书。

54. 山东省郯城县人民法院(2022)鲁 1322 民初 3888 号民事调解书。

55. 山西省高级人民法院(2020)晋行终 514 号行政判决书。

56. 山西省朔州市中级人民法院(2019)晋 06 行终 35 号行政判决书。

57. 陕西省汉中市汉台区人民法院(2022)陕 0702 民初 348 号民事判决书。

58. 陕西省汉中市中级人民法院(2022)陕 07 民终 1483 号民事判决书。

59. 上海市宝山区人民法院(2022)沪 0113 民初 7534 号民事判决书。

60. 上海市第二中级人民法院(2021)沪 02 民终 4975 号民事判决书。

61. 上海市第一中级人民法院(2021)沪 01 民终 14649 号民事判决书。

62. 上海市第一中级人民法院(2021)沪 01 民终 14649 号民事判决书。

63. 上海市奉贤区人民法院(2021)沪 0120 民初 16736 号民事判决书。

64. 上海市嘉定区人民法院(2021)沪 0114 民初 16641 号民事判决书。

65. 上海市卢湾区人民法院(1990)卢法民字第 1367 号民事判决书。

66. 上海市浦东新区人民法院(2021)沪 0115 民初 20868 号民事判决书。
67. 四川省成都市中级人民法院(2022)川 01 终 1411 号民事裁定书。
68. 天津市河东区人民法院(2021)津 0102 民初 4055 号民事判决书。
69. 云南省玉溪市红塔区人民法院(2020)云 0402 民初 647 号民事判决书。

二、外文文献

1. Ionut Iordache，*The Inheritance Rights of the Surviving Spouse*，23 Research and Science Today 75(2022).

2. Benjamín Aguilar Llanos，*Habitation Rights of the Surviving Spouse or，If It's the Case，the Surviving Cohabiting Partner*，Asociacion Civil Themis 163(2014).

3. Laura Gyeney，*The Right of Residence of Third Country Spouses Who Became Victims of Domestic Violence in the Scope of Application of the Free Movement Directive：Legal Analysis of the NA Case*，2018 Pecs Journal of International and European Law 82(2018).

4. Edwin A. Kellaway，*Principles of Legal Interpretation of Statutes，Contracts and Wills*，Butterworths 1995.

5. Jeni-Mariana Miricescu，*The Right to Housing as a Right of Succession and as a Dismemberment of the Right to Private Property*，2019 Annals of the Constantin Brancusi University of Targu Jiu Juridical Sciences Series 73(2019).

6. O.H. Bortnik，T.V. Stepanenko，*Certain Aspects of the Right on Free Choice of Residence*，2013 Law and Safety 18(2013).

7. Gina Orga-Dumitriu，*Same-Sex Spouse of a Citizen of the EU，Child under Algerian Kafala and Right of Residence：Innovation vs. Hermeneutical Difficulties?*，2021 Coman and SM，Acta Universitatis Lucian Blaga 77(2021).

8. John Mukum Mbaku，*Women，International Human Rights Law，and the Right to Adequate Housing in Africa*，37 Emory International Law Review 217(2023).

9. Anne Marie Devereux，*Australia and the Right to Adequate Housing*，20 Federal Law Review 223(1991).

10. Mignon Senders，*Women and the Right to Adequate Housing*，16 Netherlands Quarterly of Human Rights 175(1998).

11. Nguyen Mai Thi, *Does Affordable Housing Detrimentally Affect the Private Property Values? A View of Literature*, 20 Journal of Planning Literature 17(2005).

12. Nadia-Cerasela Anitei, *What Do We Mean by the Notion of Residence by the Notion of Residence in the Case of Foreigners Who Establish Their Residence in Romania*, 12 Jurnalul de Studii Juridice 13(2017).

13. Sarah Smith, *Group Homes: The Problem with Single-Family Residential Zoning*, 86 UMKC Law Review 731(2018).

14. Paul D'Arelli, *Is a Condominium Hotel Really a Hotel-Zoning Regulations are Evolving to be Sure*, 21 Probate and Property 20(2007).

15. Graemen Watt, *Irish Rights of Residence: The Anatomy of a Phantom*, 71 Northern Ireland Legal Quarterly 635(2020).

16. Gibson V., Johnson D. CPTED, *But not As We Know It: Investigating the Conflict of Frameworks and Terminology in Crime Prevention Through Environmental Design*, 29 Security Journal 256(2016).

17. Schweitzer J. H., Kim J. W., Mackin J. R., *The Impact of the Built Environment on Crime and Fear of Crime in Urban Neighborhoods*, 6 Journal of Urban Technology 59(1999).

18. Zhang Wenjia, *Does Compact Land Use Trigger A Rise in Crime and a Fall in Ridership? A Role for Crime in the Land Use-Travel Connection*, 53 Urban Studies 3007(2016).

19. Foster S., Wood L., Christian H., *Planning Safer Suburbs: Do Changes in the Built Environment Influence Residents' Perceptions of Crime Risk?*, 97 Social Science & Medicine 87(2013).

20. Kytta M et al., *Perceived Safety of the Retrofit Neighborhood: A Location-Based Approach*, 19 Urban Design International 311(2014).

21. Marzbali M. H., Abdullah A., Tilaki M J. M., *The Effectiveness of Interventions in the Built Environment for Improving Health by Addressing Fear of Crime*, 45 International Journal of Law, Crime and Justice 120(2016).

22. Rachel Armitage, Leanne Monchuk, Michelle Rogerson, *It Looks Good, But What Is It Like to Live There? Exploring the Impact of Innovative Housing Design on Crime*, 17 European Journal on Criminal Policy & Research 29(2011).

23. Islam El-adaway et al., *Administering Extension of Time Under National. and International Standard Forms of Contracts: A Contractor's Perspective*, 8 Journal of Legal Affairs and Dispute Resolution in Engineering and Construction 04516001(2016).

24. Reinhard Zimmermann, *The Law of Obligations-Roman Foundations of the Civiliantradition*, Oxford University Press 1996.

25. Seneviratne Krisanthi, Michael Gladstan Vimal, *Disputes in Time Bar Provisions for Contractors' Claims in Standard Form of Contracts*, 20 International Journal of Construction Management 335(2020).

26. Hector MacQueen, Shannon O'Byrne, *The Principle of Good Faith in Contractual Performance: A Scottish-Canadian Comparison*, 23 Edinburgh Law Review 301(2019).

27. Lee et al., *A Scheme to Introduce the Construction System of Housing for the Aged in the Housing Law*, 10 Residential Environment: Joural of the Residential Environment Institute of Korea 159(2012).

28. Yeo Gyeong su, *A Plan on the Legislative Reform of Housing Welfare for the Aged in an Aging Society*, 19 Seoul Law Review 391(2011).

29. Garth Nettheim, *The Principle of Open Justice*, 8 University of Tasmania Law Review 25(1984).

30. Madis Ernits, *The Principle of Equality in the Estonian Constitution: A Systematic Perspective*, 10 European Constitutional Law Review 444(2014).

31. Alexis A. Golling-Sledge, *Testamentary Freedom vs. the Natural Right to Inherit: The Misuse of No-Contest Clauses as Disinheritance Devices*, 12 Washington University Jurisprudence Review 143(2019).

32. Phyllis C. Taite, *Testamentary Freedom and the Implied Right to Inherit*, 2016 Jotwell: The Journal of Things We Like(Lots) 1(2016).

33. Robert Lamb, *The Power to Bequeath*, 33 Law and Philosophy 629(2014).

34. Gertruida Grové, *Living Wills: What is the Current Legal Status in South Africa?*, 31 Stellenbosch Law Review 270(2020).

35. Huang Zhixiong, Ying Yaohui, *The Application of the Principle of Distinction in the Cyber Context: A Chinese Perspective*, 102 International Review of the Red

Cross 335(2020).

36. Emily Bergeron, *Adequate Housing Is a Human Right*, 44 Human Rights 6 (2019).

37. James Farrell, *The Road Home: Australians' Right to Adequate Housing*, 34 Alternative Law Journal 227(2009).

38. Robert C. Holmes, *The Clash of Home Rule and Affordable Housing: The Mount Laurel Story Continues*, 12 Connecticut Public Interest Law Journal 325 (2013).

39. Michelle Kelly-Louw, *The Right of Access to Adequate Housing*, 15 Juta's Business Law 35(2007).

40. Sahar Segal, *The International Human Right to Adequate Housing: An Economic Approach*, 20 Chicago Journal of International Law 486(2020).

41. R.G. Evans, *Does an Insolvent Debtor Have a Right to Adequate Housing*, 25 South African Mercantile Law Journal 119(2013).

42. Linda McKay-Panos, *Is There a Human Right to Affordable and Adequate Housing*, 27 Law Now 16(2003).

43. Benjamin Gronowski, *The Right to a Nationality and the Right to Adequate Housing: An Analysis of the Intersection of Two Largely Invisible Human Rights Violations*, 1 Statelessness & Citizenship Review 239(2019).

44. Zahra Takhshid, *Assumption of Risk in Consumer Contracts and the Distraction of Unconscionability*, 42 Cardozo Law Review 2183(2021).

45. Edward Sivin, *Residence Restriction on Custodial Parents: Implications for the Right to Travel*, 12 Rutgers Law Journal 341(1981).

46. Koldo Casla, *The Rights We Live in: Protecting the Right to Housing in Spain through Fair Trial, Private and Family Life and Non-Retrogressive Measures*, 20 International Journal of Human Rights 285(2016).

47. Philip B. Springer, *Home Equity Conversion Plans as a Source of Retirement Income*, 48 Social Security Bulletin 10(1985).

48. Debra Pogrund Stark et al., *Complex Decision-Making and Cognitive Aging Call for Enhanced Protection of Seniors Contemplating Reverse Mortgages*, 46 Arizona State Law Journal 299(2014).

49. Alexandra Krskova, *The Principle of Justice in Socialist Law*, 60 Pravny Obzor: Teoreticky Casopis Pre Otazky Statu a Prava 452(1977).

50. Housing Act of 1969.

51. Housing and Building Control Act of 1884.

52. Housing Association Act of 1874.

图书在版编目(CIP)数据

民法典居住权制度适用的困境与出路 / 郭红伟著.
上海 : 上海三联书店, 2025. 6. -- ISBN 978-7-5426
-8919-1

Ⅰ. D923.24

中国国家版本馆 CIP 数据核字第 20251ZB421 号

民法典居住权制度适用的困境与出路

策　　划 / 李晓理
著　　者 / 郭红伟

责任编辑 / 杜　鹃
装帧设计 / 一本好书
监　　制 / 姚　军
责任校对 / 王凌霄

出版发行 / 上海三联书店
　　　　　(200041)中国上海市静安区威海路 755 号 30 楼
邮　　箱 / sdxsanlian@sina.com
联系电话 / 编辑部: 021 - 22895517
　　　　　　发行部: 021 - 22895559
印　　刷 / 上海颛辉印刷厂有限公司

版　　次 / 2025 年 6 月第 1 版
印　　次 / 2025 年 6 月第 1 次印刷
开　　本 / 890 mm × 1240 mm　1/32
字　　数 / 210 千字
印　　张 / 10
书　　号 / ISBN 978 - 7 - 5426 - 8919 - 1/D · 689
定　　价 / 89.00 元

敬启读者,如发现本书有印装质量问题,请与印刷厂联系 021 - 56152633